CLAUDIA KELLER

Die Vorgängerin

Buch

Anfangs ist sich Mascha Thorwald gar nicht sicher, ob es der Mann ist, der sie fasziniert, oder sein stilvolles Haus, das so viel Atmosphäre ausstrahlt. Gunnar Giersch ist Entomologe, Fachgebiet: die Wanderheuschrecke, ein Schöngeist und ein Moralist - und Gott sei Dank kein flatterhafter Lebemann, wie Maschas erster Mann Max es war. Aber wenn sich auch auf Gunnars Sofa keine verführerischen Schlangen in eng anliegenden Kleidern räkeln, so liegt doch der Schatten seiner ersten Frau Vanessa um so spürbarer über allen Räumen.

Überhaupt hat sich Mascha die vielversprechende Beziehung zu Gunnar deutlich anders vorgestellt. Was wie gepflegtes Understatement wirkte, ist ein Wahrheit ein unangenehmer Hang zum Geiz. Auch Reisen und fröhlicher Gesellligkeit ist Gunnar grundsätzlich abgeneigt. Und nicht zuletzt läßt auch das Liebesleben mit ihm einiges an Raffinesse zu wünschen übrig. Sind seine Nächte mit Vanessa etwa leidenschaftlicher gewesen? Voll Eifersucht will Mascha den lästigen Schatten der Vorgängerin vertreiben, aber Vanessa läßt sich einfach nicht abschütteln. Sie spukt am Ferienort ebenso herum wie in Gunnars Gedanken, und stets wird sie zum Mittelpunkt aller Gespräche. Mehr und mehr vertieft sich in Mascha das Gefühl, unscheinbar und langweilig zu sein und den Vergleich mit der unsichtbaren Rivalin stets zu verlieren. Doch dann kommt der Tag, an dem Mascha ihre sagenhafte Vorgängerin endlich kennen lernt und kein Zweifel mehr daran besteht, wer und wie Vanessa wirklich ist. Aber auch Gunnar erscheint danach in einem anderen Licht ...

Autorin

Mit ihren charmant-boshaften Romanen hat sich Claudia Keller seit Jahren in die Herzen ihrer Leserinnen geschrieben. Ihre Bücher erobern regelmäßig die Bestsellerlisten, wurden in mehrere Sprachen übersetzt und erreichen inzwischen eine Gesamtauflage in Millionenhöhe. Die Verfilmungen ihrer Erfolgsromane (u. a. »Ich schenk dir meinen Mann!« mit Hannelore Elsner in der Hauptrolle) wurden im ZDF mit überwältigenden Zuschauerquoten ausgestrahlt.

Von Claudia Keller außerdem im Taschenbuch lieferbar:

Ich schenk dir meinen Mann! (43595) · Einmal Himmel und retour (35052) · Unter Damen (35373) · Liebling, du verstehst mich schon ... (35733) · Du wirst lachen, mir geht's gut (35563)

CLAUDIA KELLER

Die Vorgängerin

Roman

BLANVALET

Blanvalet Taschenbücher erscheinen im Goldmann Verlag,
einem Unternehmen der Verlagsgruppe Random House

Taschenbuchausgabe Dezember 2002
© 2001 by Blanvalet Verlag, München,
in der Verlagsgruppe Random House GmbH
Umschlaggestaltung: Design Team München
Umschlagfoto: Photonica/Fujita
Druck: Elsnerdruck, Berlin
Verlagsnummer: 35791
Lektorat: Silvia Kuttny
Herstellung: Heidrun Nawrot
Made in Germany
ISBN 3-442-35791-8
www.blanvalet-verlag.de

1 3 5 7 9 10 8 6 4 2

Inhalt

Heiße Sommer 7

Rivalinnen 15

Marotten 22

Gift im Glas 30

Family 38

Wo ist die Frau 49

Hecht in Dillrahm 55

Splitterndes Eis 66

Ich komme gern 73

Blau steht Ihnen nicht 79

Zu Gast bei Marleen 90

Sicherheit 101

Vanessa 110

Insekten 116

Vanessa II 124

V. G. 132

Wir sind sehr glücklich. 139

Striche an der Tür 147

Ebba 155

Esther Vlies 169

Grübelfalten 177

Kitsch und Kerzen 184

Ein neues Jahr 198

Blutlecken 208

Gutsherrenart 217

Feind in Sicht 225

Gefrierfleisch 236
Der Splitter im Auge 249
Niko 265
Fleisch fressende Pflanzen 277
Moskitostiche 293
Grillen 305
Wahr sind die Abschiede 318
Schöne Aussicht 328
Zeit, zu gehen 340

1

Heiße Sommer

In dieser Nacht hat Mascha wieder von ihrer Nachfolgerin geträumt. Sie merkt es an dem Druck in der Brust und dem Angstgefühl, mit dem sie morgens aufwacht, und daran, dass sie sich erst orientieren muss, ehe sie weiß, wo sie ist.

Ihr Albtraum heißt Elga Thorwald, geborene Hilpert.

In jenem heißen Sommer vor fünf Jahren, in dem die Luft vor den Augen flimmerte und die Brunnen der Stadt wegen Wassermangels abgestellt wurden, gab es plötzlich drei Frauen in der Stadt, die Thorwald hießen: Dorit Thorwald, Mascha Thorwald und Elga Thorwald.

Alle drei waren in Abständen von wenigen Jahren mit Max zum Standesamt gegangen, hatten ihren Willen zu einem gemeinsamen Leben bekundet und wenig später festgestellt, dass das Bett in der Mitte ein wenig durchhing und die Jalousien so dicht waren, dass nicht der kleinste Lichtschein ins Zimmer dringen konnte. Das Schlafzimmer in seiner kühlen Abgeschiedenheit und den wohltuend toskanischen Farben von Safrangelb und Ockerorange hatte ihnen gleichermaßen gefallen, und alle drei waren morgens erschrocken, wenn Max Thorwald mit diesen Furcht erregenden Grunzlauten zum Leben erwachte, mit denen er jeden neuen Tag begrüßte.

Alle drei hatten in diesen Momenten daran gezweifelt, ob Max wirklich der richtige Mann für sie sei, aber sie hatten ihre Erfahrungen nie untereinander ausgetauscht und glaubten daher, die Einzige zu sein, die zu Empfindlichkeiten neigte.

In der Nacht waren sie ein wenig zu kurz gekommen, gerade

dieses eine Gran zu kurz, das die Abhängigkeit hält und die Hoffnung nährt; ihre Reaktionen darauf waren jedoch sehr unterschiedlich gewesen.

Dorit hatte lange geschwiegen, aber dann war sie ganz plötzlich explodiert und ausgezogen, nachdem Max ihrem unschuldigen kleinen Busen wiederholt die Schuld am Nachlassen seiner männlichen Kraft gegeben hatte.

Elga hatte alles vorgetäuscht, von dem sie glaubte, dass es Max gefallen könnte, einschließlich einer gewissen Unersättlichkeit, die Max am Anfang stimulierend fand, weil er sie auf seine Künste als Liebhaber bezog. Aber dann begann er die Forderung in Elgas Augen zu fürchten, und schließlich war er gezwungen gewesen, künstlich Zwistigkeiten anzuzetteln, um sich kleine Fluchten zu ermöglichen.

Mascha hatte nichts vermisst.

Max war ihr erster Mann gewesen, und sie betrachtete ihn als Mann fürs Leben, und so wie er war, war es in Ordnung für sie. Aber es gab eine andere Sehnsucht, die sie am Tag nach der Hochzeit überfallen und nie wieder verlassen hatte: die Sehnsucht nach ungestörter Zweisamkeit.

Max war ein Rudeltier und Partymensch, und Zweisamkeit war für ihn beinahe ebenso schwer erträglich wie Alleinsein, nur dass sie zusätzlich einen gefährlichen Nebenaspekt enthielt: Sie nötigte zu Versprechungen und barg die Gefahr, Geständnisse zu machen, die man später bereute.

Im heißesten Sommer des Jahrhunderts gab es also plötzlich drei Thorwald-Frauen in der Stadt, die die Köpfe abwandten, wenn sie einander begegneten, oder die Straßenseite wechselten, um minutenlang in die Auslage des nächstbesten Ladens zu starren. Sie glaubten sich durch ein Eismeer voneinander getrennt und waren doch so eng verbunden wie mit keiner anderen Frau. Rechnete man Max' Mutter dazu, so waren es sogar vier Thorwald-Frauen, aber natürlich zählte Sonja nicht richtig dazu.

Sie war jetzt achtundsechzig Jahre alt und Witwe, und sie hatte Max geboren und großgezogen und CDs und Fußbälle für ihn gekauft und Fahrräder angeschoben, damit er in Fahrt kam.

Sie hatte mehr als siebentausendmal Hemden für ihn gebügelt und etwa vierzehntausendmal Essen gekocht, aber das berechtigte sie noch lange nicht dazu, eine eigene Meinung zu äußern, wie etwa die, die sie anlässlich Max' letzter Hochzeit von sich gegeben hatte.

Sie hatte ihrem Sohn nach der Trauzeremonie einen Kuss auf die Wange gegeben und ihm zugeflüstert, sie hoffe, dass dies nun die letzte Eheschließung sei und dass er den Fehler, sich von Mascha getrennt zu haben, nicht eines Tages bereue.

Sonja, die ihre erste Schwiegertochter, Dorit, kaum gekannt hatte, weil die Ehe mit ihr bereits nach kurzer Zeit geschieden wurde, hatte Dorits Nachfolgerin wirklich geliebt.

Mascha war die Geschichtenerzählerin mit den hausfraulichen Tugenden gewesen, mit der man über das Einkochen von Rhabarber und Biesennäherei plaudern konnte und die sie freiwillig besucht und erzählt hatte, was sich in den letzten Wochen zugetragen hatte. Nie wären Dorit und Elga auf die Idee gekommen, mit einem Arm voller Dahlien und einem Henkelkorb frisch geernteter Kirschen in Sonjas Küche aufzutauchen, und wenn sie es getan hätten, so wäre der Besuch eher eine Strapaze gewesen, weil sie Sonja stets das Gefühl vermittelten, dass alles, was sie tat, von schwer erträglicher Einfältigkeit sei.

»Elgas Tugenden werden sich bewähren, wenn die schlechten Zeiten kommen«, sagte Max einige Monate später, als Sonja wieder davon anfing, wie sehr sie ihre zweite Schwiegertochter vermisse.

Er war auf einen Sprung vorbeigekommen, weil er gerade in

der Nähe zu tun hatte, aber anstatt dankbar zu sein, dass er trotz seines vollen Terminkalenders den Besuch ermöglicht hatte, nötigte sie ihn, sich zu setzen und eine Tasse Kaffee zu trinken.

»Aber seit fünfzig Jahren«, fügte er in Anspielung auf die Kinderängste hinzu, die Sonja so plagten, dass sie manchmal loszog, um zehn Dosen Margarine und Streichhölzer für ein Jahr zu kaufen, »herrscht Friede.«

Er schenkte ihr jenes nachsichtig-ironische Lächeln, das er für Fälle wie den ihren parat hatte.

»Er scheint den Menschen nicht zu bekommen«, erwiderte Sonja trocken. »In Ermangelung eines großes Krieges sorgen sie permanent für kleine. Wenn sie ihre Körper nicht mit Blei durchlöchern können, durchlöchern sie sich gegenseitig die Seele.«

»Wo hast du denn das gelesen?«, erwiderte Max mit einem Blick auf die Uhr und erhob sich. Er hatte einen Termin mit seinem Trainer im Fitness-Studio und wollte hinterher in einer der neuen amerikanischen Bars essen, die neuerdings wie Pilze aus dem Asphalt schossen.

»Grüß Mascha«, sagte Sonja und gab ihrem Sohn einen dieser vorsichtigen Luftküsse, die die stürmischen Umarmungen der Kinderzeit abgelöst hatten.

»Sie heißt Elga«, erwiderte er.

Dorit war bereits seit fünf Jahren ausgezogen, als Max und Mascha sich kennen lernten.

Dorits Amtszeit als Frau Thorwald war nur kurz gewesen, und Max hatte sie so vollständig vergessen, dass er Mascha kein einziges Mal versehentlich mit dem Namen ihrer Vorgängerin ansprach, nicht einmal nach Mitternacht, in jenen Momenten, in denen die Vorsicht nachlässt.

Dorit war nie wirklich präsent gewesen, und Mascha würde immer glauben, die erste Frau Thorwald gewesen zu sein, die von einer Frau namens Elga Hilpert verdrängt worden war.

Lautlos wie die Schlange in einem bösen Märchen war Elga aus dem Nichts erschienen und hatte ihren Platz eingenommen, und Mascha würde nie verstehen, wie dies hatte geschehen können.

Sie gehörte zu den Frauen, die Worten größeren Glauben schenken als Taten, und hatte nie begriffen, dass Worte dazu da sind, die Taten zu vertuschen.

Der Gedanke, dass Max grundsätzlich nach kurzer Zeit die Lust an jeglicher Art von Spielzeug verlor, kam Mascha nie in den Sinn, auch nicht, dass ihre Zeit im Hause Thorwald einfach abgelaufen war.

Max feierte Maschas Auszug, so wie er Dorits Auszug gefeiert hatte: an der Theke der Kellerbar seines Hauses.

»Maschas Zurückhaltung hat mir am Anfang gefallen, bis ich merkte, dass sie nicht zurückhaltend, sondern bloß langweilig war«, teilte er seinen Freunden mit. »Sie ermüdete so schnell.«

Ironisches Grinsen.

»Dorit war leider das genaue Gegenteil, sie ermüdete nie.«

Schallendes Gelächter.

»Dorit habe ich im Grunde nur geheiratet, weil sie mir glaubhaft versicherte, schwanger zu sein.«

Rauschender Beifall.

»Dann also auf Max den II., warum hast du uns nie von ihm erzählt?«, schrie Gitta mit der brandroten Locke über der Stirn.

Max öffnete eine neue Flasche Champagner und ließ den Korken an die Decke knallen, ehe er mit der Pointe herausrückte: »Sie ist es ja gar nicht gewesen!!!«

Max war ein untersetzter Mann mit muskulösen Schultern und einem breiten Mund, der gern lachte, selbst wenn es auf seine eigenen Kosten geschah. Zu seinem fünfundzwanzigsten Geburtstag hatte ihm sein Vater eine Firma für Laborgeräte und ein

Vermögen vererbt, und das war es, was Max so verdammt sicher machte. Ihm konnte nichts geschehen.

Für einen guten Coup hatte er immer Verständnis, und dass Dorit ihn mit der vorgetäuschten Schwangerschaft reingelegt hatte, nötigte ihm noch heute Respekt ab.

»Die war doch verdammt raffinierter als ich«, zog er das Resümee seiner kurzen Ehe. »Als sie ging, hat sie noch kräftig abgesahnt. Also« – er lachte in die Runde – »auf die, die wir zu lieben glaubten.«

Mascha wäre nicht gegangen, sondern für immer geblieben. Sie hatte Max wirklich geliebt.

Aber sie war seinem Lebenswandel nicht gewachsen, und die unerfüllte Hoffnung auf ungestörtes Zusammensein hatte sich schließlich deutlich auf ihrem Gesicht abgezeichnet. Die Lippen waren schmaler geworden, und die Ringe unter den Augen changierten am Ende ins Violette.

Max konnte sich nicht daran erinnern, jemals freiwillig von einer Frau verlassen worden zu sein, aber er hätte Mascha ohnehin nicht behalten. Ihre Art, ihn schweigend zu mustern, wenn er es sich gerade mit einer Partyschönheit gemütlich machte, hatte etwas Zerstörerisches. An seinem fünfundvierzigsten Geburtstag, zu dem die halbe Stadt geladen war, hatte sie es fertig gebracht, sich in den oberen Stock zurückzuziehen. Dort hatte er sie lesend auf einem Sofa vorgefunden und ironisch gefragt: »Bist du noch nicht gebildet genug?«

Und mit Spott in der Stimme hatte sie erwidert: »Es gibt erstaunlich viele Dinge, von denen ich keine Ahnung habe!« Mascha hatte zwei Reihen auffallend kleiner ebenmäßiger Zähne, und wenn sie so lächelte wie jetzt, hatte man Lust, ihr die Welt zu schenken.

Aber Max war ein Mann, der es gewöhnt war, Schwächen jeglicher Art mannhaft zu überwinden.

Er wechselte das Thema. »Punkt zwölf stoßen wir auf meinen Geburtstag an, es wäre schön, wenn du dich auf ein Stündchen zu uns geselltest. Außerdem ist soeben Elga Hilpert gekommen. Sie möchte dich kennen lernen.«

Möglicherweise hätte Mascha den Rest ihres Lebens unter einem Lebensstil gelitten, der nicht der ihre war, aber sie wäre niemals auf den Gedanken gekommen, dass dies ein Grund sein könnte, Max zu verlassen.

Er war nun einmal ihr Mann, und als Kind hatte sie gelernt, dass man einmal Begonnenes zu Ende führt und bei Gefahren nicht davonläuft.

Aber als Max den zweiten Sommer mit Elga auf Ibiza verbrachte, wo beide nach einem gemeinsamen Sommerhaus suchten, war Mascha ausgezogen.

Sie fühlte sich einsam in einer Umgebung, in der die automatisch betriebenen Rasensprenger das einzig Lebendige waren.

Mascha verließ die Thorwaldsche Durchgangsstation, die sieben Jahre lang ihr Zuhause gewesen war, an einem Montag im Mai, und am Wochenende darauf zog Elga ein.

Sie brachte drei Kleiderkoffer, eine Kiste mit persönlichen Erinnerungen und Tobby, einen neurotischen Yorkshireterrier mit, der jedoch den Umzug nicht lange überlebte.

Eines Morgens fand Max ihn tot am Ende seines Bettes, wo Tobby dummerweise versucht hatte zu übernachten.

Elga bestattete ihn unter der Weide vor der großen Panoramascheibe und markierte die Stelle durch ein Kreuz mit Tobbys Namen darauf. Max war nicht sehr glücklich darüber, ständig das Grab eines unbekannten Hundes vor Augen zu haben, wenn er am Kamin saß und seinen Whisky genoss.

Aber als guter Geschäftsmann akzeptierte er, dass alles seinen Preis hatte.

Elga beweinte Tobbys Tod eine Woche lang, ehe sie in der Lage war, erste Streifzüge durch das Haus zu unternehmen.

In einem Winkel im oberen Stock, einem unbenutzten Gästezimmer, fand sie ein Stück Stoff, das auf eine zauberhaft altmodische Art mit Rosen bemalt war.

Es war gerade Mode, lange Röcke zu Korsagen zu tragen, und Elga ließ den Stoff säumen und trug ihn lose über ihren gebräunten Schultern, als sie ihren dreißigsten Geburtstag feierte.

Sie war sehr attraktiv und hielt bis zum Morgengrauen durch, und Max wusste, dass sie zur Zeit genau die Frau war, die er brauchte.

2

Rivalinnen

Vom Balkon ihres neuen Domizils in der elften Etage eines Hochhauses am Rande der Neubausiedlung Neu-Ost, konnte Mascha ihr früheres Zuhause sehen.

Sie erkannte es an dem ausladenden Schieferdach, das größer war als alle Dächer der Nachbarschaft, und an den weiten Rasenflächen, die das grelle Grün von Kunstrasen hatten.

Mit Hilfe des Fernglases, das ihre Schwester Chris ihr zur Hochzeit geschenkt hatte (»Du wirst es nötiger brauchen als einen Eierkocher!«), sah Mascha den silbrigen Schleier der Wasserfontänen und das filigrane Muster der Rasensprenger.

Sie sah die vertrauten Straßen ihres ehemaligen Wohnviertels und die Kronen der Bäume. Sie sah den Zeitungsstand an der S-Bahn-Station Kastanienallee und den großen Parkplatz des Supermarktes. Winzig klein war Elgas rotes Cabrio erkennbar, nicht viel größer als eine der Liebesperlen, die in Nuckelfläschchen für Puppen verkauft werden.

Elga stellte ihren Wagen einfach am Straßenrand direkt vor dem Hauseingang ab und fuhr ihn nicht in die Garage, wie ihre beiden Vorgängerinnen es getan hatten.

Die Kastanienallee war eine Sackgasse mit einem Rondell am Ende, und Elga umkreiste stets zuerst das Rondell, ehe sie den Wagen parkte. So stand er immer in Fahrtrichtung, und sie konnte bei Bedarf sofort losfahren, ohne erst wenden zu müssen.

Mascha, die einige Psychokurse belegt hatte, ehe sie ihre Ausbildung im Buchhandel begann, wertete dies als eindeutiges Indiz für Fluchtverlangen.

Manchmal erkannte Mascha den Wagen ihrer Schwester Chris, ein sicherer Beweis dafür, dass sie den Kontakt zum Hause Thorwald nicht aufgegeben und sich mit Maschas Nachfolgerin Elga angefreundet hatte.

Chris war drei Jahre älter als Mascha und hatte sich die Liebe ihrer Mutter Vilma schon gesichert, ehe Mascha geboren wurde. Sie hatte bereits erkannt, dass es lohnender war, auf eine bestimmte Weise mit den Augen zu betteln, als herumzunörgeln, und wandte dieses Prinzip später auf jeden Mann an, der ihren Weg kreuzte. Sie richtete ihren verschleierten Silberblick direkt in seine Pupillen und vermittelte ihm spontan das Gefühl, männlich, klug und in jeder Hinsicht überlegen zu sein. Dazu wusste sie die Haare auf jene unnachahmliche Weise zurückzustreichen, die Mascha niemals gelingen sollte.

Wenn Mascha sich die Frage gestellt hätte, weshalb sie den Versprechungen eines fremden Mannes namens Max Thorwald so blind gefolgt war, hätte sie sich eingestehen müssen, dass sie es in erster Linie tat, um Chris zu quälen.

Chris war zu diesem Zeitpunkt bereits mit Friedholm Grünfeld verheiratet, bewohnte ein Reihenhaus aus zweiter Hand und fuhr ein höchst mittelmäßiges Baby durch Vorortstraßen. Sie wusste selbst, dass dies nicht gerade der Traum war, mit dem man imponieren konnte, aber sie besaß die Gabe, sich und anderen die Dinge schönzureden. Nicht ums Verrecken hätte Chris zugegeben, dass ihr Leben höchst durchschnittlich war.

Immerhin hatte sie den Vorsprung jahrelang halten können, denn dass sie mehr aufzuweisen hatte als Mascha, trat bei jedem Familientreffen deutlich zu Tage. Wenn Friedholm auch kein Mann war, bei dessen Anblick Frauen trockene Kehlen bekommen, so hatte Mascha überhaupt keinen Mann, und alle wussten, dass sie zu Silvester heimlich verreiste, um die Tatsache zu vertuschen, dass sie auch in diesem Jahr von niemandem eingeladen worden war.

An Max' Seite konnte Mascha zum ersten Mal über Chris triumphieren, ein Sieg, auf den sie lange gewartet hatte. Und es bedeutete zusätzlich einen Sieg über Vilma, von der sie stets gehört hatte, dass nicht nur Chris, sondern sämtliche Mädchen der Nachbarschaft schöner, schneller, gewitzter – sprich: erfolgreicher – waren als sie.

Beim Anblick der Villa Thorwald, deren Herrscherin Mascha in Bälde sein sollte, hatten Vilma und Chris zum ersten Mal keinen Vergleich finden können, der zu ihren Ungunsten sprach.

Keiner von beiden fiel auf, dass die Villa bereits bis in den letzten Winkel hinein eingerichtet war, und keine hatte sich die Frage gestellt, von wem.

Zu imposant waren die cremefarbenen Sofas auf den cremefarbenen Teppichböden, die Seidentapeten und die venezianischen Spiegel. Dorit stammte aus der Dynastie der internationalen Einrichtungshäuser *John & Kamman*, und die Beziehungen ihrer Familie hatten dem Haus zu diesem Flair zurückhaltender Eleganz verholfen, die Max Thorwald so stolz präsentierte. Dass die Hawaiihemden, die er mit Vorliebe trug, in grellem Gegensatz zu der häuslichen Eleganz standen, wertete man als Zeichen seiner Originalität.

Vor der Hochzeit ihrer kleinen Schwester hatte Chris drei Tage lang mit Übelkeit gekämpft, war aber der Gefahr, aus schierem Neid einer Kolik zu erliegen, gerade noch entkommen.

Sie hatte sich mit dem Kauf eines Jil-Sander-Kostüms getröstet und die Haare beim besten Coiffeur der Stadt stylen lassen.

Mit eiserner Disziplin hatte sie bis zum Schluss der Feier durchgehalten, denn sie musste bis vier Uhr morgens warten, bis endlich der Satz fiel, den sie zurzeit nötiger brauchte als alles andere.

»Chris«, hatte Max endlich gesagt, als alle anderen Gäste gegangen waren und Chris ihren Silberblick mit ungeminderter

Intensität in seine Pupillen versenkt hielt, »wenn ich dich nur einen Augenblick eher kennen gelernt hätte als Mascha ...«

»Pssst«, hatte Chris gemacht, ihm den Finger mit dem blutrot lackierten Nagel auf die Lippen gelegt und ganz zart gedrückt ... Dann hatte sie sich von Max verabschiedet und war nach Hause gefahren.

Als sie in den Rückspiegel sah, erschrak sie vor sich selbst. Die Augen, deren verschleierter Blick noch vor wenigen Minuten Max Thorwald zu Geständnissen verführt hatte, die er nie für möglich gehalten hätte, waren jetzt nichts weiter als zwei dunkle Schlitze mit zwei Ellipsen darin, von denen die eine ein wenig verrutscht war.

Es war das Gesicht einer Kriegerin, die eine Schlacht gewonnen hat. Aber sie war zu Tode erschöpft.

So, wie Chris die Thorwaldsche Villa früher aus dem alleinigen Grunde betrat, »um meine kleine Schwester zu besuchen«, so erschien sie heute ausschließlich, um Elga zu sehen.

Sie parkte ihr Auto sichtbar hinter dem roten Flitzer der Hausherrin, um jeglichen Verdacht, ihr Besuch könnte vielleicht dem Hausherrn gelten, von vornherein auszuschalten.

Wenn Max nach Hause kam, leitete sie sofort die Verabschiedung ein und blieb, noch ein wenig plaudernd, in der Diele stehen, wobei ihr Silberblick Versprechungen machte, die Max sich von Elga vergeblich erhoffte.

Chris wusste, dass die Batterie, die ihre Verführungskünste speiste, nicht länger hielt als das Rot auf ihren Lippen, aber indem sie stets dieses eine Gran zu früh aufbrach, hielt sie die Hoffnung wach, dass sie das stumme Versprechen irgendwann einlösen werde.

Während der ersten Monate ihres neuen Lebens stand Mascha oft auf dem Balkon, der die stattliche Länge von fünf Metern hatte, aber zu sehr dem Wind ausgesetzt war, als dass man ihn wirklich hätte nutzen können.

Als Beobachtungsposten eignete er sich allerdings hervorragend, und Mascha, eine Voyeuristin von Kindheit an, nutzte ihn, um festzustellen, wie oft Elga die Villa verließ und wann sie zurückkehrte. Sie registrierte genau, wie oft die weiße Limousine ihrer Schwester vor dem Haus vorfuhr und was passierte, nachdem Max' schwarzer Porsche in die Garage gefahren war.

Es dauerte nie länger als fünfzehn Minuten, dass Chris die Straße betrat …

An Tagen, an denen kein Auto vor dem Thorwaldschen Anwesen parkte, schwenkte Mascha ihr Fernglas vierzig Grad südlich und richtete es auf das Haus von Chris und Friedholm.

Es war das Dritte in einer Reihe zweistöckiger Häuser mit schmalen Gärten ohne Begrenzung, die Weitläufigkeit vortäuschen sollten. Nur der Garten von Chris und Friedholm war durch einen Sichtschutz begrenzt und hatte an Stelle eines Rasens einen gepflasterten Hof mit einem Springbrunnen in der Mitte.

Die Entfernung war so weit, dass Mascha das Anwesen nur verschwommen sah, selbst wenn sie das Glas auf optimale Schärfe einstellte, aber mit einiger Fantasie konnte sie den frotteebespannten Liegestuhl sehen, in dem sich Chris der Siesta hingab.

Sie roch den scharfen Geruch ihrer Enthaarungscreme und den süßlichen des Sonnengels, und sie hörte das leichte Klirren der Eiswürfel in ihrem Martiniglas.

Chris ihrerseits richtete den Blick nie in die Richtung der Hochhaussiedlung, in der ihre Schwester gelandet war, nachdem sich die Prophezeiung, dass Mascha niemals im Stande sei, einen Mann wie Max zu halten, bewahrheitet hatte.

Vilma wurde nicht müde, zu betonen, dass es ja Mascha gewesen sei, die Max verlassen hatte, und nicht umgekehrt, aber allen war klar, dass die Behauptung nicht stimmte.

Natürlich bedeutete es eine fristlose Kündigung, wenn der Chef seiner Angestellten sagt, dass sie ihren Posten behalten könne, so lange sie ihr Büro nicht verließe, sich absolut unauffällig benehme und keinerlei Ansprüche stelle.

Die eigentlichen Aufgaben jedoch übernehme von morgen an Frau Elga Hilpert.

In diesem Jahr dauerte der Sommer länger als sonst, und Mascha konnte ihre Beobachtungen bis tief in den Oktober hinein ausdehnen.

Aber dann lag Chris Grünfeld nicht mehr im Innenhof in der Nähe des Springbrunnens, und bei den Thorwalds waren die Rasensprenger abgestellt.

Eines Tages sah Mascha, dass Elga ihren Wagen in die Garage fuhr, nachdem sie die Windschutzscheibe zum ersten Mal vom Frost befreit hatte, und Mascha musste die Tatsache akzeptieren, dass der Sommer vorbei war.

Sie sah sich in ihrem neuen Domizil um und wusste, dass sie den Anblick des quadratischen Wohnraums mit der quadratischen Panoramascheibe, hinter der ihr ehemaliges Zuhause im Nebel verschwamm, auf Dauer nicht ertragen würde, aber sie beschloss, es erst einmal bei dem Provisorium zu belassen, das zurzeit ihr Zuhause war.

Mascha schlief auf den beiden Matratzen, die sie übereinander gelegt hatte, das kleine Regal mit ihren Lieblingsbüchern in Reichweite. Das Poster von Marcel Duras, auf dem eine winzige Taube in ein scheinbar unendliches Himmelsblau hineinfliegt, lehnte an der Wand.

Ihr gesamter restlicher Hausstand war in dem fünftürigen Schrank untergebracht, der im Flur eingebaut war.

Am Nachmittag des Tages, an dem Mascha ihren Beobachtungsposten auf dem Balkon endgültig verlassen hatte, fragte sie die Inhaberin ihres Buchladens in der Innenstadt, ob sie eine Aushilfskraft brauche.

Noch ehe Marleen die Frage verneinen konnte, fiel Mascha ihr ins Wort: »Es kommt mir nicht auf den Verdienst an!«

Max hatte ihr eine gute Abfindung gezahlt, und der Unterhalt war so bemessen, dass sie bequem leben konnte, wenn sie ihre Ansprüche nicht künstlich in die Höhe schraubte. Da sie nicht vorhatte, Vilma und Chris jemals in ihre neue Behausung einzuladen, musste sie das Konto nicht durch den Kauf einer Einrichtung belasten. Sie würde tagsüber im Laden stehen und abends froh sein, wenn sie sich auf die beiden Matratzen legen konnte, zu müde, um von Elga zu träumen.

3

Marotten

Marleen hatte das Geschäft vor dreieinhalb Jahren gegründet, kurz nachdem das große *Book-Center* am Sternplatz eröffnet worden war, ein Buchgigant auf drei Etagen, mit gläsernen Rolltreppen und einer Caféteria im Erdgeschoss.

Jede Etage war mit gemütlichen Polsterecken ausgestattet, in denen man ungestört lesen und ganze Nachmittage verbringen konnte. Natürlich hätte niemand der Idee, diesem Giganten eine kleine Buchhandlung alten Stils entgegenzusetzen, die geringste Chance gegeben, auch wenn die Räume genau jene Nosttalgie ausstrahlten, die für echte Bücherfreunde angeblich unverzichtbar ist.

Heimlich musste Marleen den Skeptikern Recht geben, aber sie verdrängte den Gedanken, denn sie würde im kommenden Sommer vierzig Jahre alt werden, und bis jetzt waren alle ihre Träume an der Skepsis ihrer Umwelt gescheitert.

Anstatt Schauspielerin zu werden, war sie dem Rat ihrer Eltern gefolgt und ins Lehrfach gegangen, und anstatt Tiefseetauchen zu lernen, hatte sie sich eine Dauerkarte für das örtliche Schwimmbad gekauft.

Es hatte lange gedauert, bis sie den Mut aufbrachte, zuzugeben, dass sie ungeeignet war, Tag für Tag die gelangweilten Blicke ihrer Schüler zu ertragen, und dass für die Magenschmerzen am Samstagabend ihr Beruf die Ursache war.

Eine eigene Buchhandlung war dagegen schon immer ihr Traum gewesen, und dieses eine Mal wollte sie es wenigstens versucht haben.

Marleen hieß mit Nachnamen Marotte, ein Name, der so eingängig war, dass er als Künstlername für eine Barsängerin getaugt hätte. Als Name für eine Studienrätin war er weniger tauglich gewesen, aber als Motto für eine Buchhandlung, der selbst die Optimisten nicht die geringste Chance gaben, schien er hervorragend geeignet.

Das *Book-Center* lud zum 1. April mittels einer Riesenwerbekampagne zu einer Eröffnungsparty ein, und in der Woche darauf eröffnete auch die *Marotte*.

Die Kunden hatten persönlich gestaltete Einladungskarten erhalten. Es gab einen Bücherflohmarkt, Krimis, die nach Gewicht verkauft wurden, und eine Tombola. Marleen stand hinter der Theke, begrüßte jeden Gast mit Handschlag und schenkte Sekt aus. Die Gäste gingen herum, bewunderten die schönen alten Bücherregale, setzten sich auf das nostalgische Plüschsofa, schauten durch die bogenförmigen Fenster auf die Straße hinaus und taten mehrmals kund, dass eine solche Bücherhöhle alten Stils der Stadt schon immer gefehlt habe.

Echte Bücherfreunde, darüber war man sich einig, würden sich in der *Marotte* treffen und das *Book-Center* am Sternplatz solidarisch meiden.

Der Anfang war viel versprechend, und die optimistischen Prognosen schienen sich zu bewahrheiten.

Dann war der Umsatz stetig zurückgegangen, und Marleen musste zur Kenntnis nehmen, dass selbst ihre treuesten Kunden, die, welche der Eröffnung einer Buchhandlung alten Stils am enthusiastischsten zugestimmt hatten, immer häufiger mit Plastiktüten an ihrem Laden vorbeiliefen, die den grellbunten Aufdruck des *Book-Centers* trugen. Das Signet des *Book-Centers* war eine leuchtend gelbe Sonnenblume, die viel sagend lächelte und dem Betrachter kumpelhaft zuzwinkerte: »Smile ...«

Maschas Angebot, im Laden mitzuhelfen, entlockte Marleen ein resigniertes Lächeln.

»Wie es aussieht, komme ich nicht einmal über die ersten fünf Jahre.« Sie kannte Mascha als Kundin, die früher regelmäßig im Antiquariat gestöbert und packenweise Krimis gekauft hatte.

Aber sie war Marleen immer fremd geblieben, und als Ehefrau von Max Thorwald, der grundsätzlich mit dem Wagen auf den Gehsteig fuhr und durch die geöffnete Tür seine Bestellung in den Laden schrie, hatte sie sie nicht einordnen können.

Als Bewohnerin des teuersten Viertels der Stadt ebenso wenig.

So war sie nicht verwundert, als Mascha gestand, »frisch getrennt und in Bälde geschieden« zu sein und nunmehr im Hochhausviertel Neu-Ost zu wohnen.

»Vielleicht erinnern Sie sich an mich, ich war über eine längere Zeit eine regelmäßige Kundin.« Sie blickte Marleen an: »Meinen Mann werden Sie sicher nicht kennen, Max Thorwald.«

»Ihren Mann habe ich in meiner Kartei!«

Max Thorwald gehörte natürlich zur Zielgruppe des *Book-Centers,* aber er war Kunde geworden, als Marleen begonnen hatte, Wein-&-Buch-Kombipäckchen zu verschicken, nachdem Blumensträuße von *Fleurop* in bestimmten Kreisen nicht mehr gefragt waren.

Aber einen teuren Bildband über die Toskana, zusammen mit einem Wein der Region, beides hübsch verpackt und mit einem Kärtchen versehen, war eine Geschäftsidee, die hervorragend ankam. Endlich konnte man das leidige Geschenkproblem ebenso niveauvoll wie Zeit sparend lösen.

Um seinen diesbezüglichen Verpflichtungen nachzukommen, brauchten Männer wie Max nur noch die Bestellung aufzugeben und ihren Namen auf die vorgedruckte Karte zu schreiben.

Perfekt …

Mit der Zeit kannte Marleen einige ihrer männlichen Kunden so gut, dass sie ein Sortiment bereits unterschriebener Karten in Reserve hatte und der Kunde nur noch kurz die Person beschrieb, die es zu beschenken galt: »Für meine Mutter etwas Leichtes, vielleicht diese Familiensaga, wie heißt sie noch … ähm … von der ähm … Sie wissen schon – und einen halbtrockenen Riesling.«

Maschas Blick wanderte über die hohen Regale. »Wie viele Jahre geben Sie dem Laden noch?«

»Höchstens eins. Ich benötige wirklich keine Hilfe, und ich könnte Sie auch gar nicht bezahlen.«

»Ich brauche kein Geld, sondern Beschäftigung.«

Sie warf Marleen einen Blick zu. »Ich wohne im elften Stock, und das ist eine sehr ungünstige Lage, wenn man nicht so gut drauf ist.«

»Und inwiefern glauben Sie, dass wir uns gegenseitig helfen können?«, fragte Marleen. »Anstatt neben mir an der Kasse zu stehen und die vorüberwandelnden Plastiktüten des *Book-Centers* zu zählen, wäre es doch einfacher, ins Parterre zu ziehen.«

»Ich habe ein Potenzial ungenutzter Kreativität«, sagte Mascha, »denn ich habe einen Kampfplatz verlassen, ohne gekämpft zu haben.«

In der Woche darauf fing Mascha in der *Marotte* an.

Sie hatte das Wochenende genutzt, um ein Herbstprogramm zu erstellen, das in allen Punkten auf persönliches Engagement setzte. Die Kunden sollten die *Marotte* als Treffpunkt begreifen, in dem sie Erfahrungen austauschen, miteinander plaudern und sich selbst einbringen konnten. Veranstaltungen mussten so regelmäßig durchgeführt werden, dass man das Gefühl hatte, seinen Stammtisch zu versäumen, wenn man sich an dem betreffenden Abend etwas anderes vornahm.

Stammkunden sollten so herzlich begrüßt werden, als ob man sie schmerzlich vermisst hätte, sich aber niemals zum Kauf genötigt fühlen. Den festen Kundenstamm plante Mascha regelmäßig über alle Neuigkeiten zu informieren.

Sie dachte daran, einen Rundbrief einzuführen, der den Kunden unter dem Motto: »Neues aus der *Marotte*« regelmäßig zugestellt werden sollte.

In diesen »Hausnachrichten« konnte man auf Veranstaltungen und Neuerscheinungen hinweisen, Presseberichte und Klatsch unterbringen, aber auch die grelle Werbung des *Book-Centers* (Drei in einem Pack – 12,99) ironisieren.

»Drei in einem Pack haben wir nicht, aber den Oliver Twist von Charles Dickens, endlich wieder in der Übersetzung von Gustav Meyrink! Freitagabend in der *Marotte*.«

Für den November schlug Mascha einen Kindernachmittag vor, bei dem ein echtes Gespenst auftreten sollte.

»Und woher sollen wir ein Gespenst nehmen?«

»Du wolltest doch Schauspielerin werden!«

»Um im Nachthemd vor einer Schar grölender Kinder herumzuspringen und hu-hu zu schreien?«

»Wir können uns unser Schicksal nicht aussuchen«, sagte Mascha schlicht.

Da das Geld fehlte, Lesungen mit bekannten Autoren durchzuführen, schlug Mascha vor, einmal im Monat den Kunden Gelegenheit zu geben, Eigenes vorzulesen.

»Die meisten haben doch etwas in der Schublade. Briefe, Tagebücher, kleine Geschichten. Oder vielleicht hat jemand Lust, einmal seinen Lieblingsdichter vorzustellen. Die Leute einfach erzählen zu lassen ...«

Natürlich würden sich Männer wie Max nicht darum reißen, über ihren Lieblingsdichter zu referieren oder ein geheimes Tagebuch zu öffnen, aber da die männliche Kundschaft ohnehin die gläserne Anonymität des *Book-Centers* vorzog, würde die

Stammkundschaft der *Marotte* zum größten Teil aus Frauen bestehen.

»Und jetzt zum Umgang mit der Kundschaft!«

Mascha warf Marleen einen Blick zu. »Nimm es mir nicht übel, aber man merkt dir an, dass du jahrelang im Schuldienst warst.«

Marleen grinste. »Nur keine Hemmungen.«

»Man sollte versuchen, den Kunden nicht mehr als unbedingt nötig auf die Nerven zu gehen. Der Kunde ist kein Schüler, dem man sich ungestraft aufdrängen darf. Will heißen: lockerer Umgang ohne Nötigung.«

Sie warf Marleen einen Blick zu. »Was schreckt dich denn selbst als Kundin?«

»Beim Blättern und Kramen von der Inhaberin beobachtet oder ungefragt beraten zu werden. Wenn ich Hilfe brauche, werde ich es schon sagen.«

»Eben. Was noch?«

»Das krasse Gegenteil, also schweigende Bedienung nach dem Motto: Preis eintippen, Geld wechseln, Buch eintüten. Tschüss, das war's.«

»Wenn sie nur ein Taschenbuch für 14,90 gekauft hat, wird die Kundin ein ungutes Gefühl haben und das nächste Mal garantiert ins *Book-Center* gehen, wo es der Kassiererin völlig egal ist, was sie in die Tüte steckt.«

»Der Sorte ›schweigende Bedienung‹ gehöre ich seit einiger Zeit ebenfalls an«, gab Marleen zu. »Es grenzt an seelische Grausamkeit, in einem leeren Laden zu stehen und anhand gelber Plastiktüten die Kunden des *Book-Center* zu zählen.«

»Das kannst du doch nicht ausgerechnet an dem einen Kunden auslassen, der sich überwunden hat, zu dir zu kommen. Darüber hinaus solltest du dir mit der Zeit merken, welche Kunden ungestört blättern möchten und welche Beratung wünschen, ganz abgesehen von denjenigen, die eigentlich nur in den Laden kom-

27

men, um von der Notoperation ihres Pudels zu erzählen. Als Inhaberin eines kleinen Ladens hast du eine soziale Aufgabe.«

»Und wenn's nur drei Kunden am Tag sind?«

»Gerade dann! Merk dir die Namen. Das ist sehr wichtig und etwas, das kein *Book-Center* leisten kann. Unsere Gesellschaft leidet unter Anonymität und nicht unter mangelndem Warenangebot.«

»Ich zeige mich beeindruckt.«

Mascha grinste. »Zwei Semester Psycho …«

»Und Naturtalent.«

»Auch.«

»Was könnte man noch tun?«

»Merke dir, was die Kundin dir erzählt. Wenn sie ein Buch über Gartenpflege kauft und klagt, dass die Schnecken die Radieschen ihrer Mutter aufgefressen haben, dann schau sie, wenn sie nach Monaten wieder kommt, nicht schweigend an, sondern frage, was aus den Radieschen ihrer Mutter geworden ist. Sie wird glauben, dass du die ganze Zeit an nichts anderes gedacht hast.«

Mascha holte Luft: »Ich wiederhole: Du musst das bieten, was die Konkurrenz nicht bieten kann. Niemand interessiert sich im *Book-Center* für deine persönlichen Probleme. Du aber hast eine Art Tante-Emma-Laden, deshalb kann der Kunde eine Betreuung erwarten, die nur das persönlich geführte Gespräch leisten kann.«

»Vielleicht vermisst die Kundin die Anteilnahme an den Radieschen ihrer Mutter gar nicht«, gab Marleen zu bedenken.

»Dann hätte sie dir auch nicht davon erzählt.«

Mascha dachte an ihre einsamen Matratzen in der Ecke ihres Apartments.

Sie dachte an den Sommer, den sie mit dem Fernrohr bewaffnet auf dem Balkon verbracht hatte, und an die Dankbarkeit, mit der sie den Gruß ihres Hausmeisters erwiderte.

»Die Zahl der Vereinsamten unter uns nimmt täglich zu«, fasste sie ihre Gedanken zusammen. »Für viele bedeutet der tägliche Einkauf die einzige Chance, ein paar Worte zu wechseln.«

»Und wenn ich mir das mit den Radieschen nicht merken kann?«, gab Marleen zu bedenken.

»Dann melde noch heute Konkurs an. Vielleicht hat das *Book-Center* einen Job für dich.«

Maschas Mithilfe in der *Marotte* erwies sich sowohl für den Laden als auch für sie selbst als segensreich.

Ihr Potenzial an Kreativität hatte in der Thorwaldschen Villa gelitten. In einem Haus, das bis in den letzten Winkel durchgestylt war und das stets nach Gästen zu rufen schien, blieb für eine einzelne Person keine Aufgabe übrig. Wenn man einmal die Entscheidung getroffen hatte, auf welches der fünf Sofas man sich setzen sollte, blieb für den Rest des Tages nichts zu tun. Dennoch hatten Mascha die sanfte Abschiebung ins Nichts und das ebenso sanfte Auswechseln gegen eine Konkurrentin tief verletzt.

»Und ich habe dich immer für schüchtern gehalten«, sagte Marleen und dachte an die verhuschte Gestalt, die sich einst mit gesenkten Blicken der Kasse genähert hatte.

»Das bin ich auch«, antwortete Mascha. »Aber ich bin wütend, und Wut macht munter.«

»Und wer ist der Gegner?«

Mascha warf einen Blick auf das Fax, das gerade gekommen war. »Bitte schicken Sie ›Salz auf meiner Haut‹, Hardcoverausgabe, zusammen mit einer Flasche Champagner an Frau Chris Grünfeld. Mit freundlichen Grüßen, Max Thorwald.«

»Ich habe einen Gegner«, sagte Mascha, »aber den krieg ich nicht. Deshalb brauche ich Ersatz.«

»Und wer ist der Ersatz?«

Sie grinste. »Natürlich das *Book-Center*.«

4

Gift im Glas

Es dauerte nicht lange, und Marleen hatte keine Zeit mehr, um durch die Ladenscheibe zu starren und die vorübereilenden Plastiktüten des *Book-Center* zu zählen, und obwohl sich dieser Frühling durch ungewöhnlich warme Abende auszeichnete, stand Mascha nie mehr mit dem Fernrohr in der Hand auf dem Balkon, um zu prüfen, ob Elga Thorwald zu Hause war und wie lange sich Chris Grünfeld der Siesta hingab.

Den Gruß ihres Hausmeisters erwiderte Mascha freundlich, aber flüchtig. Sie hatte es zu eilig, um stehen zu bleiben und das Thema der Hausumlage für die Müllentsorgung zu erörtern.

In diesem Winter hatte Mascha die Entdeckung gemacht, dass Kreativität eine eigene Dynamik hat und eine Idee hundert neue erzeugt. Dass der Erfolg jeder Tätigkeit von dem »Mehr« abhängt, das man einzubringen bereit und imstande ist, und dass man sich über seine persönlichen Möglichkeiten klar werden muss, ehe man ein größeres Projekt beginnt.

So wie Chris das Talent besaß, Konkurrentinnen zu erahnen, noch ehe diese tätig geworden waren, und in ihren Silberblick jene Verheißung zu legen, die jedem Mann das Gefühl gab, männlich, potent und überlegen zu sein, hatte auch Mascha eine Gabe, die ihren Mitmenschen gefährlich werden konnte: Sie besaß ein fotografisches Gedächtnis.

So konnte sie, zum Beispiel, einfach ihr Kopfkino einschalten, und schon sah sie Chris und sich selbst bei ihren ersten Ferien an der Ostsee. Sie waren nun acht und zwölf Jahre alt, und

Mascha sah jeden Tupfen auf Chris' gelbem Badeanzug, der so Neid erregend war, dass Mascha ihn heimlich im Meer versenkte, nur um den Anblick nicht länger ertragen zu müssen.

Sie sah jede Einzelne der zehn rosa Kerzen auf Chris' Geburtstagskuchen und die senkrechten Kummerfalten in Vilmas Gesicht, die sie der Erkenntnis verdankte, dass keine ihrer beiden Töchter jemals Klassenbeste werden und wenigstens über das Mittelmaß hinauskommen würde.

Sie sah die glänzenden Beschläge des Sarges, in dem ihr Vater beerdigt wurde, und hörte den metallisch-harten Laut, mit dem der Deckel endgültig geschlossen wurde, genau zwei Tage vor ihrem siebzehnten Geburtstag.

Und stets würde sie das signalrote Kleid sehen, das Elga an dem Abend trug, als sie die Villa Thorwald zum ersten Mal betreten hatte und diese wenige Stunden später mit der festen Absicht, hier und nirgendwo anders einzuziehen, verließ.

Jetzt aber erinnerte sich Mascha an die Stimme der Kundin, die vor einigen Wochen nach Fontanes Briefwechsel gefragt hatte, und sie wusste, dass die Dame, die Anfang November gekommen war, um die Charles-Dickens-Gesamtausgabe zu bestellen, an diesem regnerischen Tag einen blauen Kapuzenmantel trug.

Mascha konnte nicht besonders gut rechnen, und um sich in ein neues Computerprogramm einzuarbeiten, würde sie wahrscheinlich Jahre gebraucht haben, aber sie konnte aus dem Stehgreif Geschichten erzählen.

Sie konnte auf Menschen zugehen und ihnen das Gefühl geben, ungewöhnlich interessant zu sein. Sie kannte die Vorlieben und Empfindlichkeiten jedes Einzelnen, und nie passierte es ihr, dass sie Kundinnen miteinander verwechselte.

Marleen dagegen strahlte Ruhe und Zuverlässigkeit aus.

Sie hatte ein Register im Kopf, in dem jedes Buch vermerkt war, das sie je im Leben gelesen hatte. Es machte ihr Mühe, sich die Namen der Kunden zu merken, aber es genügte, wenn jemand einen Buchtitel nannte, um sofort den jeweiligen Autor zu wissen. Am Ende des Abends, an dem die Neuausgabe eines Chansonbuches von 1938 gefeiert wurde, warf sie sich eine Federboa über die Schulter und wurde für eine Stunde endlich das, was sie hätte werden können, wenn die Skeptiker in den entscheidenden Momenten ihres Lebens den Mund gehalten hätten: Marleen Marotte.

Maschas Konzept ging auf.

Ihr heimlicher Wunsch, das *Book-Center* in den Ruin zu treiben, sollte sich nicht erfüllen, aber nach einem halben Jahr war die *Marotte* zu einem der beliebtesten Treffpunkte des Viertels geworden.

Das Geschäft verfügte endlich über jenen festen Kundenstamm, der die Basis für weiteres Bestehen bildete, und die regelmäßigen Veranstaltungen zogen bald auch jene Bewohner aus der Nachbarschaft an, die vorher allenfalls die Yellow Press gelesen hatten. Marleen konnte Mascha ein festes Gehalt zahlen, und am fünften Geschäftsgeburtstag stellten beide fest, dass Marleens einstige Marotte etwas war, von dem sich gut leben ließ.

»Wir könnten sogar eine kleine Reise machen«, schlug Marleen vor. »Wie wär's mit einem Frühstück in New York?«

»Im nächsten Jahr vielleicht«, antwortete Mascha. »Einstweilen brauchen wir Geld für die Erweiterung des Geschäfts. Ich denke daran, den Hof zu sanieren.«

Marleen trat an das hintere Fenster und sah hinaus.

Der Hof war groß und sonnig, aber er machte einen vernachlässigten Eindruck. Hauptsächlich wurde er als Lagerplatz für leere Kartons missbraucht.

»Die Instandsetzung kostet natürlich, aber es lohnt sich«, fuhr Mascha fort, während sie sich ihrer Vision überließ.

»Man müsste den Hof begrünen und den Boden fliesen. Efeu,

Rosen und Klematis für die Mauern, vielleicht ein Schatten spendendes Weinspalier. Korbmöbel, Tische und Kerzen. Im Ganzen ein wunderbarer Platz für sommerliche Veranstaltungen unter freiem Himmel.«

»Wir könnten es eigentlich sofort in Angriff nehmen und die Pflanzen setzen. Im Sommer stellen wir dann die Kübelpflanzen einfach dazu«, nahm Marleen den Gedanken auf. »Mascha, ich liebe dich!«

Auf dieses Geständnis reagierte Mascha mit Schweigen. Sie nahm einige Bücher aus dem Karton, las die Titel und sortierte sie ins Regal. Schließlich warf sie Marleen über die Schulter hinweg einen Blick zu.

»Ich mich auch«, sagte sie.

Den November dieses Jahres hatte Mascha unter dem Titel: »Morde für jedermann« dem Kriminalroman gewidmet.

Ihr Einfall, die einzelnen Monate jeweils unter ein bestimmtes Motto zu stellen, hatte sich ebenso bewährt wie ihre anderen Ideen.

Im Frühjahr hatte sie Lyrikabende veranstaltet, gefolgt von einem handfesten Vortrag über die besten Bücher für Gartenpflege, und den August, in dem Veranstaltungen ohnehin spärlicher besucht wurden als gewöhnlich, unter ein literarisches Thema gestellt:

Einsamer nie als im August:
Erfüllungsstunde –
im Gelände die roten und die goldnen Brände,
doch wo ist deiner Gärten Lust?
Kommen Sie am 15. August um 20 Uhr in den literarischen Garten der *Marotte*.

In Maschas Garten erblühte die Lust vorwiegend durch das Gedeihen des Geschäftes. Es ersetzte ihr Mann, Kind, Hobby und

Freundeskreis. Die erfolgreiche Umsetzung jahrelang brachliegender Kreativität genügte ihr, um sich so zufrieden zu fühlen, dass sie sogar die Sucht, als heimliche Beobachterin am Leben anderer teilzunehmen, in den Griff bekam.

Nicht einmal spaßeshalber richtete sie am Ende eines langen Tages ihr Fernglas in die Richtung der Häuser ihrer Rivalinnen, um etwa der Frage nachzugehen, wem das schwarze Cabrio gehörte, das neuerdings regelmäßig vor der Thorwaldschen Villa stand.

Bis zu jenem Abend im November, dem 13. 11., um genau zu sein, glaubte Marleen ebenso zufrieden zu sein wie Mascha.

Die Wende erschien in Gestalt Pete Pettows, einem Autor, dessen Krimi *Gift im Glas* in diesem Herbst aufgefallen war.

Mascha und Marleen hatten nicht mehr als die übliche Werbung gemacht, und doch übertraf Pete Pettows Anhängerschaft alles bisher da Gewesene.

Mascha stand neben der Ladentür, betrachtete sich das Spektakel und kämpfte mit überraschenden Erkenntnissen.

1. Das Publikum dieses Abends bestand beinahe ausschließlich aus Männern.

2. Es gefiel ihr.

3. Es gefiel ihr sehr.

Achtung, dachte sie, mit eben diesem Gefühl hat das Max-Thorwald-Drama auch begonnen, ein Drama in mehreren Akten und mit einem Finale, dessen Schmerz du gerade erst überstanden hast. »Er hat Talent«, lockte die innere Stimme, als Pete Pettow zu lesen begann.

»Aber in den Dialogen ist er ein wenig gestrig«, hielt sie sich an der Kandare, »beinahe altväterlich. Fast schon vergreist.«

»Schöne dichte Locken«, warb die Stimme.

»Nur eine Mini-Plie, die Fülle vortäuschen soll, an den Ecken ist ja kaum noch was da.«

Pete Pettow warf ihr einen seiner auffallend blauen Blicke zu und lächelte.

Maschas Herz tat einen schnellen Schlag.

Sie schluckte. »Nicht mehr lange, und er wird gänzlich kahl sein! Sichtlich ein Muttersöhnchen«, zog sie schließlich das Resümee, »das seine Feigheit damit kompensiert, erdachte Figuren morden zu lassen. Möglicherweise ein Psychopath, höchstwahrscheinlich sogar. Bestimmt!!!«

Sie ahnte nicht, dass auch dieser Abend, einschließlich Petes Mini-Plie und den Lachfältchen in seinen Augenwinkeln, zu jenen inneren Filmen gehören würde, die sie in späteren Jahren immer wieder anschauen würde.

Ein Film mit einem Standbild darin: Marleens hingebungsvolles Gesicht, während Pete las.

Nachdem die Fans gegangen waren, nahm Pete auf dem Plüschsofa Platz und bat die Damen, noch bleiben zu dürfen.

Am liebsten, tat er kund, würde er sich jetzt ein bisschen betrinken und anschließend auf dem Sofa nächtigen.

Dann wurde er familiär. Er sei ein wenig verschuldet und suche daher ein ruhiges Plätzchen, um seinen nächsten Roman, *Fuchs unter Hennen*, schreiben zu können.

Mascha warf Marleen einen warnenden Blick zu, aber Marleen hatte eines von Petes Büchern auf dem Schoß und ließ die Seiten zärtlich durch die Finger gleiten.

»Fuchs unter Hennen«, sagte sie schärfer als nötig. »Wie zweideutig und – wie passend.«

»Das soll es auch sein«, erwiderte Pete und lächelte. »Mascha, warum gehen Sie?«

»Fuchs unter Henne sollte doch reichen!«

»Nicht unbedingt.«

Sie legte Marleen Abschied nehmend die Hand auf die Schulter.

»Ich geh jetzt, und du« – sie hauchte ihr einen Kuss auf die Wange – »sieh dich vor.«

Aber Marleen, die den zeit- und kräftezehrenden Umweg über den ehelichen Stand nie gemacht hatte, witterte keinerlei Gefahr. Sie bot Pete das Sofa in ihrem Wohnzimmer zum Schlafen an und ihren PC zur Fortführung des dichterischen Werks.

»Bleib, so lange du willst«, sagte sie zu ihm, als Mitternacht längst vorbei war und sie sich übergangslos in jenem Stadium befand, in dem man bereit ist, den Preis zu zahlen.

Er lachte. »Vielleicht bleib ich für immer. Pro Jahr zwölf Pete-Pettow-Abende in der Marotte, das wär's doch.«

Marleen spürte ein leises Unbehagen, aber sie achtete nicht weiter darauf. Dafür waren Petes Umarmungen zu leidenschaftlich und das Gefühl, das er in ihr zu entfachen vermochte, eine Spur zu vital. Hatten sie nicht doch ein wenig altjüngferlich dahingelebt, Mascha und sie? War da zuletzt nicht schon der Anflug einer gewissen Verschrobenheit zu spüren gewesen, kaum spürbar, aber doch da?

»Petes neuer Roman wird genial«, sagte sie kurz vor Weihnachten zu Mascha, während sie damit beschäftigt waren, die Kinderadventsparty zu planen, wobei Marleens Enthusiasmus erstmalig einer verträumten Gleichgültigkeit gewichen war.

»Pete wird noch eine Weile bleiben, und dir möchte ich endlich die Teilhaberschaft anbieten. Fifty-fifty!«

Durch die Ladenscheibe hindurch warf sie einen Blick auf die Parade von *Book-Center*-Tüten, die gerade vorbeigetragen wurden. Sie hatte das Gefühl, etwas absolut Notwendiges zu tun.

»Ich tu's nicht nur für dich«, fügte sie hinzu. »Sondern in erster Linie für die Marotte – und für mich selbst, wenn du verstehst …«

»Ich verstehe sehr gut«, antwortete Mascha. »Du schließt eine Art Lebensversicherung ab.«

Aber anstatt die Chance zu erkennen und zuzugreifen und sich klar zu machen, dass Pete Pettow ein Wanderer war, der stets weiterziehen würde, weil eine innere Stimme es ihm befahl, spürte Mascha jenen eifersüchtigen Stich, der sie auch getroffen hatte, als Chris den gelben Badeanzug zum ersten Mal trug.

»Werd's mir überlegen«, sagte sie knapp. »Übrigens, was wird aus unserer Silvesterfete?«

»Ich dachte, dass wir den Laden zwischen den Jahren schließen«, sagte Marleen ein bisschen verlegen, »Pete und ich ...«

»Schon gut«, antwortete Mascha.

»Du kannst natürlich gerne ...«

Maschas Augen verengten sich zu zwei schmalen Schlitzen.

»Schon gut!!!«, wiederholte sie.

5

Family

In diesem Jahr fiel der Heilige Abend auf einen Sonntag, und die *Marotte* war geschlossen. Sie würde erst am 5. Januar wieder öffnen, und Stammkundinnen, die in letzter Minute gekommen waren, weil sie noch ein Geschenk brauchten, mussten zur Kenntnis nehmen, dass die geplante Silvesterfete in ihrer Stammkneipe ausfiel und sie sich selbst etwas ausdenken mussten, wenn sie nicht allein zu Hause sitzen wollten.

Die meisten empfanden den Bruch mit der Tradition als schlechtes Omen für das neue Jahr.

Man hatte sich daran gewöhnt, zwischen zehn und elf ins *Eck* zu gehen, Freunde und Bekannte zu treffen, und nach Mitternacht der wundersamen Verwandlung ihrer Buchhändlerin in die Chansonette Marleen Marotte beizuwohnen, die, eine Federboa um den Hals, freche französische Straßenlieder zum Besten gab.

»Jeanneton nahm ihre Sichel ...«

Einige der Kundinnen witterten in dem jungen Mann, der jetzt öfter als Marleen an der Kasse stand, den Feind, der alles verdarb, aber es gab auch Frauen, die extra seinetwegen kamen. Sie trauerten der geplatzten Silvesterfeier nicht lange nach, sondern erstanden fünf Exemplare *Gift im Glas* auf einmal, in der Hoffnung, Pete Pettows Aufmerksamkeit zu erregen.

Sie erlagen dem verbreiteten Irrtum, dass der Kontakt zu einem Dichter eigene Talente weckt oder doch zumindest das Leben auf nicht näher erklärbare Weise verzaubert.

Insofern, beruhigte sich Marleen in jenen Stunden, in denen

der Zweifel die Kehle hochkroch, trage Pete durchaus zu seinem Lebensunterhalt bei und sei kein Schmarotzer, wie manche zu glauben schienen.

Am Nachmittag des 24. Dezembers saß Mascha auf ihren beiden Matratzen und wickelte Bücher in weihnachtliches Papier.

Ohne Freude betrachtete sie die Geschenke.

Sie hatte einen Stachel in der Seele, und so waren sie in diesem Jahr nicht so persönlich ausgefallen wie gewöhnlich. Sonja bekam einen Bildband mit schönen Blumenmotiven aus verschiedenen Jahrhunderten, eine Augenweide für den Betrachter, aber doch eines jener Bücher, die man einmal durchblättert, um sie dann für immer in den Schrank zu stellen.

Für Vilma hatte sie einen weiteren Band der Europäischen Literaturgeschichte besorgt, ein Geschenk, das ihr bereits bei den vergangenen vier Weihnachtsfesten über die Runden geholfen hatte. Vilma würde sich auch diesmal freundlich bedanken, fragen, wie viele Bände der Verlag denn noch herausgegeben habe, und betonen, wie sehr sie sich über wissenschaftlich fundierte Werke freue.

Da niemand in der Familie je einen Blick hineingeworfen hatte, waren peinliche Nachforschungen nicht zu befürchten.

Chris bekam einen fünfhundertseitigen Roman mit dem beziehungsreichen Titel »Der Mann der anderen« und die Taschenbuchausgabe »Endlich über Vierzig«.

Passend dazu erhielt sie eine Broschüre »Schminktipps für die reife Frau«.

Mit etwas Humor hätte man über die Kombination der Titel lachen können, aber es war nicht spaßig, sondern sarkastisch gemeint und würde genau so aufgenommen werden.

Auch die Bücher, die Mascha für Friedholm ausgesucht hatte, würden kaum den Nerv treffen.

Einem Steuerbeamten die »Steuertricks« zu schenken, war in

der Tat bestenfalls blödsinnig. Zusätzlich erhielt er ein umfangreiches Werk über Statistiken.

Friedholm begriff die Werte dieser Welt nach der Häufigkeit ihres Vorkommens und war diesbezüglich gern auf dem neuesten Stand. Zu wissen, wie oft deutsche Sportler seit Bestehen der Olympiade den Stabhochsprung gewonnen hatten und an welcher Stelle des Pro-Kopf-Wasserverbrauchs die Engländer im europäischen Vergleich standen, erfüllte ihn mit tiefer Befriedigung.

Aber es geschah nun schon zum dritten Mal, dass er ein Buch mit brandneuen Statistiken erhielt, und der Reiz nutzte sich allmählich ab.

Für Marleen hatte Mascha kein Buch besorgt, sondern einen Kasten mit Fotokarten aus dem alten Paris, und Evita, ihre Nichte, würde sich über das zehnte Schlafhäschen freuen müssen.

Zum Glück war sie erst zweieinhalb Jahre alt, konnte folglich weder zählen noch Vergleiche anstellen und würde auch mit diesem »neuen« Häschen zufrieden ins Bett gehen.

Mit einem unguten Gefühl packte Mascha das flache Päckchen aus, das sie von Marleen bekommen hatte.

Zum ersten Mal hatte Marleen das Geschenk einfach in das Papier gewickelt, das die *Marotte* zu Weihnachten benutzt hatte: braun mit winzigen Aufdrucken grüner Tannenbäumchen.

Hübsch, aber Mascha hatte es fünf Wochen lang vor Augen gehabt und konnte es nicht mehr sehen.

Jetzt hielt sie einen handgemalten Gutschein in der Hand.

Eine Woche Schneeferien auf Kosten des Hauses.

Dazu ein Kärtchen: *Liebste Mascha, dies ist ein Geschenk, von dem Du hoffentlich verstehst, wie es gemeint ist.*

Selbstverständlich kannst Du die Reise auch zu jedem anderen Zeitpunkt machen oder den Gutschein gegen ein Geschenk Deiner Wahl einlösen.

Wir wünschen Dir zum neuen Jahr alles Gute, und: Fröhliche Weihnachten!

Deine Marleen und Pete

Verbittert starrte Mascha auf die Zeilen. Sie verstand auf Anhieb, wie das Geschenk gemeint war: Man wollte sie aus dem Weg haben. Und dann: »Marleen und Pete«.

Man plante offensichtlich eine gemeinsame Zukunft.

Marleen schien so glücklich über die Wende, die ihr Leben erfahren hatte, dass sie auch Mascha dieses Glück gönnte.

Oder wollte sie ihr Gewissen beruhigen?

Dem Weihnachtskärtchen hatte sie jedenfalls vorsorglich Maschas Liebeshoroskop für das neue Jahr beigefügt:

Wassermann. Für Wassermannfrauen bahnt sich etwas Besonderes an: Sie werden dem Mann ihrer Träume begegnen. Kein flüchtiges Abenteuer, sondern eine glückliche Wende des Liebeslebens, die Dauer verspricht. Seien Sie wachsam. Achten Sie auf eine interessante Begegnung gleich zu Beginn des Jahres.

Mascha zerknüllte Karte und Liebeshoroskop und warf beides in den Papierkorb. Die Dinge hatten bereits die versprochene Wende genommen: Alles, was noch vor kurzer Zeit witzig gewesen war, hatte nun diesen dunklen Unterton von Abschiebung: Gehe auf Reisen, begegne dem Mann deiner Träume, werde reich und glücklich, *aber bitte störe uns nicht.*

Ehe sie sich auf den Weg machte, trat Mascha noch einmal auf den Balkon hinaus.

Es dämmerte bereits. Die Sicht war schlecht.

Hinter den quadratischen Fensterscheiben leuchteten die elektrischen Kerzen geschmückter Tannenbäume. Direkt gegenüber deckte eine junge Frau den Tisch.

Maschas Blick glitt über die Reihe der zwölf übereinander liegenden Küchenfenster. Gut die Hälfte von ihnen war dunkel. Die Lust, über Weihnachten zu verreisen, schien ungebrochen.

Mascha verstaute die Weihnachtspäckchen in ihrem Lederbeutel, nahm das Sträußchen Christrosen und fuhr mit dem Fahrstuhl in die Tiefgarage hinab.

Die Hälfte der Stellplätze war leer. In einer Ecke lehnte, wie vergessen, ein Christbaum.

Das kleine Einfamilienhaus, in dem Sonja wohnte, war nicht weit von Maschas Viertel entfernt. Sie lächelte, als sie das vertraute Wohnzimmerfenster sah.

Auch in diesem Jahr hatte Sonja das Haus ganz für sich allein geschmückt. Sie würde ein kleines, festliches Essen zu sich nehmen und ein bisschen Brahms hören. Dann würde sie ihre beiden Freundinnen anrufen und um Mitternacht zufrieden ins Bett gehen. Heute Abend war Mascha geneigt, ihre einstige Schwiegermutter, ihrer Selbstgenügsamkeit wegen, von Herzen zu beneiden.

Ohne zu klingeln, steckte sie die Christrosen in den Briefkastenschlitz und hängte das Päckchen an die Türklinke.

Während sie weiterfuhr, schweiften ihre Gedanken zu Max.

Sie sah die Hausbar und den grell geschmückten Christbaum neben einem Geschenkberg in metallisch-schimmerndem Papier.

Max frönte der Idee der American Christmas und zog eine kreischend-grelle Musik-Party der Romantik deutscher Weihnacht vor.

Christmas im Hause Thorwald war eine äußerst anstrengende Angelegenheit, und das keep smiling dieser Anlässe schmerzte Mascha noch heute in den Mundwinkeln.

Aber war Weihnachten nicht überhaupt ein anstrengendes Fest? Schließlich war die Mischung von Andacht und Innigkeit, zu der Vilma die Familie nötigte, nicht weniger kräftezehrend.

Am besten, dachte Mascha heute zum ersten Mal, man ließe es einfach ausfallen.

Als sie durch die menschenleere Innenstadt fuhr, streifte sie mit einem kurzen Blick die *Marotte*.

In diesem Jahr fehlte die übliche Weihnachtsdekoration der Schaufenster. Pete Pettow hatte dies als »unsäglich kitschig« abgelehnt, und Marleen hatte sich seiner Meinung angeschlossen. Stattdessen baumelte in der Ladentür ein Pappschild.

Ohne die Buchstaben zu erkennen, wusste Mascha, was darauf stand:

Wir machen Ferien.

Wir?

Natürlich Pete und Marleen.

Vilma Hahn wohnte am südlichen Stadtrand in einer stillen Villengegend. Sie gehörte zu den Witwen, die am liebsten mit dem Ehemann ins Grab gegangen wären.

Alles, was sie besaß – ihr Stolz, ihre Persönlichkeit, schlicht ihr ganzes Sein –, war mit Dr. med. Gernot Hahn verbunden gewesen, ihrem Mann. Anstelle einer eigenen Karriere.

Ihr Beruf: Arztfrau.

Jetziger Familienstand: Arztwitwe.

Natürlich hatte sie sich, wenn schon nicht durch ihre Töchter, so doch durch die Schwiegersöhne die Fortführung der familiären Tradition erhofft, aber Friedholm war nur Steuerberater. Zwar sprach er seit Jahren davon, sich selbstständig zu machen, brachte aber den Mut nicht auf und würde wohl auf ewig in seiner Behörde hocken bleiben.

Max Thorwald, auf den sich ihre ganze Hoffnung gerichtet hatte (»Mein Schwiegersohn ist Unternehmer, Sie wissen, die Thorwaldwerke – meine Tochter hat selbstverständlich Personal, anders wäre ein solches Anwesen ja gar nicht zu halten.«), hatte Mascha nach einigen Jahren einfach ausgewechselt.

Sie war keine Frau für ihn gewesen, das hatte man auf den ersten Blick sehen können. In ihrem Beruf als Unternehmergattin hatte Mascha eindeutig versagt.

Aber auch als Geschäftsfrau war kein Staat mit ihr zu machen.

Diese *Marotte* war ja wohl eine Art Frauenbuchladen, und alles, was mit Frauen zu tun hatte, erschien Vilma von vornherein zweitrangig zu sein.

Sie selbst fühlte sich nach Gernots Tod ebenfalls zweitrangig, denn anstelle von Söhnen hatte sie Töchter und anstelle eines Enkels eine Enkelin.

Chris hatte bereits kundgetan, dass es bei diesem einen Kind bleiben werde, und Mascha war wohl schon ausgeschieden.

Beim Anblick der kleinen Evita musste sie überdies die Hoffnung begraben, dass sich ihre Enkelin zu einem Wunderkind entwickeln würde. Sie glich auf entmutigende Weise Friedholms Familie.

Wann würde endlich einer den Mut haben, zuzugeben, dass ihn das weihnachtliche Ritual, von Gernot eingeführt und auch nach seinem Tod peinlich genau beibehalten, zu überfordern begann: Auspacken der Geschenke, gedämpfter Jubel, Zurückhalten der Enttäuschung. Sherry vorweg und dann das immer gleiche Menü: klare Bouillon, Pute englisch mit Maronen, glasierte Kartoffeln, Stiltonkäse, Plumpudding.

Zum Schluss eine Stunde am Kamin.

Austausch von Erinnerungen an die guten Jahre (»Als Vater noch lebte«) und endlich die Verabschiedung.

Chris hätte gern ein eigenes Fest gefeiert, in ihren eigenen Räumen und mit einem weniger opulenten Mahl, das einem tagelang auf die Galle drückte.

Auch Friedholm war es schon immer unerträglich gewesen, den nostalgischen Reden seiner Schwiegermutter zu lauschen, die ihm stets das Gefühl vermittelte, seinem verstorbenen Schwiegervater nicht das Wasser reichen zu können und zur Familienehre wenig beigetragen zu haben.

Auch Vilma schaffte es nicht, endlich zuzugeben, dass sie die Ausrichtung des Festes für die ganze Familie, insbesondere das aufwändige Menü, von dem sie mit den Jahren ohnehin nur noch kleinste Mengen zu sich nehmen konnte, zu überfordern begann. So brachte jeder für jeden ein völlig sinnloses Opfer.

Nie, dachte Mascha, wird so viel gelogen wie zu Weihnachten.

»Du siehst blass aus«, stellte Chris einige Stunden später fest und musterte ihre Schwester mit unverhohlener Freude. »Viel zu tun im Geschäft?«

»Das übliche Weihnachtschaos, aber glücklicherweise haben wir in diesem Jahr zwischen den Feiertagen geschlossen. Wir verreisen.«

»Wer, wir?«, fragte Vilma, die niemals mit einer Frau verreist wäre und ihre letzte Reise mit Gernot gemacht hatte.

Schaudernd dachte sie an die Mischung von Mitleid und Verachtung, mit der sie früher allein stehende Frauen betrachtet hatte, die sich aneinander klammerten, weil sie keinen Mann hatten. Nie hätte sie geglaubt, dass sich eine ihrer Töchter einmal in einer ähnlich entwürdigenden Situation befinden würde.

Mascha überging die Frage, denn sie musste sich bereits der nächsten stellen.

Chris knabberte scheinbar gleichgültig an ihrem Orangenkeks. »Ich war kürzlich bei euch im Geschäft, wer ist denn der junge Mann, der neuerdings die Kasse bedient?«

»Ein Schriftsteller!«

Der viel sagende Unterton, bewusst ausgespielt, verfehlte seine Wirkung nicht.

Chris zog unhörbar die Luft ein. »Ein Schriftsteller?«

Mascha lächelte süffisant. »Buchhändler haben zuweilen mit

diesen Leuten zu tun. Pete Pettows zweiter Roman wird sicher ein ebensolcher Renner werden wie der erste. Das Buch erscheint im nächsten Herbst.«

»Wusstet ihr, dass die Schriftsteller in der Achtung der Bevölkerung bloß den fünften Platz belegen?«, mischte sich Friedholm ins Gespräch.

Er hatte gut gegessen und fand nun den Mut, ebenfalls etwas zum Gespräch beizutragen.

»Der Schriftsteller kommt erst nach den Ärzten, den Rechtsanwälten und den Pfarrern. Früher belegte er mal Platz eins.«

Das konnte sich Vilma nicht vorstellen. »Der Beruf des Arztes belegte stets unangefochten den ersten Platz. Euer Vater …«

»Was mich schon lange interessiert, ist, was so ein Typ eigentlich verdient.«

Wenn er ein Thema gefunden hatte, zu dem auch er einen Beitrag leisten konnte, gab Friedholm so schnell nicht auf.

Aber auch Chris war noch nicht fertig. »Und mit diesem … äh … Pete Pettow wirst du zu Silvester verreisen?«

Mascha gelang ein zweideutiges Lächeln, das weder »ja« noch »nein« bedeutete.

Sie zuckte leicht die Schultern. »Vielleicht?«

»Ich habe gehört, dass diese Schriftsteller entweder verhungern oder zum Millionär werden«, sagte Vilma und überlegte, wo sie diesen Pete unterbringen sollte. Würde er der Familienehre zu- oder abträglich sein?

Mascha lächelte maliziös. »Nun, Pete lebt noch.«

»Dann also schon wieder ein Millionär.« Chris gelang ein schiefes Lächeln, aber in ihrem Silberblick flimmerte bereits die Gier.

»Das sind einfach die besten«, sagte Mascha schlicht.

Chris würgte den aufkommenden Neid die Kehle hinab. Die Ellipse in ihrem linken Auge rutschte nach innen.

Selbst Friedholms Atem ging schneller. »Wenn so ein Typ

sich erst mal durchgesetzt hat, rollt der Rubel unaufhörlich, ohne dass er noch etwas tun muss. Übersetzungen, Sonderausgaben, Verfilmung … weltweit!«

»Ich habe«, lenkte Chris das Gespräch wieder in angenehmere Bahnen, »kürzlich Elga getroffen.«

»Wo denn?«, fragte Mascha so gleichgültig wie möglich.

Chris lächelte blasiert. »In ihrem Wohnzimmer. Ich war eingeladen.«

Sie warf Mascha einen Blick zu. »Entschuldige, wenn dich das Thema …«

»Sprich nur weiter!«

»Elga sah toll aus. Sie hat sich gut gehalten. Max folgt ihr wie ein Hündchen.«

»Wie lästig!«

»Das Haar hat sie sich übrigens ganz kurz schneiden lassen, Garçon, ein bisschen so, wie du es früher hattest, aber sie kann es wirklich tragen.«

Irgendwann bringe ich sie um, dachte Mascha.

»Dennoch wundere ich mich immer wieder, mit welcher Gleichgültigkeit manche Frauen das vorgefertigte Leben ihrer Vorgängerin übernehmen«, fuhr Chris fort. »Da ist ein vollständig eingerichtetes Haus, jeder Gegenstand erinnert an die andere, in jedem Sessel sitzt ihr Schatten … Wie ist es dir damals gegangen, Mascha? Ich meine, vor dir war doch diese, diese …«

»In Max' Haus war kein Schatten.«

»Das ist ja das Gruselige«, sagte Vilma, der das Thema nicht recht gefiel, »dass man den Schatten nicht sieht. Ohne zu wissen, was sie tut, nimmt diese Elga die Vase in die Hand, die Mascha einmal geschenkt bekommen hat, und ordnet Rosen hinein, während Max … Friedholm, warum grinst du?«

»Weil du offenbar glaubst, dass Max die Vase jemals zur Kenntnis genommen hat. Aber Männer sehen andere Dinge.

Der Schatten der Vorgängerin geistert weit seltener durch ihre Gedanken als …«

»Als wer?«

Wenn Chris einen Verdacht schöpfte, wurden ihre Augen zu zwei Kratern, die das Opfer in den Abgrund zogen.

Friedholm kannte diesen Blick und fürchtete ihn.

»Als der Schatten der Nachfolgerin«, beendete er mutig den Satz.

»Wir wollen das Thema wechseln«, sagte Vilma. »Es passt nicht zu Weihnachten, und Vater hätte es nicht gefallen.«

Sie unterbrach sich. »Mascha, was ist? Magst du dein Geschenk nicht?«

Damit kein Neid aufkam, besorgte sie für ihre Töchter seit Kindertagen möglichst ähnliche Geschenke, die sich allenfalls durch eine kleine persönliche Zutat voneinander unterschieden. Diesmal hatte Vilma Frotteemäntel ausgesucht, auf deren Brusttasche ein Monogramm eingestickt war.

Das C, dachte Mascha, ist hübsch gearbeitet, aber das M ist völlig misslungen. Viel zu verschlungen, geradezu unappetitlich, fast wie Gedärm.

Auch die Farben hätte sie gern getauscht.

Ihr Mantel war dunkelrot, eine Farbe, die sie blass machte.

Der Mantel von Chris leuchtete in einem sonnigen Gelb.

Aber anders als in ihren Kindertagen würde es ihr schwer fallen, ihn einfach verschwinden zu lassen.

Sie konnte ihn weder im Garten vergraben noch in der Ostsee versenken.

6

Wo ist die Frau ...

Im Gegensatz zu ihrem Wunsch, den Jahreswechsel allein mit Pete zu begehen, hatte Marleen eine missglückte Party am Hals.

Das Weihnachtsfest und die Woche vor Neujahr waren nicht so harmonisch verlaufen, wie sie es erhofft hatte. Pete war kein Typ für innige Zweisamkeit.

Er vermisste die Anbetung seiner Fans, die hoffnungsvollen Blicke und das Klingeln der Ladenkasse. Stundenlang hatte er sich zurückgezogen und erfolglos über seinem neuen Roman gebrütet. Seine Laune war miserabel. Es fiel ihm schwer, sich einzugestehen, dass er das Image des Schriftstellers begehrenswerter fand als die tägliche Fron am Schreibtisch.

Marleen hatte den Stimmungswechsel zur Kenntnis genommen und am Tag vor Silvester herumtelefoniert, um auf die Schnelle ein paar Leute für eine Party zusammenzutrommeln.

»Pete und ich würden uns freuen ... *Bitte kommt!*«

Aber Pete hatte keine Freude gezeigt, sondern sich das Recht genommen, das einem Genie schon immer zustand: hemmungslos schlecht gelaunt zu sein. Während des Essens hatte er sich einsilbig gezeigt und später Marleens Verwandlung in die Chansonette Marleen Marotte mit Missgunst zur Kenntnis genommen.

Pete Pettow war es gewöhnt, selbst im Mittelpunkt zu stehen. Der Rolle des Bewunderers fühlte er sich nicht gewachsen.

Zu Beginn der zehnten Strophe des Gassenhauers, in dem Frau Wirtin es mit sämtlichen Gästen treibt, hatte Marleen seine Ungeduld und seine Ironie zu spüren bekommen: »Frau Wirtin hatte 'nen Galan, den macht die Frau nicht länger an ...«

Zum Zeichen, dass er es nicht böse gemeint hatte, küsste er sie leicht in den Nacken.

»Ich geh ein Stück spazieren, lasst euch nicht stören.«

Er lachte. »Der Dichter muss denken.«

Der Trick funktionierte.

Ein Dichter muss denken. Klar!

Das Lächeln der Anwesenden, das ihm folgte, war voller Sympathie. Zumindest das Lächeln der Frauen.

Am Morgen des neuen Jahres hatte Marleen Alka Selzer in Wasser aufgelöst, starken Kaffee gekocht und darauf gewartet, dass Pete zum Frühstück erscheinen möge.

Aber Pete hatte seine Tasse ins Nebenzimmer getragen und dann lange Neujahrsgespräche mit Verehrerinnen geführt, die in seinem privaten Telefonregister unter: G., L.L., F.L. geführt wurden. Vor allem mit L.L. schien ihn einiges zu verbinden.

Er erinnerte sie an die Silvesterparty vor einem Jahr und an ein amouröses Versprechen. Dann schilderte er ausgiebig die Arbeit an *Fuchs unter Hennen* und versprach, das erste Kapitel anlässlich des Wiedersehens vorzulesen. L.L. möge ruhig ein paar Leute dazu einladen.

Durch die halb offene Tür konnte er Marleen am Frühstückstisch sitzen sehen. Sie hatte das Kinn in eine Hand gestützt und rührte mit der anderen gedankenverloren in ihrer Tasse.

Er legte die Hand über die Muschel und raunte ihr zu, dass sie ruhig kommen und zuhören könne.

Führte Pete Pettow auch ein ausschweifendes Liebesleben, so hatte er es doch nicht nötig, selbiges geheim zu halten.

Das, unter anderem, unterschied ihn von den Spießern.

Am Nachmittag ließ Marleen ihn allein und ging in die *Marotte* hinüber.

Im Rinnstein lagen verbrannte Feuerwerkskörper und verregnete Luftschlangen. Die Straßen waren menschenleer. Die Stadt schlief ihren Rausch aus.

Der Laden war kalt und roch nach verbrauchter Luft. Marleen öffnete die Tür zum Hinterhof und trat hinaus. Durch ihre Gedanken geisterten die Träume.

Rosen und Klematis, ein Weinspalier …

Aber die Mauern waren rissig und rußgeschwärzt, in der Ecke lagen ein paar durchweichte Kartons. Mascha hatte die Restaurierung des Hofes im Herbst in Angriff nehmen wollen, aber Marleen war auf den Vorschlag nicht eingegangen.

Sonst wären die Wände jetzt weiß gekalkt, Klematis und Efeu gepflanzt, der Boden gefliest. Mit Frühlingsbeginn hätte man die Korbstühle hinausstellen können …

Sie wählte Maschas Nummer. Aber natürlich meldete sich nur der Anrufbeantworter.

»Hier Marleen«, sagte sie. »Wenn du da bist, geh doch mal ran.«

Summende Stille.

Sie sah Mascha vor sich, wie sie auf ihren Matratzen saß und auf den Apparat starrte.

»So ein Pete wird uns nie wieder passieren«, fuhr sie fort. »Es gab da eine Erfahrung, die ich irgendwann einmal machen musste. Schade, dass gerade du darunter leiden musstest. Aber dafür ist es jetzt auch für immer passé.«

Sie hielt den Hörer in der Hand und hörte wieder das leise Summen in der Leitung.

»Also melde dich, sobald du zurück bist.«

Sie atmete durch: »Melde dich bald!!!«

Pete verabschiedete sich von der *Marotte* am 10. Januar, nachdem er nach Marleens Anweisungen beim Bau des Weinspaliers geholfen und die Hofmauern gekalkt hatte.

Es war ein ungewöhnlich milder Winter, sodass bereits Mitte Januar die ersten Forsythien trieben.

Zum Abschied hatte Pete Terrakottaschalen mit Schneeheide und Moosbeeren bepflanzt und in den Hof gestellt.

»Resistent gegen Witterungseinfälle aller Art. So wie du.« Ein letztes Mal verschenkte er sein Siegerlächeln. »Ich bin ein Schwein, aber hilfsbereit und genial. Irgendwann werde ich mich melden.«

»Es ist nicht nötig, mich in dein Register aufzunehmen«, sagte Marleen freundlich. »Weder unter M.M. noch unter einem anderen Kürzel. Ich gehöre übrigens zu den wenigen Frauen, die wirklich ungern telefonieren.«

Er sah sie unschlüssig an.

Seltsam, wie cool diese Frau war. Ein paar Abschiedstränen hätte man erwarten dürfen.

»Und was deinen beruflichen Werdegang angeht«, fuhr Marleen fort, »so werde ich *Fuchs unter Hennen* natürlich sofort nach Erscheinen lesen, vorausgesetzt, dass ich in dreißig Jahren noch lesen kann. Die Reihe deiner sonstigen Veröffentlichungen verfolge ich im Internet. Wie gut, dass wir es haben.«

»Ja dann«, sagte Pete und schulterte seine Reisetasche, »alles Gute.«

»Für dich auch«, sagte sie.

Das Spiel zwischen Pete Pettow und Marleen endete mit einem Sieg für Marleen. Sie hatte Petes wunden Punkt entdeckt, und der Stich ins Herz war gut platziert.

Sauber und makellos.

Wie vor ihrer Ehe mit Max Thorwald hatte Mascha Silvester allein verbracht. Sie spürte wieder dieses Schamgefühl von früher, als sie Vilma anrief, um ihr ein frohes neues Jahr zu wünschen.

»Ich bin in Davos, Mama. – Ja, wieder in meinem alten Hotel. – Es ist wunderbar, nein gar nicht überlaufen. Übermorgen kommen wir nach Hause. – Natürlich werde ich ihn dir einmal vorstellen.«

Auch Chris bekam ihren Anruf.

»Ein frohes neues Jahr, wir sind in Davos.«

»Das wundert mich! Gestern Nachmittag habe ich Marleen mit Pete in der Stadt gesehen. Beide mit Tüten bepackt. Scheinbar rüsten sie zu einer großen Silvesterfete.«

Bloß nicht ersticken, dachte Mascha, tief durchatmen.

Sie hörte Chris' zufriedenes Lachen. »Sagtest du nicht, ihr wäret zusammen verreist?«

»Es gibt mehr als einen Schriftsteller und zusätzlich viele andere Berufsgruppen. Zum Beispiel Tausende von Steuerberatern … Gruß an Friedholm und küss die Kleine!«

»Lasst euch im neuen Jahr einmal sehen«, sagte Chris. »Ich bin recht gespannt.«

»Eine Weile möchte ich ihn noch behalten«, antwortete Mascha, »dann kriegst du ihn.«

Ich muss mich zusammennehmen, dachte sie, nachdem sie den Hörer aufgelegt hatte.

Aber die Missgunst hatte sie voll im Griff.

An wen sie auch dachte, immer war der Gedanke von einem negativen Gefühl begleitet: Max und Elga, Vilma und Chris, Friedholm, Pete. Am schlimmsten Marleen …

War das schon immer so gewesen? Und wenn nicht, wann hatte es angefangen?

Mascha trat auf den Balkon hinaus.

Sie stellte das Fernglas auf optimale Schärfe. Das Thorwaldsche Anwesen war deutlich zu sehen, aber das Haus von Chris verschwand im Nebel.

Wenn ich nicht höllisch aufpasse, dachte Mascha, werde ich mir bald eine neue Wohnung suchen. Stadtnäher, mit Blick in den Hof der *Marotte*, Marleens Fenster voll im Visier …

Um sich von den gefährlichen Gedanken abzulenken, fuhr sie hinunter und kaufte sich am Kiosk eine Zeitung.

»Sie sehen gut aus«, stellte die Besitzerin Lore Liebel fest. »Selten, dass jemand am heutigen Tag so frisch ist.«

»Ich war allein zu Hause und bin um zehn zu Bett gegangen.«

»Das ist der Scherz des Tages«, sagte Lore Liebel. »Laut Umfrage hat Silvester dem Weihnachtsfest den Rang abgelaufen. Da bleibt niemand freiwillig allein.«

»Wer beantwortet Fragen solcher Art schon ehrlich«, entgegnete Mascha. »Da belügt sich doch jeder selbst. Sich und die anderen …«

Den Abend verbrachte sie so wie die vergangenen Abende auch, auf ihrem Matratzenbett.

Sie las, dass noch nie so viele Raketen gezündet wurden und man die Leiche aus dem Stadtwald inzwischen identifiziert habe:

Es handele sich um den seit Monaten vermissten Jakob Schlüchter, Stadtstreicher, zuletzt in Mainz …

Sie las, dass das Weihnachtsgeschäft gut gewesen sei, vor allem für die Schmuck- und Spielzeugbranche.

Zwischen Weihnachten und Neujahr hatten die Kassen ebenfalls geklingelt. Die übliche Umsetzung der Geldgeschenke und die Preisreduzierung von Porzellan und Küchengeräten hatten für Umsatz gesorgt. Natürlich war wieder viel umgetauscht worden.

Schließlich las Mascha sogar die Heiratsannoncen.

Vierziger, Natur, Kunst und Literatur liebend, wissenschaftlich tätig, auf dem Lande lebend, mit Freude an Spaziergängen, Tieren, Gärten, natürlicher Nahrung und echter Partnerschaft.

Wo ist die Frau mit Sinn für »le petit bonheur« und ein Leben nach dem Motto: »Weniger ist mehr«?

Mascha grinste und faltete die Zeitung zusammen.

Wenig ist nicht genug, dachte sie.

7

Hecht in Dillrahm

Was wäre aus Maschas Leben geworden, wenn man die Straße zum Friedhof nicht gesperrt hätte, sodass Gunnar Giersch mit einer festen Gewohnheit brach und geradeaus in die City fuhr? Hätten sich die Wege von Gunnar und Mascha auch gekreuzt, wenn er seine Einkäufe nicht am Mittwoch, sondern wie üblich am Donnerstagabend erledigt hätte?

Und wenn Mascha nicht gerade an diesem Tag ins *Book-Center* gegangen wäre, aus dem alleinigen Bedürfnis heraus, Marleen zu quälen?

Die Wut auf Marleen und die Irritation, eine seit Jahrzehnten befahrbare Straße plötzlich versperrt zu sehen, waren also der Anlass gewesen, dass Gunnars und Maschas Leben aus der Bahn geriet.

Oder wären sie sich auf jeden Fall über den Weg gelaufen? Später einmal?

Seitdem er von Vanessa getrennt lebte, war Gunnar stets am Donnerstag in die Stadt gefahren.

Er hatte am Montag eingekauft, am Dienstag vorgekocht, am Freitag das Haus geputzt und das Wochenende der Gartenpflege gewidmet. Und an jedem Mittwochnachmittag war er zum Friedhof gefahren, um das Grab seiner Mutter zu schmücken.

Seitdem er allein war, brauchte er ein Geländer, an dem er sich entlanghangeln konnte, und das Gerüst, das sich als am stabilsten erwiesen hatte, waren genau strukturierte Zeitabläufe und die peinlich-genaue Einhaltung von Gewohnheiten.

Nur so, hatte er festgestellt, behielt er einen klaren Kopf und konnte das quälende Kreisen seiner Gedanken verhindern.

Er selbst hätte nicht zu sagen gewusst, warum er ausgerechnet an diesem Mittwoch mit einer festen Gewohnheit brach, aber vielleicht gab es keinen besonderen Grund?

Vielleicht hatte er, ohne es sich einzugestehen, das Alleinleben satt, und wäre ihm an diesem Tag nicht Mascha Thorwald über den Weg gelaufen, dann eben eine andere Frau, die passenden Alters, einigermaßen ansehnlich und ungebunden war.

Und die diese Spur von Naivität ausstrahlte, die nötig war, damit Gunnar Giersch den Mut aufbrachte, sich einer Frau zu nähern. Dass es gerade Mascha war, erwies sich als besonderer Glücksfall: Sie war in relativ kurzer Zeit zweimal durch eine Person ersetzt worden, die attraktiver war als sie, und hatte eine Schwester, der sie diesen Triumph nicht gönnte.

Darüber hinaus befand sie sich durch ihre Lügen die Silvesterreise betreffend bereits innerlich in einer Situation, der nur noch die äußere Bestätigung fehlte.

Und ganz vage flimmerten in ihren Gedanken wohl auch das Liebeshoroskop und die Anzeige, die sie am ersten Tag des neuen Jahres gelesen hatte: *Wo ist die Frau …?*

Mascha hatte Marleens Hilferuf zu Neujahr zur Kenntnis genommen, und es gab nichts, was sie zufriedener gestimmt hätte, als am zweiten Januar den gewohnten Weg zur *Marotte* einzuschlagen, aber die Lust, auch einmal »nein« zu sagen und genüsslich mit der Macht zu spielen, waren größer gewesen.

Mascha wusste, dass Pete Pettow eine Randerscheinung gewesen war und Marleen nicht zu jenen Leuten gehörte, die den gleichen Fehler zweimal machen, und immer, wenn sie zu Beginn des neuen Jahres an der *Marotte* vorbeiging, hoffte sie, dass Marleen sie sehen und rufen würde.

Aber erst am Mittwoch, dem zwölften Januar, entdeckte

Marleen, die für einige Minuten vor den Laden getreten war, um die ersten Sonnenstrahlen zu genießen, Mascha auf der gegenüberliegenden Straßenseite.

Sie warf die Ladentür hinter sich ins Schloss und verfolgte Mascha bis zum *Book-Center*.

Atemlos griff sie nach ihrem Arm. »Du bist also wieder zurück. Warum meldest du dich nicht?«

»Frohes neues Jahr«, sagte Mascha kühl und lächelte. »Das Leben in der *Marotte* ist mir zu unsicher. Ich suche etwas Solideres.«

»Und das wäre?«

»Das weiß ich noch nicht.«

Sie ließ Marleen stehen und ging weiter, wandte sich aber im Gehen noch einmal um: »Schick mir eine Einladung zur Hofeinweihung, vielleicht hab ich an dem Tag gerade Zeit.«

Und eine Karte, wenn du Konkurs anmeldest, fügte sie in Gedanken hinzu und folgte dem Grüppchen von Leuten, die gerade das *Book-Center* betraten. Sie rettete sich auf die Kundentoilette, wusch sich das Gesicht und zog die Lippen nach.

Dann fuhr sie mit dem Lift in die zweite Etage hinauf, wo die Koch-, Haus- und Gartenbücher standen.

Sie griff nach einem Bildband über Hofrestaurierungen und setzte sich in die Polsterecke. War sie auch äußerlich von der *Marotte* getrennt, innerlich fühlte sie sich wie eh und je mit dem Geschäft verbunden.

In Gedanken nahm sie sich den Hof vor, den Marleen nun allein gestalten würde.

Neben Kletterrosen und Klematis würde Bambus gut gedeihen und dem Ganzen einen Hauch von Exotik verleihen. Von den vielen Möglichkeiten, das Spalier mit Wein zu begrünen, musste man die optimale aussuchen, es gab da eine großblättrige Sorte, winterfest …

Sie schlug die Seite mit den Spalieren auf.

Ein Schatten fiel über das Buch. Jemand nahm unmittelbar neben ihr Platz.

»Gefällt Ihnen das?«

Gunnar Giersch lächelte.

Er wies auf den Bildband, den er selbst in der Hand hielt. *Beispiele zur Hofbegrünung.*

»Wir scheinen die gleichen Interessen zu haben. Besitzen Sie einen Garten?«

»Einen Hof.«

»Hier in der Stadt?«

»Ja! Nein!«

»Ja oder nein?«

»Eher nein. Ich hatte … Ich hatte einen Garten am Stadtrand und beinahe einen Hof in der Stadt. Ich bin Buchhändlerin.«

Wie dumm ich daherrede, dachte sie. Der Beruf der Buchhändlerin setzt doch nicht zwangsläufig einen Hofbesitz voraus.

Wie aufgeregt sie ist, dachte er zufrieden. Wie schnell sie die Balance verliert.

Laut sagte er: »Beinahe?«

»Na ja …«

»Darf ich mal sehen?«

Er nahm ihr das Buch aus der Hand.

»Als Kulisse vor der Mauer wäre ein Bambus schön.«

Sie hob den Blick. »Das habe ich auch gerade gedacht.«

Er war groß und hager. Ein schmales Gesicht mit grauen Augen. Grau meliertes Haar, das er mit fahrigen Bewegungen aus der Stirn strich. Schmale Lippen unter einer gebogenen Nase.

Das Gesicht eines Spähers, dachte Mascha.

Vielleicht war er Biologe? Physiker? Chemiker? Auch Privatgelehrter war möglich.

Die Stimme war angenehm.

»Im Moment ist in meinem Garten nicht viel los, aber die Erica herbacea und der Eranthis stehen prächtig. Leider hat die Camelia sasanqua im letzten Jahr zu viel Frost bekommen, ich hoffe, dass sie sich noch einmal erholt.«

Mascha hatte keine Ahnung, wovon er sprach, aber mutig nahm sie das Thema auf.

»An geschützten Stellen treiben bereits die Forsythien, mitten im Winter.«

»Das ist Winterjasmin. Der Laie verwechselt das leicht. Aber es ist tatsächlich ein recht verrückter Jahresbeginn.«

Er lächelte sie an und musterte ihren Mantel. »Warum tragen Sie Blau?«

»Wie bitte?«

»Es steht Ihnen nicht.«

»Was würde mir denn stehen?«

»Weiß oder ein sonniges Gelb. Darf ich Sie zu einem Kaffee einladen?«

Er warf einen Blick auf die Uhr. »Sechs vorbei. Da könnte man ja beinahe schon zu Abend essen.«

Er unterbrach sich. »Wenn ich einmal ins Restaurant gehe, was nicht oft vorkommt, gehe ich immer ins *Stadt Hamburg*. Machen Sie mir die Freude, mich zu begleiten? Übrigens, ich heiße Gunnar Giersch.«

»Mascha Thorwald.«

Er musterte sie interessiert. »Mit den Thorwaldwerken verwandt?«

»Ja, nein …«

»Verstehe. Von den Thorwaldwerken geschieden. Der Garten am Rand der Stadt, und einiges mehr, blieben zurück.«

Das Lächeln in seinen Augen verschwand. »Vielleicht auch ein Mann mit einem gebrochenen Herzen und einem geplünderten Konto!«

Vor Maschas innerem Auge tauchte Elga Hilpert auf. Elga im roten Kleid. »Eine Nachfolgerin blieb zurück.«

Er lachte. »Das soll es auch geben … dann und wann.«

»Oft.«

»Meinetwegen auch oft. Aber gehen wir doch.«

Er erhob sich und strebte, ohne Mascha weiter zu beachten, dem Ausgang zu.

Die große Glastür schlug ihr beinahe ins Gesicht. Auf der Straße hatte sie Mühe, ihm zu folgen.

Er drehte sich nicht ein einziges Mal nach ihr um.

Das Hotel *Stadt Hamburg* lag am Rand der Innenstadt. Es war wie sein Name: Gediegen-elegant, zurückhaltend. Ein wenig zu kühl. Mascha und keine ihrer Freunde wären je auf die Idee gekommen, dort zu essen. Das Haus schien für einen Abend in gemütlicher Runde ungeeignet. Man hatte sich auf Geschäftsreisende spezialisiert, gehobene Kammgarn-Kategorie.

Der Speisesaal war noch gänzlich unbesetzt.

Gunnar Giersch registrierte dies mit deutlicher Zufriedenheit. »Ich mag leere Lokale. Da hat man alles für sich.«

Ohne zu zögern, steuerte er auf einen Tisch zu und nahm sofort den besten Platz ein.

Er gab auch eine Erklärung ab. »Ich schaue gern ins Lokal.«

Mascha blieb der Blick auf die Wand und auf Gunnars Gesicht. Da kann ich ihn wenigstens in Ruhe studieren, dachte sie.

Über sie hinwegblickend, winkte er den Kellner herbei.

»Zwei Sherry.«

Er warf Mascha einen Blick zu: »Sie nehmen doch einen Sherry.«

»Gern!«

Er legte die Unterarme auf den Tisch, faltete die Hände und sah sie an.

»Kleiner Steckbrief: Gunnar Giersch, Wissenschaftler mit Kunststudium. Allein lebend. Freischaffend. Haus, Garten,

Hund. Allem Lauten, Derben und Konsumorientierten abgeneigt. Reisemuffel. Natur und Literatur liebend. Auf Ihr Wohl!«

Mascha lächelte.

»Mascha Thorwald. Geschieden. Innenstadtwohnung, Buchhändlerin, zurzeit außer Dienst …«

Ehe er ihr erneut zuvorkommen konnte, wandte sie sich an den Kellner. »Ich möchte ein Pils.«

Gunnar Giersch registrierte dies mit einem gereizten Beben der Nasenflügel.

»Ich wollte Sie eigentlich zu einem Glas Wein einladen, aber bitte, dann schließe ich mich an.«

Der Kellner reichte die Karte.

Obwohl sie seit dem Morgen nicht gegessen hatte, spürte Mascha keinen Hunger. Ihr Magen war wie zugeschnürt.

»Ich nehme nur einen Salat.«

Gunnar hob die Brauen. »Aber das Lokal ist bekannt für seine Wild- und Fischgerichte. Wie wäre es mit einem Hechtfilet in Dillrahm?«

Mascha lächelte. »Heute nicht.«

Ohne auf ihren Einwand einzugehen, winkte Gunnar Giersch den Kellner heran und bestellte einen Salat und zwei Hechtfilets. Er lächelte Mascha zu.

»Wenn es erst auf dem Tisch steht, werden Sie es schon essen. Ich bin gespannt, wie man in diesem Haus das Pils zapft. Die reguläre Zeit zur Schaumbildung wird kaum noch irgendwo eingehalten.«

Exakt nach dreizehn Minuten erschien der Kellner mit den Bieren. Die Schaumkronen waren wie gemalt.

Mascha hob das Glas. »Auf Ihr Wohl. Es ist schön, dass …«

»Herr Ober!«

Gunnars scharfer Ton schnitt ihr das Wort ab.

Der Kellner wandte sich um. »Ja?«

»Nehmen Sie dieses Glas bitte zurück.«

»Ist etwas nicht in Ordnung?«

»Es ist schlecht gespült. So etwas dürfte in einem Haus dieser Güte nicht vorkommen.«

Mascha spürte ein Unbehagen, aber sie vergaß die Ursache, als Gunnar Giersch zu plaudern begann. Er erzählte anschaulich von seinem einsam gelegenen Haus, dem verwilderten Garten, dem Licht, das morgens über den Feldern lag, und dem Zauber eines echten Kaminfeuers.

»Feuer ist etwas Lebendiges, man ist nie allein.«

Der Kellner brachte ein neues Pils für Gunnar und zwei Hechtfilets. »Guten Appetit.«

Er wandte sich zum Gehen, aber er kam nicht weit.

»Einen Moment. Das können Sie gleich wieder mitnehmen.«

Der Kellner musterte Gunnar mit schmalen Augen. »Aber Sie hatten Hecht in Dillrahm bestellt.«

»Ich hatte selbstverständlich angenommen, dass Fisch und Sauce getrennt gereicht werden.«

»Auf der Karte steht …«

»Ich weiß, was auf der Karte steht. Nehmen Sie das Zeug hier mit, und bringen Sie mir ein Steak. Aber bitte ohne Sauce oder anderem Firlefanz.«

Mascha begann zu essen.

Im Ohr hatte sie plötzlich Max' kräftige Stimme: *Typischer Fall von Kellnerquäler. Vor diesem Typ solltest du dich hüten.*

Abgesehen davon, dass sie keinerlei Hunger verspürte und ihr das hin und her Jagen des Kellners zusätzlich auf den Magen schlug, war das Fischgericht ausgezeichnet.

Mascha aß die Hälfte und schob den Teller zurück.

»Ich schaffe es leider nicht ganz.«

»Sie hätten es zurückgehen lassen sollen. Es ist immer von Übel, Gerichte unter den Beilagen zu begraben. Man erkennt sofort den schlechten Koch.«

»Aber ich fand es gut. Es war nur zu viel.«

»Fisch belastet nicht allzu sehr, vorausgesetzt, man verdirbt nicht alles durch eine zu fette Sauce.«

Wortlos stellte der Kellner das Steak auf den Tisch.

Von einem Teelöffel Bratensaft begleitet, lag es nackt auf dem Teller.

Gunnar Giersch betrachtete es ohne Sympathie. »Normalerweise wird man gefragt, ob man das Steak medium oder durchgebraten wünscht.«

Der Kellner schloss sekundenlang die Augen und verließ wortlos den Tisch.

»Es scheint medium zu sein … Aber es gehört sich einfach, dass man gefragt wird.«

Zum Glück entsprach das Steak Gunnars Ansprüchen.

Er hieb die Gabel in das Fleisch und säbelte mit dem gezackten Messer große Stücke davon herunter.

Das Blut floss auf den Teller, kauend sah er Mascha an.

»Es ist okay.«

Irgendetwas stimmt nicht, dachte sie. Ein Schöngeist, der an ein Restaurant höchste Ansprüche stellt, säbelt nicht wie ein Berserker an seinem Essen herum. Er fühlt sich als Ästhet, es wäre also angenehm, wenn er sich entsprechend verhielte.

Gunnar bemerkte Maschas Blick und legte das Besteck nieder.

»Entschuldigen Sie, aber ich bin ein wenig nervös.«

»Warum?«

Er grinste. »Ich möchte Sie um ein weiteres Treffen bitten und weiß nicht, wie ich es anstellen soll. Gleichzeitig habe ich Angst vor einer Zurückweisung.«

Mascha lächelte. »Dieser Abend scheint ein bisschen daneben gegangen zu sein, aber starten wir doch einen zweiten Versuch. Wir müssen ja nicht unbedingt ins Restaurant gehen, wenn es Ihnen so wenig Spaß macht.«

Er lachte erleichtert. »Das nächste Mal essen wir zu Hause. Wissen Sie übrigens, woran man die Singles erkennt?«

»Nein?«

»An ihren mangelnden Tischmanieren. Wer immer allein isst, vergisst jede Zeremonie. Sie müssen entschuldigen.«

»Das nächste Mal klappt's besser.«

»Es gibt also ein nächstes Mal!«, stellte er fest.

Zufrieden nahm Gunnar das blutige Gemetzel auf seinem Teller wieder auf.

»Was haben Sie gerade gedacht?« Er richtete seinen intensiven Blick auf Maschas Gesicht.

»Nichts.«

Gunnar lächelte. »Sicher nichts Positives, aber etwas von Bedeutung.«

»Ich erzähle es Ihnen ein anderes Mal.«

Mascha hatte plötzlich Chris vor sich gesehen, Chris in einem beigefarbenen Leinenensemble mit Perlen in den Ohren.

Es war kurz vor Maschas Hochzeit gewesen, und Friedholm, Max und sie hatten sich zu einem kleinen Essen getroffen.

»Man sagt«, hatte Chris plötzlich festgestellt, »dass man einen Mann beim Autofahren beobachten müsse, um zu wissen, wie er sich im Bett verhält. Ich habe eine andere Erfahrung gemacht. Ich schaue ihm beim Essen zu.«

Es war eine der seltenen Situationen gewesen, denen Max nicht gewachsen gewesen war. Verlegen blickte er auf seinen Teller hinab, den er in wenigen Minuten geleert hatte, während seine Augen bereits die Platte mit dem nächsten Gang taxierten.

Friedholm dagegen hatte die verschiedenen Zutaten des exotischen Gerichtes erst sortiert, ehe er die zusammengeschobenen Häufchen eines nach dem anderen sorgfältig und in kleinen Bissen zu sich nahm.

Die Akkuratesse, mit der er sich dem Essen widmete, hatte etwas sparsam Vorsichtiges, beinahe Ängstliches gehabt.

»Ich wünsche guten Appetit«, hatte Chris spitzzüngig gesagt und Max einen raschen Blick zugeworfen.

»Dir scheint es ja zu schmecken«, hatte Mascha gekontert. »Bisschen für Bisschen …«

»Sagen Sie es mir bei unserem nächsten Wiedersehen«, wechselte Gunnar das Thema.

»Übrigens muss ich Sie leider bitten, die Rechnung zu übernehmen. Ich hatte an sich nicht vor, in die Stadt zu fahren, und stelle gerade fest, dass ich gänzlich ohne Geld bin.«

Mascha zahlte zwei Sherry, zwei Pils, zweimal Hecht in Dillrahm, ein Steak medium und die beiden Mokka, die Gunnar, ohne zu fragen, bestellt hatte.

Die Summe war hoch.

Gunnar griff nach der Rechnung und steckte sie ein.

»Ich kann das steuerlich absetzen«, teilte er Mascha mit.

Dann überreichte er ihr seine Karte: »Vielleicht melden Sie sich mal.«

Er überließ es also ihr, das nächste Treffen zu arrangieren.

Dr. Gunnar Giersch, Illustrator, Telefon …

Keine weitere Adresse.

8

Splitterndes Eis

Am nächsten Morgen waren die Felder mit Raureif bedeckt. Über Nacht war der Winter eingekehrt. Er hatte die Schneerosen geknickt und das Regenwasser in den Bottichen zu Eis gefroren. Als Gunnar über die Wiesen ging, brach das Gras unter seinen Füßen. Er hatte es im Herbst noch einmal mähen wollen, aber der November war ungewöhnlich feucht gewesen, und dann hatte er es vergessen. Er liebte das Haus am Rande der Felder, in dem er aufgewachsen war, aber an Tagen wie heute, an denen die Einsamkeit bleischwer am Himmel hing, stellte er sich die Frage, ob es überhaupt Sinn machte, es weiterhin allein zu bewohnen.

Es wäre vernünftiger, das Anwesen zu verkaufen und in die City zu ziehen, aber er war kein Mensch für die Stadt.

An die wenigen Jahre gleich nach dem Studium im Institut für Entomologie erinnerte er sich nur ungern. Das hektische Getriebe hatte ihn nervös gemacht, und in jeder freien Minute war er hinausgefahren. Er hatte ein Kunststudium abgeschlossen und sich mit der Zeit als Illustrator wissenschaftlicher Fachbücher einen Namen gemacht. Dann war er in sein Elternhaus zurückgekehrt und hatte sich unter dem Giebel ein Atelier eingerichtet.

Dennoch wurde er die lästige Stimme nicht los, die sich regelmäßig meldete: Ein Illustrator ist kein richtiger Künstler. Wird das ewige Zeichnen von Insekten nicht allmählich zur Routine?

Und wie hatte Vanessa ihn zuweilen genannt? »Der Herr Fliegenbeinzeichner!«

»Wenn ich es mir finanziell leisten kann«, pflegte er sich zu beruhigen, »werde ich mich der richtigen, der großen Kunst widmen.«

Dann sah er sich auf einer Vernissage vor großformatigen Kunstwerken posieren, international anerkannt und von der Presse verwöhnt. Damen mit Stilgefühl und Kunstverstand waren seinetwegen gekommen und dankbar, wenn er ihnen für einige Augenblicke seine Aufmerksamkeit schenkte.

»Der Künstler ist anwesend.«

Nun, das waren Träume. Er musste froh sein, dass er genügend Aufträge erhielt und in Fachkreisen einen bescheidenen Ruhm genoss.

Die Rückkehr ins elterliche Haus zu einem Leben auf dem Land war dagegen die richtige Entscheidung gewesen.

Er gehörte einfach hierher, darüber bestand kein Zweifel. Andererseits wurde ein Single wie er auf dem Land rasch zum Außenseiter.

Er konnte förmlich hören, wie die Leute über ihn tuschelten: »Der komische Typ am Ende der Allee. Schade um das schöne Anwesen …«

»Vielleicht hat ihn sein Beruf so verschroben gemacht.«

»Was ist er denn?«

»Insektenforscher, Spezialgebiet: die Wanderheuschrecke.«

»Igitt! Hoffentlich hält er keine gefangen. Wenn sie sich vermehren, können sie ganze Landstriche verwüsten.«

»Ich finde sie schon äußerlich Ekel erregend. Die langen Beine …«

»Widerlich! Irgendwie wohl mit den Spinnen verwandt.«

»Er sieht ja selbst ein bisschen so aus. Wie heißen die noch, die beim Weglaufen manchmal die Beine verlieren?«

»Spanner?«

»Weberknechte!«

Aber es war nicht nur das Alleinsein.

Er konnte sich auch schwer damit abfinden, dass sich die Umgebung mit der Zeit stark verändert hatte.

Früher waren die historische Mühle und die ehemaligen Wirtschaftsgebäude eine Einheit gewesen. Die Pappelallee, die zur Mühle führte, gehörte den Anwohnern allein. Unbefugten war die Zufahrt durch eine Barriere verwehrt, und Gunnar war sich stets des Privilegs bewusst, zu dieser Barriere einen Schlüssel zu besitzen. Wenn er dann die schnurgerade Allee hinauffuhr, gab er sich gern der Illusion hin, dass die Felder, der Wald, der Horizont und der weite Himmel darüber ihm allein gehörten.

Er fühlte sich für das Gebiet verantwortlich, und dafür, dass es so blieb, wie es war, wäre er in den Kampf gezogen. Aber er konnte den Gegner nicht besiegen, weil er unsichtbar blieb.

Heute fragte er sich manchmal, wann das Hässliche, das sich wie ein Flächenbrand ausbreitete, auch diese letzte Oase erreicht haben würde. Wann war ihm zum ersten Mal der Müll an den Wegrändern aufgefallen, die zerbrochenen Glasscherben, das Autowrack auf der Lichtung?

Wann hatten Vandalen damit begonnen, das Schloss an der Barriere zu knacken, um sich im Wäldchen zu verdrücken und im Auto ihren Sexspielen zu frönen, Unrat und Pornohefte zurücklassend? Wann war das erste Mal das Mühlentor mit Graffiti beschmiert gewesen, und wann und auf wessen Beschluss hin war die Barriere entfernt worden?

Wann hatte das erste signalrote Dach eines Fertighauses durch die Bäume geleuchtet, dem bald darauf eine Reihe ähnlicher Dächer folgten? Und wann hatte die Stadt beschlossen, dem Großprojekt »Freizeitpark« grünes Licht zu geben?

Bis jetzt hatte er sich gegen all dies noch wehren können. Gegen die Jugendlichen, die am Wochenende an seinem Haus vorbeibretterten, hatte er sich mit Hilfe eines hohen Zaunes geschützt, den Blick nach Süden mit einer Bastmatte abgeschirmt. Die roten Dächer der Fertighäuser waren inzwischen vom Laub der Bäume verdeckt, und an Wochentagen war es beinahe so still wie vorher.

Das Projekt »Freizeitpark« war wegen Geldmangels zurückgestellt worden, aber die hässliche Schneise, die die Arbeiter in den Wald geschlagen hatten, war unübersehbar zurückgeblieben.

Schlimmer als die äußere, war die innere Unruhe, die Angst, dass all dies nur der Anfang sei und sich die roten Dächer, die Freizeitparks und der Müll immer weiter ausbreiten würden …

Gunnar pfiff nach Asta, seiner Hündin, und hängte sich die Leine um den Hals. So wie er war, in der grob gestrickten Jacke, den ausgebeulten Cordhosen und fersenlosen Sandalen ging er die Allee hinunter, durchquerte den Wald und erreichte bald darauf den Altarm des Rheins.

Er stieg den Deich hinauf und atmete durch.

Hier fühlte er sich frei.

Nichts begrenzte den Blick. Die Ebene unter dem dunstigen Himmel war wie ein Vorspiel für die Weite des Meeres. Auf der Wiese schnatterten die Wildgänse, die in der ersten Adventwoche aus Skandinavien gekommen waren, um hier zu überwintern.

Asta hielt die Nase in den Wind und beachtete die großen Vögel nicht weiter. Sie wusste, dass es sich nicht lohnte, sie zu jagen. Die Gänse würden sich kreischend erheben und davonfliegen, und sie würde mit hängenden Ohren dastehen.

Peinlichkeiten dieser Art setzte sie sich schon lange nicht mehr aus.

Gunnar ging den Deich entlang.

Er fühlte sich mit dieser Gegend identisch, mit der Strenge, der Stille, der Weite und der Schnörkellosigkeit.

Vanessa hatte heimlich den rustikalen Kitsch der Berge geliebt. Sie hatte sich romantischen Fantasien überlassen und wäre am liebsten in jede Kapelle gegangen, die am Wegrand stand, um irgendeiner golden umkränzten Madonna Blumen zu bringen.

Auch über dieses Thema hatten sie viel gestritten.

»Denk doch an die Berge in der Kunst«, hatte er argumentiert. »Keine Landschaft lässt sich so fabelhaft verkitschen und vermarkten. Kannst du dir den Norden mit röhrenden Hirschen und rustikalen Bauern vorstellen, die im Herrgottswinkel sitzen und Karten dreschen? Frau Wirtin im dekolletierten Mieder bringt das Bier, und schräg einfallendes Licht erleuchtet die Szene?«

»Vielleicht braucht man manchmal die Wärme, die Kitsch verbreiten kann«, hatte sie einmal heftig erwidert. »Mein Gott, Gunnar, es geht doch nicht um eine Frage des Prinzips. Alles ist auf seine eigene Weise schön und sollte auch so betrachtet werden.«

Zum Schluss waren sie gar nicht mehr zusammen verreist, weil sie sich über das Ziel nicht einigen konnten, obwohl dieser Aspekt eigentlich keine wirkliche Rolle gespielt hatte.

Im Grunde war es immer nur um Sieg und Niederlage gegangen, wobei sie sich über das Thema »Kitsch oder Romantik« besonders heftig gestritten hatten.

Vielleicht kämpfte er ja auch, ohne es zu wissen, gegen den Schatten einer krachledernen Erinnerung.

Gunnar schlenderte den Deich bis zum Ende, pfiff Asta und ging quer über die Felder zurück. Normalerweise waren die Wiesen zu feucht, als dass er diese Abkürzung nehmen konnte, aber heute waren die Pfützen gefroren, und er genoss das Geräusch von splitterndem Eis unter seinen Füßen.

Als er zurückkam, war es beinahe Mittag.

Er suchte in den Taschen seiner Jacke nach dem Schlüssel, und sofort war diese leichte Gereiztheit da, die ihn stets überfiel, wenn ihm bewusst wurde, dass es nötig geworden war, das Haus abzuschließen, selbst wenn er nur zu einem kurzen Spaziergang aufbrach.

Es hatte einmal eine Zeit gegeben, zu der die Haustür Tag und Nacht unverschlossen blieb, und er erinnerte sich an das Gefühl der Geborgenheit, die ihn damals mit seinem Zuhause verband.

Bis das Gefühl durch ein anderes ersetzt wurde: Dass das Haus, das ihn schützen sollte, seinerseits Schutz benötigte, weil es permanent gefährdet war.

Gunnar betrat die Diele und warf den Schlüssel auf das Bord. Er hängte die Jacke an den Haken und betrat die Küche. Hier war es gemütlich warm.

In milden Wintern heizte er die Wohnräume nur am Abend, aber nun würde der plötzliche Kälteeinbruch ihn zwingen, die Heizung auch tagsüber aufzudrehen.

Erneut überfiel ihn das Gefühl sinnloser Verschwendung: acht Zimmer, Keller, Speicher, Garten.

Heizung, Kühlschrank, Herd, Waschmaschine, ausreichend für eine ganze Familie – alles für ihn allein.

Er ging durch die Diele zurück ins Wohnzimmer.

Der Anrufbeantworter blinkte.

Er drückte die Taste: »Hier Mascha Thorwald! Ich würde Sie gerne wieder sehen und am Sonntag einen Rheinspaziergang machen. Meine Nummer ist 346688. Bitte melden Sie sich.«

Unschlüssig hielt er den Hörer in der Hand und versuchte, sich über seine Gefühle klar zu werden.

Mascha, geschiedene Thorwald …

Im Ganzen gesehen war der Anruf positiv zu bewerten.

Obwohl sie sich keiner Beschäftigung hingab, schien sie sich einer stabilen Finanzlage zu erfreuen. Einen Verehrer, der die Zeche zahlte, suchte sie offenbar nicht. Ohne mit der Wimper zu zucken, hatte sie im Restaurant die Rechnung übernommen.

Andererseits setzte sie recht selbstbewusst einen Termin und hatte auch gleich einen Vorschlag zur Hand: »Ich würde gern einen Rheinspaziergang machen.«

Gunnar Giersch aber war ein Mann, der gerne gefragt wurde.

Seit Jahren war der Sonntag für die Gartenpflege reserviert, und er hatte nicht vor, mit dieser Gewohnheit zu brechen, nur weil eine Mascha Thorwald es so bestimmte.

Aber der Boden war gefroren, Gartenarbeiten würden gar nicht möglich sein.

Ein tödlich einsamer Sonntag kam auf ihn zu.

Er wählte Maschas Nummer und war überrascht, seinerseits mit einem Anrufbeantworter verbunden zu sein.

»Hier Mascha Thorwald, bitte hinterlassen Sie eine Botschaft. Sprechen Sie nach dem Piepton. Ich rufe zurück …«

Gunnar räusperte sich. »Giersch! Danke für Ihren Anruf! Ich erwarte Sie dann am Sonntag gegen fünfzehn Uhr zum Tee! Adresse: An der Mühle 2. Hinterher könnten wir ein wenig spazieren gehen … ähm …«

An sich hatte er noch hinzufügen wollen: »Ich freue mich auf Sie«, es dann aber sein lassen und den Hörer aufgelegt.

Er fühlte sich zufrieden.

Es war Gunnar Giersch, der die Prioritäten setzte, und nicht Mascha Thorwald.

9

Ich komme gern

Wie meist in der letzten Zeit, war Mascha zu Hause, als das Telefon klingelte. Aber sie nahm den Hörer grundsätzlich nicht ab, ohne zu wissen, wer am anderen Ende der Leitung war. Zu oft war sie Chris oder Vilma in die Falle gegangen, die scheinbar »nur mal hören wollten, wie es geht«.

Dann wurde sie von Chris scheinheilig beneidet, »mitten am Tag zu Hause sitzen zu können«, und von Vilma mit Besorgnis überschüttet: »Du bist doch nicht krank? Der Mensch muss doch eine Aufgabe haben!«

Gewöhnlich folgte jener selbstmitleidige Seufzer, mit dem Vilma andeutete, dass sie mit ihrer unfähigen jüngsten Tochter schwer geschlagen sei.

»Zu schade, dass es mit dieser Stelle im Buchhandel auch wieder nicht geklappt hat!«

Aber heute füllte eine fremde Stimme den Raum, eine männliche Stimme, laut und voller Energie: »Giersch! Danke für Ihren Anruf! Ich erwarte Sie dann am Sonntag gegen fünfzehn Uhr zum Tee!« Lauter Aussagesätze. Befehlsform! Und das geschickt eingesetzte »dann«. So, als ob man bereits verabredet wäre und es nur noch um die endgültige Zusage ginge.

»Ähem ...«

Offenbar hatte er noch etwas sagen wollen, es sich in letzter Sekunde aber anders überlegt.

Noch einmal hörte sie das Band ab.

»Giersch! Ich erwarte Sie dann am Sonntag gegen fünfzehn Uhr zum Tee! An der Mühle 2!«

Die Adresse weckte eine angenehme Assoziation. Auf ihrem Stadtplan suchte Mascha die Straße.

Ja, es stimmte! Gunnars Haus befand sich tatsächlich am Rande der Rheinwiesen. Sie erinnerte sich deutlich an die schnurgerade Pappelallee, die von der Hauptstraße abbog und an deren Ende die historische Mühle lag. Rechts und links waren einige der ehemaligen Wirtschaftsgebäude erhalten geblieben, von denen Gunnar Giersch offenbar eines bewohnte.

Mascha erinnerte sich nicht mehr genau an Baustil und Größe dieser Häuser, dafür sah sie die Mühle selbst umso deutlicher.

Vor etlichen Jahren hatten Max und sie einmal eine Einladung bekommen. Den Anlass hatte Mascha vergessen, aber an Max' Laune am Tag danach erinnerte sie sich noch heute: Er war irritiert gewesen, ein Zustand, unter dem er nicht allzu oft zu leiden hatte.

Die Räume der alten Mühle hatten nämlich etwas ausgestrahlt, das man nicht kaufen kann: Originalität.

Mit plötzlichem Missfallen hatte er die cremefarbenen Sofas und Teppiche betrachtet, die hellen Tapeten und vergoldeten Spiegel. Unzufrieden war er durch sein lichtdurchflutetes Haus getigert, nagenden Zweifel im Herzen.

Die Mühle nämlich war dunkel gewesen: Dunkel gebeizte Wandtäfelung, tiefe Sofas, tiefe Sessel, Bilder in dunklen Rahmen. Irgendwo hatte ein Klavier gestanden, dunkel poliert.

In Maschas Kopfkino erschien auch Gunnar Giersch plötzlich in einer anderen Rolle. War er in ihren Gedanken bis jetzt ein Typ mit schlechten Manieren gewesen, so bekam er durch die ländliche Adresse den Charme eines Naturburschen: Gunnar Giersch am Kamin, Gunnar Giersch auf der Pirsch.

Von Hunden begleitet, geht er durch die Rheinwiesen. Hohe Stiefel, Lodenzeug … Kein Salonlöwe, aber ein richtiger Kerl, an dessen breiter Brust man sich geborgen fühlt.

Hatte er eigentlich eine breite Brust?

An diesem Punkt versagte Maschas Kopfkino; eher erinnerte sie sich daran, wie er mit leicht hängenden Schultern vor ihr her gelaufen war, von ihr weggelaufen, wenn man es genau nahm.

Aber, nahm sie ihn sogleich in Schutz, er war ein Mann von Statur. Immerhin hatte er sie um Haupteslänge überragt. Unbedingt vorzeigbar!

Schon erschienen vor Maschas innerem Auge Chris und Friedholm. Friedholm, der sich in Gunnars Gegenwart zutiefst unwohl fühlt, und Chris, die Gunnars Haus mit gierigen Augen mustert.

Übergangslos hört Mascha ihre eigene Stimme: »Gunnar und ich leben sehr zurückgezogen. Natürlich haben wir Kontakt zur Mühle. Hin und wieder verbringen wir einen gemütlichen Abend in kleiner Runde.« Zufrieden registriert sie, wie die Ellipse in Chris' linkem Auge vor Neid nach innen rutscht.

»Gunnar mag keine Partys. Ja, im Sommer natürlich wieder in die Savannen. Wir besuchen Freunde …«

Auch Vilma würde sie endlich einmal das Maul stopfen.

»Gunnar kommt aus einer alten Wissenschaftlerfamilie. Schon sein Großvater …«

Wieder drückte sie die Taste.

»Giersch! Danke für Ihren Anruf! Ich erwarte Sie dann am Sonntag gegen fünfzehn Uhr zum Tee …«

Ob Gunnar Personal hatte?

Eine alte Mamsell, seit Ewigkeiten in der Familie, betritt die Szene, ein schweres Tablett mit sich tragend.

»Guste, stellen Sie es bitte hierher. Danke, wir bedienen uns selbst.«

Natürlich war das alles Blödsinn. Mascha musste über sich selbst lachen.

Das waren keine Szenen aus der Gegenwart, sondern aus alten englischen Romanen. Aber schon die Tatsache, dass die Adresse solche Assoziationen weckte, war positiv zu bewerten.

Schließlich hätte Gunnar auch eine ganz normale Wohnung haben können, wie die meisten Leute – oder wie sie selbst.

Leicht angeekelt sah Mascha sich in ihrem Apartment um. Wie gut, dass sie es nie eingerichtet, sondern als das gesehen und genutzt hatte, was es war: Das Provisorium als Übergang zum Eigentlichen. Sie trat auf den Balkon hinaus. Der Horizont verschwand im Nebel. Die Luft war kalt.

Heute Nacht hatte es gefroren, und die Autos auf dem Parkplatz waren mit Raureif bedeckt. Im Halbschlaf hatte sie das typische Kratzen gehört, mit dem die Scheiben vom Eis befreit wurden. Aus alter Gewohnheit richtete Mascha das Fernglas auf die Kastanienallee.

Aber die Straße vor ihrem ehemaligen Zuhause war leer. Auch bei Grünfelds war nichts zu sehen.

Einige Sekunden lang starrte sie auf das Telefon und formulierte in Gedanken ihre Zusage.

Dann wählte sie Gunnars Nummer.

Ohne dass es ihr auffiel, übernahm sie sein Stakkato:

»Thorwald! Danke für Ihre Einladung! Ich komme gern …!«

Sie machte eine Pause, um ihm Gelegenheit zu geben, das Gespräch abzunehmen, aber alles blieb still.

»Ich freue mich auf den Nachmittag«, fügte sie schließlich hinzu. Sie hatte den Hörer noch nicht ganz auf die Gabel gelegt, als das Telefon bereits klingelte.

Sie lachte ein bisschen in sich hinein. Ebenso wie sie, hatte er offenbar neben dem Apparat gesessen.

»Hallo?«

»Mascha?«

»Ja?«

»Hier Marleen, du klingst so … belegt.«

»Ich hatte einen anderen Anruf erwartet.«

»Von einem Mann!«

»Du sagst es.«

»Wie heißt er denn?«

»Gunnar Giersch. Er wohnt …«

»Ich weiß, wo er wohnt.«

»Was?«

»Er war ein paar Mal in der Marotte, dann ist er glücklicherweise zur Konkurrenz abgewandert.«

»Wieso glücklicherweise?«

»Nervender Besserwisser. Hat mir nicht nur vorgeschrieben, wie ich den Laden einzurichten habe, sondern auch das Sortiment bemäkelt. Typischer Fall von: Ich, das Maß aller Dinge. Aber wieso erwartest du seinen Anruf? Es ist Montagmorgen, gewöhnlich …«

Mascha rieselte eine heiße Welle über den Rücken. Marleen war ja schlimmer als Vilma.

»Aha! Jeder, der an einem gewöhnlichen Wochentag zu Hause ist, ist für dich also ein Versager. Ich selbst« – ihre Stimme bekam etwas Japsendes – »arbeite …«

»Hast du was?«

»Ich selbst arbeite zur Zeit auch nicht, und doch halte ich mich nicht für …«

»Mascha!«

»Außerdem soll man nach dem neuesten Stand der Technik von überall anrufen können. Sogar aus …«

»Mascha!!!«

»Sogar aus Forschungsinstituten …«

»Ach, jetzt erinnere ich mich. Gunnar Giersch ist Wissenschaftler.«

Marleen senkte ironisch die Stimme: »Insekten! In seiner Freizeit beschäftigt er sich angeblich mit der Malerei.«

»Er illustriert Fachbücher.«

»Stimmt! Übrigens eine Koryphäe auf seinem Gebiet.«

»Woher weißt du das?«

»Hat er mir erzählt, ungefragt!«

»Okay.«

Mascha atmete durch. Warum regte sie sich so auf? Sie zwang sich zur Ruhe. »Sonst noch was?«

»Wie?«

»Ich fragte ›sonst noch was?‹ Du hast doch nicht angerufen, um dich über Herrn Giersch zu unterhalten.«

»Natürlich nicht. Wir haben am 28. Januar ein kleines Fest mit geladenen Gästen. Motto: Zu Gast bei Colette. Es ist übrigens ihr Geburtstag, sehr günstig, dass er gerade auf einen Sonntag fällt. Ich habe vor, ein typisches Menü nachzukochen …«

Sie wechselte den Ton: »Mascha, ich hoffe so sehr, dass du kommst.«

»War das nicht ursprünglich mal meine Idee? Die Rezepte der Bücher ›zu Gast bei Prominenten‹ in die Realität umzusetzen? Ich hätte zur Einführung ›zu Gast bei Casanova‹ genommen. In diesem Fall natürlich ein sinnlich-anregendes Menü: feurige Weine, anregende Speisenfolge.«

Sie lachte. »Vorweg den Selleriesalat, zum Nachtisch einen Liebesapfel.«

»Das kannst du gern übernehmen. Aber jetzt komm erst mal als Gast.«

»Vielleicht! Wenn ich an diesem Tag nicht schon eingeladen bin.«

»Bei Gunnar, dem Insektenforscher. Vielleicht serviert er gebackene Grillen.«

»Ich liebe Grillen. Sehr proteinhaltig. Man sollte die Menschen übrigens nicht ausschließlich nach ihrem Kaufverhalten beurteilen. Kleiner Rat am Rande.«

»Sagt aber viel aus! Herr Giersch, zum Beispiel, hat zwei teure Fachbücher bis heute nicht bezahlt. Könnte es sein, dass er pleite ist? Oder ist er bloß geizig?«

»Zerstreut!«

Marleen lachte: »Wie Wissenschaftler so sind …«

10

Blau steht Ihnen nicht

Zu ihrem ersten Date mit Max hatte Mascha ein Kostüm mit Minirock und Schuhe mit hohen Absätzen getragen, die den Blick auf ihre Beine lenkten. Sie hatte ihrem dunklen Haar mit Hilfe von Henna rötliche Reflexe verliehen und die Augen mit Lidstrich betont. Zu dem Minirock trug sie die passende Kostümjacke, klassisch geschnitten und leicht tailliert, mit schrägen Taschengriffen, und heruntergezogenen Revers und im Ausschnitt die Perlenkette, die sie von ihrer Großmutter geerbt hatte.

Maschas Aufmachung ließ mehrere Möglichkeiten zu, die sich bei Gelegenheit ausbauen ließen: Rock, Schuhe und Haare waren eindeutig sexy, Jackett und Perlenkette ließen Gediegenheit erkennen. Die handgeschmiedeten Ohrringe aus Sterlingsilber zeigten Sinn für Kreativität.

Weltläufigkeit verriet die Tasche aus Rindleder mit afrikanischen Motiven und geflochtenem Trageriemen.

Hätte man Maschas Outfit in Schichten zerlegt, hätte man sie sich ebenso gut beim Einchecken für einen Flug nach Afrika, auf einer Stehparty der Deutschen Bank, auf dem schwiegermütterlichen Sofa oder einem Barhocker vorstellen können.

Sie schien die Frau mit unbegrenzten Möglichkeiten zu sein, und Max war fasziniert von ihr.

Er war von Dorits teurer Eleganz übersättigt und konnte die Seidentücher mit den Kettenmotiven und Taschen mit Initialen des Herstellers nicht mehr ertragen. Und mit wachsendem Ekel betrachtete er sich Morgen für Morgen die Serie von Cremetöpfchen und Parfümflakons, die sämtlich ein goldenes C auf schwarzem Grund trugen.

Wenn man es genau nahm, hatte er immer öfter gedacht, war Dorit selbst ein Artikel aus einer Luxusserie.

»D« auf seidenem Grund …

Auf Mascha aber hatten seine Augen herumspazieren können, und in welcher Höhe sie sich auch befanden, stets hatte er etwas Neues entdeckt.

Auch er hatte sich vor dem ersten Treffen mit Mascha in Schale geworfen. Mascha entstammte einer Gesellschaftsschicht, mit der er bisher wenig Kontakt gehabt hatte, war somit etwas Besonderes und konnte ihm vielleicht beim weiteren Aufstieg helfen.

Er hatte sie ins »Brahms« geführt, ein Restaurant, das eher teuer als gediegen war, aber Unterschiede dieser Art kannte Max damals noch nicht.

Mascha hatte versucht, so amüsant wie möglich zu sein, und Max hatte geglaubt, dass dies nur der Anfang sei und sich ihr wahres Feuerwerk später entfalten werde. Wie sollte er ahnen, dass das, was Mascha an diesem Abend bot, das Äußerste an Unterhaltsamkeit war, dessen sie fähig war.

Dennoch hatte er sich nicht gelangweilt, nicht zuletzt deshalb, weil sie sich imstande gezeigt hatte, der Schilderung seines Aufstiegs und seiner Treffsicherheit an der Börse zu lauschen, ohne sichtbar zu ermüden.

Aber dann war er auf der Suche nach dem Zigarettenautomaten an der Bar hängen geblieben, und Mascha hatte allein am Tisch gesessen, bis sie schließlich durch den Kellner erlöst wurde, der ihr, auf silbernem Tablett, einen Zettel überreichte: *Sind in der Bar. Mordsstimmung. Komm bitte herunter.*

Es wäre gut gewesen, wenn Mascha dem aufkommenden Zweifel, ob Max wirklich der richtige Mann für sie sei, Glauben geschenkt hätte, aber sie hatte Vilmas Stimme im Ohr, die mahnte, dass eine kluge Frau ein Auge zudrücken müsse.

Max hatte im Laufe der Nacht immer heftiger mit einer Blondine geflirtet, deren üppiges Dekolletee keinen Zweifel über den Zweck ihres Daseins zuließ, und Mascha hatte sich plötzlich in ihrer eleganten Kostümjacke lächerlich spießig gefühlt.

Spätestens jetzt wäre es an der Zeit gewesen, sich für immer zu verabschieden.

Aber Max lachte mit einer Vitalität, wie noch nie ein Mann zuvor gelacht hatte, und sie hatte sich beschützt und sicher gefühlt. Zu Hause war Lachen stets verpönt gewesen, und wenn Dr. Gernot Hahn sich doch einmal dazu hinreißen ließ, dann zuckte die schmale Linie seines Mundes allenfalls einen Millimeter nach oben.

Dieses Schauspiel war einem seltenen Naturereignis vergleichbar, und wer es einmal erlebt hatte, vergaß es nie wieder.

Genau betrachtet hatte Mascha nicht Max, sondern sein Lachen geheiratet und dieses Lachen bis zum Schluss geliebt, auch wenn es im Laufe der Zeit im eigenen Haus immer seltener zu hören gewesen war. Denn Mascha war in den Jahren des Zusammenlebens immer mehr zu der Frau geworden, die sie eigentlich war: Eine Frau ohne Allüren, aber auch ohne Finesse.

Nicht eine Frau für jede Gelegenheit, sondern eine für alle Tage. Max äußerte sich nicht zu diesem Phänomen, aber natürlich hatte Elga leichtes Spiel gehabt. Am Tag der ersten Begegnung trug sie ein signalrotes Kleid zu roten Schuhen und einem Lippenstift, der ihren Mund leuchten ließ, wie mit Lack überzogen.

Mascha, in ihrem Kleid aus flattriger brauner Seide, war nervös hin und her gelaufen, und neben Elga hatte sie wie ein herbstliches Blatt gewirkt, das erschöpft zu Boden weht.

Max konnte nicht umhin, beide Frauen miteinander zu vergleichen, und natürlich hatte Mascha das Spiel verloren. Es war zu der Zeit gewesen, zu der sich Max immer häufiger dabei ertappte, ihren Namen nicht mehr parat zu haben.

Meist hatte er sie einfach Schatz genannt.

Auch für ihr erstes Treffen mit Gunnar wählte Mascha ein Kostüm mit klassisch geschnittener Jacke zum Minirock.

Sie dachte an Gunnars Worte »Blau steht Ihnen nicht« und fand, dass er Recht hatte. Sie würde den Mantel in der beanstandeten Farbe bei einsamen Spaziergängen auftragen.

Das Kostüm, das sie schließlich für ihr erstes Date auswählte, war mattweiß.

Als Mascha sich im Spiegel betrachtete, registrierte sie verwundert jenes gehobene Gefühl, das zu der ersten Zeit mit Max gehörte.

Gerade im Winter sollte man helle Farben tragen, dachte sie. Auch was diesen Punkt betraf, hat Gunnar Giersch unbedingt Recht. Mascha war sich nicht bewusst, dass sie dabei war, jener Schwäche zu erliegen, der sie schon bei Max erlegen war: Mit dem Eifer eines Kindes sammelte sie Punkte zu Gunnars Gunsten.

Zu dem neuen Kostüm wählte Mascha mit Bedacht die passenden Schuhe mit hohen Absätzen und deponierte, für den Fall, dass es zu dem versprochenen Spaziergang kommen sollte, die flachen, kniehohen Stiefel im Kofferraum.

Vor ihrem inneren Auge sah sie sich mit elegant übereinander geschlagenen Beinen am Kamin sitzen und später zünftig ausschreitend über die Wiesen gehen. So fand sie sich nach längerer Abstinenz erneut in ihrer Lieblingsrolle: Eine Frau für alle Fälle.

Der Mantel aus weichem, rehbraunen Leder war zu kühl für die Witterung, aber zu dem winterweißen Kostüm sah er schick aus, und er hatte eine Kapuze, die wärmte und zusätzlich dem Gesicht schmeichelte. Der grob gestrickte Schal, ebenfalls winterweiß, würde hervorragend dazu passen.

Den Nachmittag vor dem Treff widmete Mascha der Kostüm-probe, bis sie endlich zufrieden war. Es hatte gewisse Vorteile, keinen Job am Hals zu haben, der einem Zeit und Kraft für die wirklich wichtigen Dinge im Leben stahl.

Obwohl er es nicht einmal vor sich selbst zugegeben hätte, ver-brachte auch Gunnar Giersch einen sorgenschweren Vormittag. Bei seinem ersten Treffen mit Vanessa hatte er sich unwohl ge-fühlt.

Er trug am liebsten seine altgedienten Klamotten und pflegte in neuer Kleidung unbehaglich steif dazusitzen, weil er die mah-nenden Stimmen seiner Mutter und seiner um einiges älteren Schwester Ebba nie losgeworden war. »Gunnar, sitz gerade. Du zerknitterst dir das Hemd.«

Aber Vanessa war eine selbstbewusste Frau und stellte eine Herausforderung dar, und entsprechend hatte er sich in Schale geworfen.

Unglücklicherweise war sie ihrerseits in einem betont lässi-gen Aufzug erschienen, vielleicht um anzudeuten, wie unwich-tig ihr dieses Treffen war?

Bei der Begrüßung hatte sie gelacht: »Na? Schick gemacht? Extra für mich?«

Es war ein Scherz gewesen, aber Gunnar hatte sich wie ein er-tappter Schüler gefühlt.

Die Erinnerung an diesen Nachmittag war verschwommen, aber ein Detail hatte sich scharf in sein Gedächtnis gegraben: Letztendlich hatte er den Schauplatz als Sieger verlassen.

Der Sonntag, an dem Mascha Thorwald zum zweiten Mal in ihrem Leben die Allee zur historischen Mühle hinauffuhr, war ein nebliger Januartag mit grauem Himmel, feuchter Kälte und einer Atmosphäre, die sich wie ein Leichentuch aufs Gemüt legte.

Es war ein Tag, an dem man froh war, etwas vorzuhaben, um nicht gezwungen zu sein, allein zu Hause herumzuhocken.

Gunnar Giersch erwartete Mascha mitten auf der Straße stehend und hielt den Wagen mit ausgebreiteten Armen an. Sie ließ das Fenster herab, und er beugte sich zu ihr hinunter.

»Das Haus ist von der Straße aus schwer erkennbar. Ich hatte Angst, dass Sie vorbeifahren könnten.«

Sein Lächeln zeigte eine Reihe makelloser Zähne.

In Gedanken zeichnete Mascha diesen Empfang mit einigen Pluspunkten aus.

Gunnar Giersch hatte auf sie gewartet, vielleicht sogar sehnsüchtig gewartet, schließlich war sie beinahe eine Viertelstunde zu früh. Aus Angst, sie zu verpassen, musste er geraume Zeit hinter der Hecke gelauert haben, um im rechten Moment auf die Straße stürzen zu können. Dass er sich von dem kalten Schmuddelwetter nicht hatte abhalten lassen, war ebenfalls positiv zu bewerten. Es bestätigte das Bild des Naturburschen.

Auch Gunnar nahm Maschas frühe Ankunft als gutes Omen.

Sie ist aufgeregt, dachte er, als er ihr in der Diele den Mantel abnahm und das neue Kostüm in Winterweiß zum Vorschein kam. Außerdem hat sie sich schick gemacht und meinen Rat beherzigt. Das heutige Treffen scheint ihr wichtig zu sein.

Einen Augenblick lang flammte Vanessa durch seine Erinnerung, Vanessa, deren lässiger Aufzug ihm seinerzeit signalisiert hatte: Wer bist du denn schon?

Aber heute führte er nicht Vanessa, sondern Mascha in den Wohnraum. Mascha in Winterweiß, zart nach Parfüm duftend. Als sie Platz nahm und die Beine übereinander schlug, registrierte er die Schuhe mit den hohen Absätzen. Der kurze Rock rutschte hoch hinauf, aber sie wirkte keine Spur vulgär. Die Perlenkette im Ausschnitt der klassisch geschnittenen Jacke schimmerte dezent.

Auch Mascha musterte ihr Gegenüber. Gunnar hatte Stilgefühl. Flanellhose und Cordjackett passten ins ländliche Ambiente. Der Wohnraum mit der niedrigen Balkendecke, den Bücherregalen und tiefen Sofas wirkte behaglich und kam dem inneren Wunschbild entgegen, auch wenn das Holz im Kamin nicht angezündet war. Die Kerzen in den Leuchtern waren lange heruntergebrannt und mit Staub bedeckt.

Aber Gunnar hatte eine Kanne Tee zubereitet und bat Mascha, die Tassen zu füllen.

»Bitte greifen Sie zu!« Er wies auf eine Schale mit Plätzchen. Sie nahm sich eines, kaute tapfer darauf herum, gewann schließlich den Kampf und lehnte ein weiteres ab. »Danke, ich habe spät zu Mittag gegessen.«

Gunnar lächelte zufrieden. »Wie gut, dass ich nicht groß eingekauft habe. Es ist ärgerlich, wenn hinterher alles stehen bleibt und man tagelang mit den Resten kämpft.«

Obwohl Gunnar die Heizung aufgedreht hatte, war es empfindlich kühl im Raum. Mascha begann zu frösteln.

Sie lockte Asta zu sich heran, und der Hund legte sich brav über ihre Füße.

»Wie heißt er denn?«

»Asta, eine Sie. Es passiert selten, dass sie zu einem Fremden geht. Wir sind beide sehr ungesellig. Am liebsten sind wir zu Hause.«

»Das kann ich verstehen!«

Mascha hatte plötzlich Max' laute Stimme und das Kreischen seiner Partygäste im Ohr. »Sie haben ja auch ein besonders schönes Zuhause.«

Übergangslos sah sie sich im Schein des Kaminfeuers auf dem Sofa liegen, Asta zu ihren Füßen.

»Ich bin hier aufgewachsen und könnte mir gar nicht vorstellen, woanders zu wohnen.«

Mascha wagte einen Vorstoß: »Wäre es möglich, die Heizung

ein wenig höher zu stellen? Oder«, sie lächelte so gewinnend wie möglich, »wollen wir den Kamin anzünden?«

Sie warf einen Blick in den regennassen Garten hinaus. »Es wäre genau das richtige Wetter.«

An Stelle von Maschas Stimme hatte Gunnar die von Vanessa im Ohr, energisch, bestimmend und absolut eindeutig: »Gott ist das eine Saukälte hier. Ein bisschen Brennholz kostet doch nicht die Welt. Wäre es eventuell möglich … Gunnar, ich rede mit dir!!!« Er schenkte Mascha einen abweisenden Blick. »Ich muss den Kamin erst nachsehen lassen, er zieht nicht richtig. Aber«, unterbrach er sich, »Sie sind natürlich auch viel zu leicht angezogen. Sehr hübsch, aber unpassend für einen Besuch auf dem Land.«

Mascha schluckte die Bemerkung und lächelte tapfer. »Hätten Sie denn vielleicht einen Schnaps?«

»Asta und ich trinken keinen Alkohol.«

Mascha zwang sich zu lachen. »Hätten Asta und Sie vielleicht eine Jacke?«

»Natürlich!«

Willig verließ er den Raum und kehrte mit einem Umschlagtuch zurück.

Er legte es ihr über die Schultern. »Wie alles in diesem Hause, aus altem Familienbesitz.«

Das Tuch war von handgesponnener Wolle, sehr delikat in den Farben und wunderbar weich.

»Danke, jetzt ist es besser.«

Gunnar legte die Hände gegeneinander und musterte sie mit einem langen Blick.

Jetzt kommt er zum Eigentlichen, dachte Mascha.

»Ist was?«, fragte sie leise.

»Ich möchte Sie keinesfalls nötigen, lange zu bleiben. An sich hatte ich einen Spaziergang geplant, aber bei dem Wetter …«

Wie bitte? War das ein Rausschmiss, oder hatte sie sich ver-hört? Mascha schluckte. »Wir gehen beim nächsten Mal durch die Rheinwiesen.«

»Aber dann bitte in anderen Schuhen!«

»Ich habe Stiefel im Auto.«

Er lächelte mokant: »Für alle Fälle gerüstet?«

Mascha fühlte sich gereizt.

Unsicherheit machte sich breit. »Es macht doch keine Mühe, ein paar Wanderschuhe ins Auto zu legen, für den Fall …«

Gunnar lächelte begütigend. »Natürlich nicht. Seien Sie doch nicht so empfindlich.«

Jetzt sprach er wie zu einem ungezogenen Kind.

»Entschuldigen Sie.«

Mascha erhob sich. »Wo bitte finde ich die …«

Er blieb sitzen. »Die Diele entlang, dritte Tür links.«

Mascha stolperte den dunklen Gang entlang, bis sie endlich den Lichtschalter fand.

Die beiden Lampen über der Flurkommode flammten auf und beleuchteten die Schaukästen, die an der Wand hingen.

Am widerlichsten waren die Abbildungen, welche Heuschre-cken im Querschnitt zeigten, und die aufgespießten Schmetter-linge hinter Glas.

Als sie schließlich ins Wohnzimmer zurückkehrte, hatte Gun-nar es sich gemütlich gemacht. Mit hoch gelegten Beinen las er die Zeitung.

Sie zwang sich zu einem Lächeln. »Es war ein schöner Nach-mittag, aber jetzt muss ich gehen.«

Er warf die Zeitung beiseite und sprang in die Höhe.

»Entschuldigen Sie. Ich begleite Sie hinaus. Das war ein kur-zer Besuch«, fügte er hinzu.

Das Bedauern in seiner Stimme klang echt.

Er half ihr in den Mantel und drückte sie, die Gelegenheit

ausnutzend, ungeschickt an sich. »Das nächste Mal bleiben Sie über Nacht!«

Es war keine Frage, sondern eine Feststellung.

Später sollte Mascha oft an dieses erste Treffen zurückdenken. Sie hatte die Erfahrung gemacht, dass der erste Eindruck in den allermeisten Fällen der richtige ist, und der erste Eindruck, den Gunnar hinterlassen hatte, war eindeutig negativ gewesen. Aber ehe der Gedanke Gestalt annehmen konnte, hatte Mascha bereits ihren Verstand eingeschaltet.

Gunnar Giersch war ein Mann, der allein in einem viel zu großen Haus lebte.

Er war Wissenschaftler und Künstler, ein bisschen verschusselt und ungeschickt im Umgang mit Frauen, was den Schluss zuließ, dass er sich in der Kunst der Verführung nie betätigt hatte.

Kein Feger wie Max, sondern ein Mann des Geistes.

Man konnte weder erwarten, dass er sich in die Küche begab, um Schnittchen mit Käse und Salami zu belegen, noch dass er den Kopf zum Handkuss beugte.

Dass er keinen Alkohol trank, war vielleicht ein wenig ungemütlich, keinesfalls war es negativ zu bewerten. Man musste ja die Gemütlichkeit nicht von einem gefüllten Glas abhängig machen. Unter den Auswirkungen solcher Gewohnheiten hatte sie doch lange genug gelitten …

Aber, mahnte eine leise Stimme, war er nicht wieder sehr schroff gewesen, so wie bereits beim ersten Mal im *Stadt Hamburg*?

Nun, das konnte auch ein Ausdruck von Verlegenheit sein. Wenn sie Komplimente und Liebesschwüre erwartete, war Gunnar Giersch sicher nicht der richtige Mann, aber kam es im Leben auf solche Äußerlichkeiten an?

Die Einrichtung des Hauses hatte jedenfalls Stilgefühl verraten. Bücher- und Bilderwand waren wie erträumt, den Kamin würde man richten lassen.

Asta hatte treue Augen und einen wohlwollenden Charakter, auch wenn sich ihr Fell ein wenig struppig anfühlte.

Sagte man nicht: Wie der Herr, so's Gescherr?

Alles in allem: Gunnar Giersch war kein Gernot Hahn, und auf gar keinen Fall hatte er etwas mit Max Thorwald gemein.

Diese beiden Punkte, fand Mascha, waren doch wichtiger als alles andere. Und schließlich, wenn man älter wird, ist ein gemütliches Heim das Allerwichtigste.

Mascha war Ende Dreißig.

11

Zu Gast bei Marleen

Marleen hatte die Geburtstagstafel in der Buchhandlung gedeckt: weißes Leinen, weißes Porzellan, als Tischdekoration ein Christrosengesteck.

Der Tisch war schlicht und schön. Colette hätte er gefallen. Auf jedem Platz lag eine Karte, auf der Marleen das Menü notiert hatte.

Gebackene Artischocken
Lammkeule mit glasierten Karotten
Kastanienküchlein
Kaffee

Colettes Rat folgend, dass eine Tischrunde, die sich aus acht Personen zusammensetzt, optimal sei: klein genug für ein gemeinsames Gespräch, groß genug, um sich auch zu zweit unterhalten zu können, hatte Marleen außer Mascha sechs weitere Gäste eingeladen: Mike und Hardy, Überbleibsel aus der Zeit mit Pete Pettow, Sonja Thorwald, Stammkundin von Beginn an, und Paul und Paulette, ein Geschwisterpaar aus dem Burgund, das zu später Stunde Colette-Texte im Original lesen wollte.

Sie alle waren alte Freunde; die Einladung an Vilma Hahn dagegen beruhte auf Zufall.

Mascha hatte sich erst am Sonntag entscheiden können, zum Fest zu kommen.

Ihr Anruf störte Marleen in der hektischen Stunde der letzten Vorbereitungen, aber in Anbetracht der Spannungen, die zwischen ihnen entstanden waren, hatte sie dies ignoriert. »Du kommst also doch. Ich freu mich.«

»Ich freue mich auch.«

Das war nur die halbe Wahrheit.

An sich hatte Mascha den Sonntag für Gunnar Giersch frei gehalten, in der festen Annahme, dass er sich melden und ein weiteres Treffen vereinbaren würde, aber Gunnar hatte nicht angerufen.

Hätte Mascha geahnt, unter den Gästen auch Vilma anzutreffen, wäre es ihr wahrscheinlich leichter geworden, den Sonntag vor dem Fernseher zu verbringen.

Ein rascher Blickwechsel mit Marleen brachte keine Erklärung für dieses seltsame Phänomen.

Marleen zuckte lediglich die Schultern.

Der Einladung an Vilma hatte sie nicht ausweichen können, denn am Samstag zuvor war sie unverhofft und zum ersten Mal in der *Marotte* aufgetaucht.

Ohne sich im Laden umzusehen, war sie direkt auf Marleen zugesteuert. »Mein Name ist Hahn. Sie werden entschuldigen, aber ich wollte meine Tochter sprechen. Telefonisch ist Mascha nicht zu erreichen, daher ging ich davon aus, dass sie wieder arbeitet.« Erklärend setzte sie hinzu: »Ich bin die Mutter.«

»Ich weiß.«

Marleen hatte freundlich gelächelt und gedacht, ob Vilma wohl ahnte, was sie noch alles von ihr wusste.

Sollte sie Vilma aufs Glatteis führen und in ein literarisches Gespräch verwickeln, das über den bildungsbürgerlichen Small Talk (»einfach großartig« und »nicht zu lesen«) hinausging?

Aber das wäre unfair gewesen. Sie wusste eine Menge von Vilma, aber wusste diese genug von ihr, dass sie sich hätte revanchieren können? (»Und Ihr Lieblingsautor, liebe Frau Marotte, ist Pete Pettow?«)

»Mascha nimmt zurzeit ihren Resturlaub. Aber« – Marleen wies auf das Plakat: *Zu Gast bei Colette* – »kommen Sie doch am nächsten Sonntag zu unserem kleinen Fest. Es ist der 28. Wir feiern Colettes Geburtstag mit einem Menü nach Originalrezepten. Mascha wird auch da sein.«

So, wie Gernot zum Zeichen äußerster Erheiterung den linken Mundwinkel gehoben hatte, äußerte Vilma mokantes Erstaunen durch das Heben der rechten Braue. In vollendetem Bogen zwang sie sie bis zum Haaransatz hinauf.

Sie hüstelte. »Colette, ist das nicht diese Femme fatale, deren unsägliche Geschichten über ein frühreifes Kind angeblich zur Weltliteratur gehören?«

Marleen zuckte die Schultern. »Sie meinen die Claudine-Bände! Nun, ich denke, dass sie heute ein wenig veraltet sind. Ich habe sie eigentlich nie gern gelesen. Aber wir feiern am 28. weniger die Schriftstellerin als die bodenständige Frau aus dem Burgund, die Colette ja auch war.«

Sie hob die Stimme: »Wir feiern die Köchin Colette und ihre Lust am Essen.«

Vilma betrachtete unschlüssig das Plakat. »Autoren, die eher durch ihren Lebenswandel als durch ihr Werk bekannt sind, interessieren mich wenig, und diese Colette …«

Marleen lächelte nachsichtig.

»Die Hausfrau aus dem Burgund ließ sich nicht so gut vermarkten wie die Femme fatale mit lesbischen Neigungen.«

Vilma schluckte. Sie war es nicht gewöhnt, die Dinge so unverblümt serviert zu bekommen.

Marleen fand es an der Zeit, das Gespräch zu beenden.

»Also«, fasste sie zusammen, »wir werden in heiterer Runde zusammensitzen und genussvoll speisen. Das Diner dauert etwa drei Stunden. Gespräche über andere Schriftsteller sind selbstverständlich erlaubt.«

Sie lächelte. »Sie dürfen, wenn Sie mögen, zum Beispiel gern

Johann Wolfgang von Goethe zitieren, auch wenn ich nicht glaube, dass er gut kochen konnte!«

Vor Vilmas innerem Auge erschien Gernot.

Gernot am Herd über einen dampfenden Kochtopf gebeugt. Die fleckige Schürze vor den Bauch gebunden.

»Das ist ja für ein Genie vielleicht nicht das Wichtigste.«

Marleen lächelte Abschied nehmend. »Natürlich nicht. Aber machen Sie einen Versuch. Essen kann ungemein viel Spaß machen, glauben Sie es mir.«

Sie dachte an die frugalen Mahlzeiten im Hause Hahn, bei denen, wie Mascha erzählt hatte, das Klappern des Bestecks das einzige Geräusch gewesen war, und fügte hinzu: »Ich würde mich freuen, wenn Sie kämen, Frau Professor.«

Vilmas Gesichtszüge entspannten sich.

Seit Gernots Tod hatte sie niemand Frau Professor genannt. Diese Marleen schien eine gute Erziehung genossen zu haben. Sie brachte ein Lächeln zu Stande. »Sie hören von mir.«

»Sucht euch einen Platz. Geht nach den Sprüchen, nehmt den, mit dem ihr euch am besten identifizieren könnt.«

Mit schief gelegtem Kopf umkreisten die Gäste den Tisch.

Sonja hatte sich als Erste entschieden und setzte sich an das Tischende.

Sie nahm das Kärtchen zur Hand und las vor: »Wenn Sie nicht zu zaubern verstehen, geben Sie sich nicht mit Kochen ab.«

Sie strahlte. »Wunderbar. Ich liebe diese Frau.«

Mike und Gerhard wählten einen gemeinsamen Spruch: »Es ist nicht gut, den Bauch zu leugnen.«

Paul und Paulette entschieden sich für: »Eine Rast mit angenehmen Tischgenossen ist eine Begegnung der Liebe und der Freundschaft.«

Vilma griff nach Maschas Arm und bat sie flüsternd, sich zu ihr zu setzen. »Ich kenne hier ja niemanden!«

Aber Mascha schüttelte sie ab. »Du wirst doch imstande sein, dich einmal mit einem Menschen zu unterhalten, den du nicht kennst.«

Sie hatte Vilmas Anwesenheit mit Unmut zur Kenntnis genommen und Marleen im Vorbeigehen zischend um Aufklärung gebeten. »Warum hast du sie eingeladen?«

»Purer Zufall, sie kam in den Laden und sah das Plakat, was hätte ich machen sollen?«

Maschas Augen trafen Vilmas Blick. Einen Blick aus engstehenden blassblauen Augen, die wie ein Kneifer an der Nase klebten.

»Kommen Sie zu mir, Vilma«, sagte Sonja liebenswürdig. »Wir haben uns sicher etwas zu erzählen.«

Sie lächelte. »Schließlich waren wir ja mal miteinander verwandt. Was halten Sie übrigens von der Neuübersetzung von *Schuld und Sühne*?«, fügte sie ohne Übergang hinzu. »Finden Sie Neuübersetzungen klassischer Weltliteratur auch so überflüssig?«

Vilma lächelte verlegen. Von der Neuübersetzung des Romans *Schuld und Sühne* hatte sie noch nichts gehört, obwohl sie eifrig das Feuilleton der Zeitung las.

Ach, wie sehr fehlte ihr Gernot. Er hätte die passende Antwort gefunden. Sonja hatte schon immer die unangenehme Eigenschaft gehabt, unerwartet kulturelle Themen anzusprechen und dann zu einem anderen Problem zu wechseln, als ob das alles auf einer Ebene läge.

Da kam es schon: »Kochen Sie gern?«

Zu dieser Frage konnte Vilma einen Beitrag leisten.

»Seitdem mein Mann gestorben ist, esse ich nur noch sehr wenig.«

»Wie schade, gestern hatte ich Poulet à la provence, nur so für mich allein. Ein Gedicht, sage ich Ihnen.«

Sie wandte sich an Mascha, die an der anderen Seite Platz genommen hatte: »Lies mir deinen Spruch vor, Liebes.«

Wie in alten Zeiten zwinkerte Mascha ihrer Exschwiegermutter zu. Sie war das Beste an der Ehe mit Max gewesen.

»Ein wahrhaft gutes Essen verbindet Freund und Feinde.«

Sonja zwinkerte zurück. »Das werden wir sehen!«

Sie wandte sich erneut an Vilma: »Mascha hat mir zum Jahreswechsel ein Büchlein mit Gedichten von Issa geschenkt. Zum Beispiel: ›Stellvertretend für *ihn*: das erste Neujahrbad nimmt die Krähe.‹ Ist das nicht wunderbar?«

Vilma lächelte verkrampft. Auch Gernot war verschiedentlich am Neujahrstag nicht zu Hause gewesen. Aber was hatte die Krähe damit zu tun?

Sonja war schon bei einem anderen Thema. »Mascha, du fehlst mir. Von meinen diversen Schwiegertöchtern warst du mir immer die Liebste.«

Vilma richtete ihren Blick in ihre Richtung. Diese Sonja mochte eine gewisse Halbbildung haben, aber von Taktgefühl hatte sie noch nie etwas gehört.

Meine diversen Schwiegertöchter!

Kein Wunder, dass ihr diese Colette so nahe stand.

Und was den japanischen Dichter mit seinem albernen Krähengedicht betraf …

Marleen klopfte an ihr Glas.

»Unser Geburtstagskind schätzte keine langen Tischreden. Deshalb zur Einstimmung nur kurz die Stelle aus: Flore et Pomone, die mich auf die Idee für den ersten Gang gebracht hat: ›Ich aß recht bescheiden in kleinen Restaurants, und das *Basilica Ulpica* stellte mich immer zufrieden, wenn es mir außer einem Teller Pasta täglich einen Berg mit kleinen, ganz jungen Artischocken zu bieten hatte, die in heißem Öl gebraten und steif wie frittierte Rosen waren. Man isst sie pur, nur mit etwas Zitronensaft beträufelt und leicht gesalzen.‹«

Marleen hob den Blick: »Bon appétit!«

Die köstlichen Artischocken, mit einem spritzigen, kühlen Weißwein genossen, sorgten dafür, dass sich die Stimmung hob.

Die Unterhaltung kam in Gang.

Sonja suchte ihr etwas angestaubtes Französisch heraus und parlierte mit Paul und Paulette. Vilma entspannte sich.

Sie hatte fünf Jahre lang Französischunterricht gehabt, sprach es noch immer sehr gut und fand endlich Gelegenheit, es anzubringen.

»Bei uns zu Hause wurde an bestimmten Wochentagen die französische Konversation gepflegt, eine schöne Tradition, die leider in Vergessenheit geraten ist.«

Kein Wunder, dachte Mascha, Gernot hatte auch in deutscher Sprache die Konversation nur dann gepflegt, wenn es sich um die beiden Themenkreise seines Lebens handelte: Beruf und Karriere.

Mike und Gerhard aus dem Nachlass des Dichters Pete Pettow, beide verhinderte Schriftsteller und dementsprechend angesäuert, brauchten einen weiteren Gang, um aufzutauen.

Aber die Lammkeule, die als Nächstes aufgetischt wurde, löste auch ihre Zungen.

»Dieses Gericht ist ein Wunder. Marleen, wie hast du das gemacht?«

»Das Rezept ist traumhaft einfach. Man brät die Keule mit Speck an und gibt Karotten, Zwiebeln, Sellerie, Lauch, Nelken, ein dickes Kräutersträußchen, reichlich Knoblauch und einen Esslöffel Pfefferkörner dazu. Bedeckt das Ganze mit Bouillon und lässt den Topf zugedeckt bei kleiner Hitze und gleich bleibender Flüssigkeitsmenge vor sich hin simmern. Zum Schluss lässt man den Bratensaft einkochen, gießt ihn über die Keule und umlegt das Ganze mit glasierten Karotten. Messer und Gabel sind unnötig. Man isst das Gericht mit dem Löffel.«

»Und wo liegt das Geheimnis?«

»In der Kochzeit! Sie beträgt elf Stunden. Dafür genießt

man aber auch nicht einfach eine Mahlzeit, sondern ein Gedicht.«

Alle bestätigten, dass sich die lange Kochzeit auf alle Fälle gelohnt habe.

Nur Vilma wagte die Bemerkung, elf Stunden Energieverbrauch für eine Viertelstunde Genuss stünden in keinem akzeptablen Verhältnis.

Mascha lächelte süffisant. »Nicht jeder kann so gut rechnen wie du, Mutter. Nun lass es dir schmecken.«

Vorsichtig nahm Vilma einen Löffel von dem mürben Fleisch zu sich. Sie hatte Lamm immer gemocht, dies jedoch für sich behalten, da Gernot dieses Fleisch für minderwertig hielt.

Er verwechselte Lamm mit Hammelbraten, den er nur ein einziges Mal gegessen hatte. Das Gericht hatte bestialisch nach Knoblauch gestunken und war in abgekühltem Zustand eine Zumutung gewesen. Vilma hatte das beanstandete Fleisch stillschweigend als ungenießbar vom häuslichen Speiseplan gestrichen und sich sämtlicher Lammgerichte, die sie je in ihrem Leben genossen hatte, noch nachträglich geschämt.

Sonja lächelte sie an. »Es ist eine Sünde, aber eine, die es wert ist … Einmal im Leben.«

Dann zog sie Colettes letztes Buch, das »Fanal bleu« aus der Tasche.

Sie warf Vilma einen Blick zu. »Mit fünfundsiebzig Jahren hat diese Dichterin den wunderbaren Satz geschrieben: ›Es ist so schwierig, nicht zu bewundern.‹«

Vilma enthielt sich einer Antwort. Sie kannte eher die umgekehrte Variante. Gernot war stets der Meinung gewesen, Lob verdürbe den Charakter.

»Ich lese eine kleine Passage vor, die zeigt, wie poetisch Colette selbst einen Beruf beschreibt, der gemeinhin nichts Poetisches hat, nämlich den Beruf des Metzgers«, fuhr Sonja fort. »›Ich bewundere immer wieder, wie geschickt die Herren von der Metzgerzunft mit dem Fleisch umgehen. Ein Metzger, der schneidet, tranchiert, ausdünnt, fassioniert und verschnürt, ist wie ein Tänzer, wie ein Mime. Ein Pariser Metzger, versteht sich. Ein goldener Haarschopf über der Stirn, Wangen wie Morgenröte, rosige Ohren, die Schürzenbänder exakt gebunden, gerade so viele Blutflecken darauf wie nötig.«

Wieder warf sie einen Blick zu Vilma hinüber, aber Vilma hatte die Lider halb geschlossen und genoss gerade ein Löffelchen Lammkeule, das sie liebevoll mit einer glasierten Karotte gekrönt hatte.

»Oh, der Pariser Metzger ist es wert, dass man ein Auge auf ihn richtet«, fuhr Sonja fort, »wenn nicht mehr!«

Hier schnellten Vilmas Lider in die Höhe, aber sie war schon zu wohlgesättigt, als dass sie die Kraft aufgebracht hätte, ihre Empörung nicht nur zu fühlen, sondern auch zu demonstrieren.

»Wunderbar«, sagte sie stattdessen und legte den Löffel nieder. Elf Stunden waren gar nicht so lange, wenn man es genau nahm.

Zum Schluss reichte Marleen Kastanienküchlein mit Konfitüre. »Herbst, du hast vielleicht nichts Besseres, nichts, was weniger zu ersetzen wäre als die glänzende Kastanie.«

Sie unterbrach sich: »Wer es nachmachen will, hier ist das Rezept. ›Ich gestatte mir den Hinweis, dass die gekochte Kastanie – man muss das Wasser salzen – geschält, von der weißen Haut und allen Nebenkammern befreit, mit Puderzucker zu einer gleichmäßigen Paste zerstampft, zu kleinen Kuchen geformt und in ein frisches Tuch gepresst, ein vollwertiges Dessert ist, wenn man eine rote Konfitüre dazu serviert. Ein wenig zu trocken, meinen Sie? Aber nein.

Sie haben natürlich daran gedacht, eine Flasche Cidre zu entkorken oder einen guten, eher süßen Weißwein.‹«

Mitternacht war lange vorbei, als Marleen ihre Gäste hinausgeleitete.

»Wenn Sie nichts vom Kochen verstehen«, sagte Vilma und hängte sich in Sonjas Arm, »geben Sie sich nicht mit Zaubern ab …«

Sie stockte. War das nicht anders gewesen?

Egal, irgendwie schien es zu passen.

»Wenn du kochen und zaubern kannst«, sagte Mascha zu Vilma, »gelingt dir auch alles andere.«

Sie war so wohlig gesättigt, dass ihr alles möglich schien, sogar Vilma … nun, nicht zu lieben, aber doch hin und wieder einmal anzurufen.

Einen Tisch wie den, den sie soeben verlassen hatte, sollte es in ihrem künftigen Leben auch geben. Sie sah ihn bereits vor sich: bäuerlich robust, schön gedeckt, im Hintergrund ein Kaminfeuer. Den Kamin gab es schon. Er befand sich im Hause von Gunnar Giersch. Elf-Stunden-Lamm, Kastanienküchlein, Beaujolais und Cidre würden folgen … Freundeskreis, Gespräche und Gelächter.

Es war ein so wunderbarer Abend gewesen, alles schien möglich. Vilma nahm Marleen zum Abschied in den Arm.

»Ich habe zu danken. Bestimmt werde ich öfter in die Marotte kommen. Schicken Sie mir doch bitte diesen Rundbrief zu.«

»Vielleicht werden Sie sogar Stammkundin, zumal Mascha auch wieder in der Marotte arbeiten wird.«

Sie warf Mascha einen Blick zu.

»Oder?«

Mascha zuckte ein wenig die Schultern, was sowohl »ja« als auch »nein« bedeuten konnte.

»Sah wie Ja aus«, lachte Marleen.

»Wie Jein!«

»Du wirst doch eine so wunderbare Stelle nicht aufgeben, Kind«, ereiferte sich Vilma, »und eine gesicherte Zukunft.«

Der alte Unmut, der Mascha in Vilmas Nähe schon immer gequält hatte, kehrte zurück.

»Das Sicherste wäre doch wohl ein Ehemann, oder nicht?«

Ein wenig unwirsch wandte Vilma sich ab. »Ich weiß nicht!« Durch ihre Gedanken huschte die Neujahrskrähe. »Stellvertretend für *ihn* …«

Sonja hob den Blick und schaute zu den Sternen hinauf.

»Zum Anfassen nah«, sagte sie.

12

Sicherheit

Mascha Thorwald verschenkte ihre gesicherte Zukunft am 2. April, einem regnerischen Tag mit kurzen Aufheiterungen.

In der Zwischenzeit hatte sie sich ein paar Mal mit Gunnar getroffen.

Sie hatten Tee getrunken und interessante Gespräche geführt. Im Gegensatz zu Max konnte man mit Gunnar über Literatur und Kunst diskutieren. Überdies war er ein begeisterter Theaterfan, auf dessen Tipps man sich verlassen konnte.

»Schauen Sie sich diese Inszenierung an, Mascha. Sie werden es nicht bereuen.«

Und sie bereute es nie.

Aber bei Spaziergängen fiel auf, dass er stets die gleiche Richtung einschlug: den Deich entlang, zum Fluss hinunter, quer über die Wiesen und zurück.

Auf diesen Spaziergängen bestätigten sich die lästigen Eigenarten, die ihr gleich beim ersten Treffen aufgefallen waren: Gunnar blieb zurück oder lief voraus, als ob er es vermeiden wollte, an ihrer Seite gesehen zu werden. Spontane Freundlichkeit wechselte mit rüder Unhöflichkeit ab, zuvorkommend war er nie.

Die Tatsache, dass sie nach jedem Treffen nach Hause fuhr, hatte er kommentarlos geschluckt, als ob sein Vorschlag, die Nacht mit ihm zu verbringen, niemals gemacht worden war.

Unternahm Mascha den Versuch, sich über ihre Gefühle klar zu werden, so überkam sie bei der Erinnerung an den letzten Abend in der *Marotte* ein warmes Zugehörigkeitsgefühl, verbunden mit der Gewissheit, dass dies der rechte Platz für sie sei.

Beim Gedanken an Gunnar überfiel sie dagegen eine spröde Empfindlichkeit wie kratzende Wolle, die man loswerden wollte. Aber auch kratzende Wolle bot Schutz, und wenn man sich ihrer entledigte, war man Unbill und Kälte ausgeliefert.

Eines Abends setzte sich Mascha auf ihr Matratzensofa, nahm Papier und Bleistift zur Hand und erstellte eine Liste.

Für und wider Gunnar Giersch.

Unter *Für* standen das Haus und die gute Adresse.

Gunnar stellte etwas dar. Er war Forscher und hatte einen Titel, der Chris und Vilma imponieren würde.

In Fachkreisen war er als Illustrator bekannt, vielleicht schaffte er später sogar den Sprung zum wirklichen Künstler. Ein paar Radierungen, die Insekten als stoisch unheimliche Wesen darstellten und die den Realismus von Fotografien hatten, waren bereits einmal in der örtlichen Sparkasse ausgestellt worden.

Gunnars ruhige Art, den Alltag zu begehen, kam Maschas Vorstellung entgegen, auch wenn sein Leben einer strengen Ordnung unterlag und von Ritualen abhängig war.

Aber er war gebildet und wusste sich, anders als ihr Vater Gernot Hahn, auch über Fragen zu unterhalten, die nicht in sein Wissensgebiet fielen.

Das alles sprach unbestritten für ihn.

Aber als sie dann über die Minuspunkte nachdachte, flog der Stift förmlich über das Papier.

Unhöflich, egomanisch, taktlos, rüde, voller Misstrauen, Freundschaften abgeneigt.

Eine Neigung zum Geiz war unübersehbar.

Am Ende der Liste, die nicht weniger als zweiundzwanzig Punkte enthielt, zog sie das Resümee.

Trotz der Argumente, die für ihn sprachen – in Gunnars Nähe fühlte man sich nicht wohl.

Am 2. April brachen sie gleich nach ihrer Ankunft zu dem gewohnten Rheinspaziergang auf und verschoben den obligaten Tee auf später. Mascha hatte beschlossen, dass es das letzte Treffen sein sollte. Sie war am Tag zuvor in der *Marotte* gewesen und hatte, ohne sich lange zu besinnen, beim Auspacken der Neuerscheinungen geholfen und ein paar nützliche Tipps für das geplante Fest zur Hofeinweihung beigesteuert.

Später wurde der neu gestaltete Hof begutachtet, und Marleen und sie hatten auf die gelungene Renovierung angestoßen.

»Die Stelle, einschließlich Teilhaberschaft, ist noch frei«, hatte Marleen gesagt, »aber nicht mehr lange. Überlege es dir.«

Das hatte Mascha heute Nacht getan.

Ich erkläre es ihm unten am Fluss, dachte sie. Ich werde sagen, dass ich mich für meinen Beruf entschieden habe und auf Freizeitgestaltung wie diese künftig verzichten muss. Buchhändlerinnen haben nie Zeit, das weiß jeder, der einmal eine gekannt hat.

Warum überkam sie bei dem Gedanken, ihm dies sagen zu müssen, ein ungutes Gefühl? Als ob sie ein Tabu verletze oder mit einer Gegenreaktion zu rechnen habe?

Schließlich gab es nichts, das sie miteinander verbunden hätte, nicht einmal eine gemeinsame Nacht.

Es war ein schöner Tag.

Der Himmel war blassblau, die Luft roch frisch, aber es lag bereits ein gewisses Ahnen in der Luft, ein Versprechen auf den Sommer …

Gunnar pfiff vor sich hin. Er war bestens gelaunt.

»Dies ist die Landschaft, die ich liebe«, sagte er und breitete die Arme aus, als ob das alles ihm gehöre. »Ich könnte nirgendwo anders leben.«

»Warum nicht?«

»Die Ebene ist ehrlich und überschaubar. In Bergen und

Schluchten kann sich alles Mögliche verstecken. Wie leicht verirrt man sich. Hier geht keiner verloren.«

Er grinste. »Feinde erkennt man meilenweit.«

Ein Weilchen gingen sie in friedlichem Schweigen dahin.

»Lieben Sie diese Landschaft auch so sehr?«, fragte er schließlich.

»Es geht«, antwortete Mascha wahrheitsgemäß. »Ich habe nichts gegen gute Verstecke. Die Ebene finde ich ein bisschen langweilig.« Zum Zeichen, dass sie es nicht ganz ernst meinte, lachte sie ihn an. »Etwas für Feiglinge.«

So ähnlich hatte Vanessa auch argumentiert. »Ein flacher leerer Teller, mit einem blassen Himmel darüber. Nur gut, dass alles so oft im Nebel verschwimmt.«

»Sie lieben also die Berge«, antwortete er gereizt. »Das Marterl am Wegrand. Maria mit dem Heiligenschein. Derbe Romantik hinter Butzenscheiben, Frau Wirtin singt zur Laute und« – Vanessas Bild flimmerte vorüber, und seine Stimme wurde schärfer – »der krachlederne Bursche mit dem erlegten Hirsch über der Schulter.«

Mascha zuckte zusammen.

Da war er wieder, der kratzende Pullover, den man loswerden wollte.

Die Situation war ihr bereits vertraut. Man sagte ein völlig unbedeutendes Wort, und die Stimmung schlug um.

»Ich würde den Niederrhein niemals mit den Alpen vergleichen«, versuchte sie zu beschwichtigen.

»Aber genau das tun Sie doch dauernd!«

Was meinte er mit »dauernd«?

In ihrer Kindheit waren sie ein einziges Mal in Tirol gewesen, sonst an der Ostsee, später in Italien. Mit Max war sie nach Cannes gefahren.

Die Berge waren nie ein Thema gewesen.

»Ich könnte jedenfalls nirgendwo anders wohnen«, wiederholte er gereizt.

»Niemand zwingt sie dazu«, sagte sie gleichmütig und dachte, dass sie hier schon über eine Stunde den Deich entlangliefen, ohne dass sich das Bild vor ihren Augen verändert hatte.

Nicht mal ein Feind, sie lachte in sich hinein, war in Sicht.

»Warum lachen Sie?«

»Ach, ich habe gerade an etwas gedacht.«

Er antwortete nicht. In mürrischem Schweigen, mit weit ausholenden Schritten, lief er vor ihr her. Die gute Laune war dahin.

Ich bleibe nicht zum Tee, dachte sie. Ich fahre gleich nach Hause. Heute Abend rufe ich Marleen an. Morgen bin ich in der Marotte.

Über ihnen kreisten die Möwen. Die aggressive Gier ihrer Schreie ging Mascha durch Mark und Bein. Sie mochte Möwen nicht, fand keineswegs, dass sie aussahen, als ob sie *Emma* hießen. Für sie waren es Raubvögel, die keinen Spaß verstanden, wenn es darum ging, Beute zu machen und siegreich zu sein.

»Ich liebe alle Arten von Möwen«, sagte Gunnar, als ob er ihre Gedanken gelesen hätte. »Diese hier heißen larus ridibundus. Lachmöwen«, setzte er erklärend hinzu. »Sie bringen immer ein bisschen Seewind mit, an manchen Tagen bilde ich mir ein, das Meer sei gleich um die Ecke.«

Er wechselte den Ton. »Mascha, wollen Sie mir nicht endlich sagen, an was Sie die ganze Zeit denken?«

»An heute Abend«, wollte sie gerade den Abschied einleiten, aber sie hielt inne, legte die Hand über die Augen und spähte den Deich entlang.

Wie hatte Gunnar gesagt?

Eine ehrliche Landschaft, übersichtlich, ohne Geheimnisse.

Feinde wittert man meilenweit.

Mascha hatte mehr als zehn Minuten Zeit, sich auf die Begegnung mit Chris und Friedholm einzustellen. Sie näherten sich langsam, und der Zweifel wurde zur Gewissheit.

Chris dagegen erkannte ihre Schwester erst im letzten Augenblick. Schnell und geübt schaltete sie auf *Cheese*.

»Darf ich raten? Der Mann zum Jahreswechsel.«

Sie lachte. »Sozusagen der Silvesterknaller!«

Mit diesem Satz hätte sie sich des Beifalls von Max sicher sein können, bei Gunnar verfehlte er die Wirkung. Ohne zu lächeln, ergriff er die ausgestreckte Hand.

Chris registrierte blitzschnell die ausgebeulten Cordhosen und die alte Jacke, das schmale Gesicht und den Dreitagebart.

»Meine Schwester hat von Ihnen erzählt, allerdings« – hier versuchte sie den bewährten Blick in die Pupille – »sprach sie stets in Rätseln. Jetzt verstehe ich auch, warum.«

Der ironische Blick, mit dem sie Mascha sekundenlang streifte, enthielt eine eindeutige Botschaft: Edelpenner im Vorruhestand!

Sie waren Schwestern, und in direkter Folge davon bekämpften sie sich. Chris hatte stets gewonnen, aber Mascha holte auf.

Betont freundlich stellte sie vor. »Dr. Gunnar Giersch, meine Schwester Frau Grünfeld, mein Schwager Herr Grünfeld.«

Chris lächelte. »Sehr erfreut.«

In ihrem Hirn ratterte die Registriermaschine los. Doktor Giersch? Welcher Fakultät mochte er angehören?

So wie er aussah, kroch er im Gebüsch herum und fingerte nach den letzten Glühwürmchen.

»Ich bin Entomologe«, sagte Gunnar, als ob er ihre Gedanken gelesen hätte, wohl wissend, dass sie, wie die meisten, nichts mit dem Wort anfangen konnte. »Und Sie?«

Er unterbrach sich. »Aber Mascha und ich wollten gerade nach Hause gehen und eine Tasse Tee trinken. Begleiten Sie uns doch. Es ist ganz nah, gleich hinten in der Allee …«

»Sie wohnen an der Mühle?«

Wieder wurde Mascha von einem Blick schwesterlicher Konkurrenz gestreift. Eines musste man der Kleinen lassen, ihre Männer hatten Sinn fürs Ambiente. Ganz im Gegensatz zu

Friedholm mit seiner spießigen Neigung für Reihenhäuser mit Wiederverkaufswert.

Im Hause Giersch angekommen, vollzog sich vor Chris' Augen eine seltsame Verwandlung.

Im dunkel getäfelten Wohnraum, dekorativ vor der wandfüllenden Bücherwand sitzend, mild beleuchtet von den Flammen des Kaminfeuers, den Hund zu seinen Füßen, wurde aus dem »Penner im Vorruhestand« der Wissenschaftler Gunnar Giersch, der es nicht nötig hatte, seinem Outfit besondere Aufmerksamkeit zu schenken. Schließlich war er promovierter Entomologe und kein einfacher Steuerberater, der sich zwecks Aufwertung selbst für den Gang zum Briefkasten stylen musste.

Mascha hatte wie selbstverständlich die Rolle der Hausfrau übernommen. Sie ging umher, als ob das alles ihr gehöre, ja, als ob sie hier geboren sei.

Wie selbstverständlich verschwand sie in der Küche, erschien kurz darauf mit dem Teetablett und schenkte den Tee ein, während Gunnar eine lockere Konversation begann. Er sprach leichthin von der Geschichte des Hauses, das sich seit mehreren Generationen im Besitz der Familie befand, der guten Nachbarschaft zur Mühle und dem milden Winter.

»Wissen Sie, dass acht der zehn wärmsten Winter nach 1900 in den Zeitraum der letzten fünfzehn Jahre fallen, und wohin wir, ohne drastische Reduzierung der CO_2-Emission, steuern werden?«, mischte Friedholm sich ein. »Wissen Sie, dass statistisch gesehen die Jahre ...«

»Ja«, unterbrach ihn Gunnar gespielt liebenswürdig, »das wusste ich bereits. Mascha, reiche deiner Schwester doch bitte den Zucker.«

Passend zu der Rolle, die sie beide wie selbstverständlich übernommen hatten, ging Gunnar vom Sie zum Du über. Überrascht stellte Mascha fest, dass er ihr gefiel.

»Gern, Liebling«, sagte sie. »Und du noch einen Tee?«

Sie ließ sich neben »ihrem Mann« auf dem Sofa nieder, und ohne die Unterhaltung zu unterbrechen, ganz selbstverständlich, legte er den Arm um ihre Schultern.

So boten sie das Bild eines kultivierten Paares, das sich aufs Land zurückgezogen hat, um sich schöngeistigen Dingen zu widmen.

»Haben Sie die letzte Shakespeare-Aufführung gesehen?«, wandte sich Gunnar an Chris und legte seine Hand auf Maschas Knie, wobei er zufrieden feststellte, dass ihm das Knie entgegenkam.

»Ich fand die Inszenierung von Stüve besser, aber die moderne Fassung kam natürlich dem jungen Publikum entgegen.«

Er schaltete eine wohl überlegte Pause ein und fügte provozierend hinzu: »Oder sehen Sie lieber fern?«

Maschas Herz hüpfte in die Höhe. Niederlage für Chris!

Obwohl sie verschiedentlich versucht hatte, ihren Silberblick in Gunnars Pupille zu bohren, hatte sie ihr Ziel eindeutig verfehlt. Mascha lehnte sich wohlig zurück und schmiegte den Kopf gegen das Polster.

Im Gegensatz zu Max fiel Gunnar auf die Tricks von Chris nicht herein. Er mochte sie nicht, und er zeigte es ihr.

Aber so leicht gab Chris nicht auf.

Sie startete ihr Angebot. »Friedholm und ich geben am Samstag ein kleines Fest. Vielleicht haben Sie Lust, zu kommen?«

Man sollte nicht gleich die Flinte ins Korn werfen.

Vielleicht hatte Gunnar Giersch einen schlechten Tag, oder sie selbst war heute nicht so fit wie sonst. Sie hatte einen zweieinhalbstündigen Marsch mit Friedholm hinter sich, auf dem er sie mit der Änderung irgendwelcher Steuergesetze genervt hatte. Schon möglich, dass sich im Laufe des Nachmittags ihre Ausstrahlung verflüchtigt und sich der seinen angepasst hatte. Von knisternder Erotik zu staubig grau …

Gunnar lächelte. »Am Wochenende haben wir leider etwas vor, außerdem, um ehrlich zu sein, mögen wir keine Partys.«

Mascha hatte das plötzliche Bedürfnis, vor Behagen zu schnurren.

Sie lehnte sich noch tiefer in die Polster. Selten hatte sie sich so wohl gefühlt.

Mochte der Pullover auch rau sein und kratzen, wenn Sturm aufkam, war er durch nichts zu ersetzen.

»Gunnar und ich«, wandte sie sich mit schmalen Augen an Chris, »wollen am Wochenende unsere Sommerreise planen. Wir fahren nach Ostpreußen, dahin, wo der Horizont tief und das Land ganz flach ist.«

»Wie klug von dir«, antwortete Chris mit ebenso schmalen Augen. »Da kann er dir ja nicht verloren gehen.«

Genüsslich ließ Gunnar die Blicke zwischen den beiden Frauen hin und her wandern.

Zwei Katzen, dachte er zufrieden. Sie bereiten sich zum Kampf vor. Schön, ihnen dabei zuzusehen.

»Wir treffen uns sicher irgendwann einmal wieder«, sagte Mascha und erhob sich zum Zeichen, dass die Teatime beendet sei.

Unzufrieden mit der Wende der Dinge, fühlten Chris und Friedholm sich zum Aufbruch genötigt.

Chris' letzter Blick galt Gunnar und Mascha, die nebeneinander in der Haustür standen.

Wieder hatte Gunnar den Arm um Maschas Schultern gelegt.

»Du bleibst noch?«, fragte er leise.

»Aber ja«, sagte sie und lehnte den Kopf an seine Schulter.

»Lange?«

»Sehr lange!«

Mascha überhörte das leise Klacken, das ihre Worte begleitet hatte.

Die Würfel waren gefallen.

13

Vanessa

Jetzt wäre der rechte Augenblick, eine Flasche Wein zu öffnen, dachte Mascha. Sie hatte in Gunnars Gegenwart den Alkohol nie vermisst, aber sie war auch nie lange geblieben, und es hatte noch nie etwas zu feiern gegeben.

Aber immerhin hatte er zum Zeichen des besonderen Abends ein Käsebrett arrangiert, einen Brotkorb dazugestellt und die Kerzen angezündet.

»Es gibt auch alkoholfreies Bier«, sagte Mascha und griff nach einer Scheibe Brot, »hast du es schon einmal probiert?«

»Ich bin kein Alkoholiker auf Trockenkurs«, antwortete er. »Ich habe früher hin und wieder der Geselligkeit zuliebe ein Glas getrunken, aber geschmeckt hat es mir nie. Ich trinke Tee und Wasser und hin und wieder einen Fruchtsaft. Ist daran etwas auszusetzen?«

In den letzten Worten flimmerte ein Anflug der alten Kampfeslust.

»Im Gegenteil, ich finde es sehr vernünftig«, beeilte sie sich zu versichern. »Es war ja nur eine Frage.«

Sie lehnte sich zurück und sah ihn an.

Im Schein des beinahe ganz heruntergebrannten Feuers wirkte er älter, als er war, müde und ein wenig resigniert.

Er ist kein schlechter Kerl, dachte sie. Er hatte einen Unfall, die Verletzung muss erst heilen. Irgendjemand musste die Geduld aufbringen.

»Es ist schön, dass du bleibst«, sagte er mit seiner angenehmen Stimme. »Ich möchte dir ein wenig von mir erzählen.«

Er nahm sich eine Tasse des erkalteten Tees und fuhr fort: »Ich weiß, dass ich kein einfacher Mann bin, aber doch einer, mit dem sich leben lässt.«

Er machte eine Pause und fügte hinzu: »Das würde ich dir gerne beweisen.«

Mascha sah ihn an.

Es geschah hier zum ersten Mal, dass sie sich in Gunnars Gegenwart uneingeschränkt wohl fühlte.

»In den letzten Jahren«, fuhr er fort, »habe ich allein gelebt, wobei ich feststellen musste, dass das Alleinsein nicht gut ist. Auf Dauer bekommt es keinem.«

»Du warst schon einmal verheiratet?«, fragte sie vorsichtig.

»Zwölf Jahre lang. Vorher habe ich meiner Schwester bei der Pflege meiner Mutter geholfen. Kurz nachdem sie gestorben war, kam Vanessa. Ich war noch nicht wieder hergestellt. Sie hatte leichtes Spiel.«

»Wie meinen Sie …«, sie unterbrach sich. »Wie meinst du das?«

»Ich war angeschlagen. Sonst hätte ich sie gar nicht kennen gelernt. Sie selbst suchte auch Ersatz für irgendetwas. Ich wundere mich noch heute, wieso ihr Blick gerade auf mich fiel.« Er grinste bitter. »Im Grunde war ihr das Leben mit mir immer zu langweilig.«

Mascha wagte einen Vorstoß. »Wie ist denn das Leben mit dir?«

Gunnar erhob sich, ging zum Schreibtisch und kam mit einem Zeitungsblatt zurück.

Eine Stelle war rot markiert.

»Wo ist die Frau …«

Mascha lächelte.

»Die Anzeige war zu Beginn des Jahres im Stadtanzeiger. Ich glaube, ich habe sie noch.«

»Warum hast du sie aufgehoben?«

»Weil ich genau diese Frau hätte sein können«, sie berichtigte sich: »Weil ich diese Frau bin. Du hast …«

»Oh, die Anzeige ist nicht von mir«, unterbrach er sie hastig, »obwohl sie von mir hätte sein können.«

Er legte das Blatt zur Seite.

»Nein, ich hätte nicht mehr den Mut, eine solche Frage zu stellen«, sagte er.

Inzwischen war es beinahe dunkel.

Die Wolken hingen tief. Leichter Regen sprühte gegen die Scheiben. Ohne dass Mascha ihn darum hätte bitten müssen, schichtete Gunnar Holz in den Kamin und brachte das Feuer wieder in Gang.

Er brühte frischen Tee auf, füllte die Tassen, setzte sich und betrachtete Mascha in minutenlangem Schweigen.

Schließlich sagte er: »Ich will aufrichtig sein. Meine finanzielle Situation ist nicht die Beste. Ich wollte bei der Trennung nicht um Geld streiten, und Vanessa hat dies ausgenutzt. Außerdem war mir in erster Linie daran gelegen, dass sie endlich ging, ehe auch das Letzte zerstört war. Ich war froh, dass mir wenigstens das Haus blieb. Es ist mein Elternhaus, und mitansehen zu müssen, wie Vanessa hier mit einem anderen Mann …«

Er brachte ein schiefes Lächeln zustande. »Ich bin nicht so robust, wie ich aussehe.«

Mascha war kein mitleidiger Typ, und das Gefühl, von dem sie plötzlich überschwemmt wurde, erschreckte sie.

»Hattet ihr keine Gütertrennung?«

Gunnar lächelte. »Ich hatte Vertrauen, denn ich habe sie geliebt.«

»Und heute?«

»Heute jagt mir der bloße Name Gruselschauer über den Rücken: Vanessa … Ein Name wie ein Siegesschrei. Sie war eine Herzensfängerin und Täuscherin, ist es wahrscheinlich noch.«

Der Regen hatte nachgelassen, unmittelbar hinter dem Fenster fiel er in dicken Tropfen zu Boden.

»Sie täuschte jeden«, spann Gunnar seine Gedanken fort, »bis sie hatte, was sie wollte. Dann ließ sie ihr Opfer fallen.«

Er grinste. »Wenn man es kitschig ausdrücken darf: Ihr Weg ist mit Leichen gepflastert, aber sie steigt lachend darüber hinweg. Das Schlimmste ist, dass man die Leichen sieht und ihr trotzdem folgt.«

»Warum?«

»Man glaubt an ihre Unschuld.«

Vor Maschas innerem Auge erschien ein blonder Engel mit roten Lippen, der die Männer reihenweise ins Verderben lockte. Eine Art Fleisch fressende Pflanze.

»Oh, sie beschränkte sich nicht auf Männer«, nahm Gunnar ihre Gedanken auf. »Frauen folgten ihr genauso, sie kam aus einer Gauklerfamilie, Schauspieler.«

»Sie ist Schauspielerin?«, fragte Mascha überrascht.

»Schlimmer, sie schauspielert im Leben. Nach außen gab sie sich hausfraulich, treu und tugendhaft.«

Seine Augen schlossen sich zu einem schmalen Schlitz. »Weißt du, womit sie ihre Abende verbrachte?«

»Nein?«

»Sie saß stickend vor dem Fernseher.«

In seiner Stimme flackerte der Hass.

Offensichtlich war er der Meinung, dass das Sticken vor dem Fernseher nicht nur unmoralisch sei, sondern böse Kräfte hervorrufe.

»Was stickt sie denn?«

»Kissenbezüge.«

»Kissenbezüge?«

Mascha sah sich um. Kein einziges besticktes Kissen war zu sehen. »Sie hat sie wohl alle verschenkt?«

»Sie spendete sie der Kindernothilfe für den Basar. Ich weiß nicht, ob jemals eines verkauft worden ist. Jedenfalls habe ich nie eine müde Mark gesehen.«

An seiner linken Schläfe schwoll eine feine Ader bläulich an. »Weißt du, was ein Bezug von, sagen wir vierzig mal vierzig allein an Material kostet?«

Darüber hatte sich Mascha noch keine Gedanken gemacht.

Sie zuckte die Schultern.

»Hundert Mark!«

In gespannter Erwartung, dass sie bei dieser Eröffnung vom Stuhl fallen werde, sah er sie an.

Mascha lächelte hilflos.

Waren hundert Mark zu viel? Sie hatte immer nur Max gehabt, der mit Hundertmarkscheinen nur so um sich warf.

»Mir gefällt das Design nicht«, pflegte er zu sagen. »Weg damit!«

Es hatte erneut angefangen zu regnen.

Draußen war es jetzt stockdunkel. Ein aggressiver Wind heulte um das Haus.

Nachts kann man hier sehr allein sein, dachte Mascha überrascht. Die einsame Lage des Hauses war ihr bisher nie zu Bewusstsein gekommen. Am Tag fühlte man sich hier angenehm geborgen, ganz für sich, jedoch am Abend sah es anders aus. Und nachts …

Gunnar stand auf, kam um den Tisch herum, nahm ihre Hand und zog sie in die Höhe.

Er lächelte sie an. »Ich weiß, dass du heute Nacht hier bleiben würdest«, sagte er, »aber ich möchte, dass du gehst. Wenn du am Wochenende noch Lust hast«, fügte er hinzu, »kannst du am Samstag wiederkommen.«

Er ließ ihre Hand los.

»Ich habe dir einmal ein Angebot gemacht«, sagte er gleichmütig und stocherte in dem niedergebrannten Feuer herum.

»Jetzt bist du an der Reihe.«

Er dachte an Vanessa, die sich schon nach kurzer Zeit von ihm abgewandt und ihn auf den Bittstellerposten verwiesen hatte.

Gallenbitter kroch das französische Chanson die Kehle hoch, das sie manchmal geträllert hatte: »Aujourd'hui peut-être, peut-être demain ...«

Vielleicht heute, vielleicht morgen ...

Vielleicht nie, hatte er immer öfter in Gedanken hinzufügen müssen.

Diese Entwürdigung würde kein zweites Mal gelingen. Mascha nicht, und keiner anderen Frau.

14

Insekten

Vier Wochen später zog Mascha zu Gunnar.

Es war ein kleiner Umzug. Ihr gesamter Hausrat fand in fünf Kartons Platz. Der Hausmeister erklärte sich mürrisch bereit, die Matratzen zum Sperrmüll zu geben und auch den Keller zu entrümpeln, nachdem ihm Mascha als Gegenleistung ihren Fernseher angeboten hatte.

Der Apparat war neu, und Mascha trennte sich ungern von ihm. Aber auf einem der letzten Spaziergänge hatte Gunnar sein Erstaunen darüber geäußert, dass es noch immer Idioten gebe, die sich allabendlich an diese Maschine ketteten. Inzwischen sei ja die Werbung intelligenter als das Programm.

Mascha hatte diese Aussage bestätigt und sofort Gunnars Partei ergriffen: Sie könne sich schon gar nicht mehr an den Tag erinnern, an dem sie zum letzten Mal ferngesehen hätte. Eigentlich benötige sie den Apparat nur, um sich ab und zu ein Video anzuschauen.

Aber auch diese Nutzung hatte Gunnar verworfen. Filme sähe man sich im Kino auf einer dafür passenden Leinwand an und presse sie nicht auf Kleinformat zusammen. Wer so etwas täte, beleidige den Regisseur. Er jedenfalls mochte die Verblödungsmaschine nicht im Haus haben.

Auch das Poster mit der Taube, die sich im Himmelsblau verlor, fand keine Zustimmung.

Erstens war es nur eine Reproduktion und zweitens von geringem künstlerischem Wert.

»Kitsch!«

Wenn es etwas zu maßregeln gab, knallte Gunnar einem das Wort wie einen Peitschenhieb ins Gesicht.

»Kitsch!!!«

Es war klar, dass auch Maschas Bücher, vorwiegend Unterhaltungsliteratur, Krimis und Biografien, keinen Platz in Gunnars eichenen Regalen finden würden. Sie packte sie also gar nicht erst aus, sondern stellte sie noch in den Kartons in den Keller, neben das Plakat mit der Taube und den zusammengerollten Teppich aus Afrika. Gunnars Teppiche waren kostbare handgeknüpfte Stücke aus dem Orient. Maschas Ferienerinnerung würde daneben wie eine billige Massenware wirken.

Mit der Zeit, hoffte Mascha, würde sich die Lage entspannen, dann hätte Gunnar sicher nichts mehr dagegen, wenn sie eines der oberen Zimmer für sich persönlich einrichtete.

Eine der Stuben, die nach Westen hinausgingen und sich durch besonders schöne Lichtverhältnisse auszeichneten, wurde als Gästezimmer benutzt, die andere war kaum möbliert.

Außer einer Truhe und einem Lehnstuhl stand nichts darin.

Es war schade um den schönen Raum. Unter die Dachschräge würde sie ein gemütliches Bettsofa stellen und vor das Fenster, mit dem Blick über die Felder, gehörte ein Schreibtisch. An diesem Platz konnte man zu sich selbst kommen, lesen, malen oder sich einfach seinen Gedanken hingeben.

Vielleicht sollte sie beginnen, ein Tagebuch zu schreiben?

Man könnte die Ergüsse ja am Freitagabend – hier lächelte sie vor sich hin – in der *Marotte* zum Besten geben. Ihr Entschluss, zu Gunnar zu ziehen, musste ja nicht unweigerlich das Brechen sämtlicher Gewohnheiten und freundschaftlichen Beziehungen zur Folge haben.

Hatte Gunnar eigentlich Freunde?

Bis jetzt war dies kein Thema gewesen.

»Asta und ich leben sehr zurückgezogen. Nichts ist schrecklicher als eine Party und leeres Geschwätz.«

Den gemeinsamen Freundeskreis hatte er nach Vanessas Auszug aufgelöst. »Ich möchte keine Erinnerung an diese Zeit haben.«

Vielleicht, dachte Mascha, war es ganz richtig so: Tabula rasa. In allem ganz von vorn beginnen.

Während sie die Treppe hinabstieg und einen Spaziergang durch den Garten machte, dachte sie wieder an die Einladung, die sie für ihre Freunde plante: Zu Gast bei Mascha und Gunnar.

Wer würde kommen?

Eigentlich hatte sie Lust, alle einzuladen, die an dem Colette-Abend teilgenommen hatten.

Und Chris?

Ein kleine Unmutswolke verdunkelte die prächtig-barocken Bilder einer schön gedeckten Tafel vor einem flackernden Kaminfeuer, in denen sie gerade noch geschwelgt hatte.

Zweifel machte sich breit.

Einerseits wollte sie Chris beweisen, dass sie die Pleite mit Max in einen glatten Sieg umgewandelt hatte.

Andererseits fürchtete sie den verschleierten Silberblick, der sich in jede männliche Pupille bohrte, die sich zur Verfügung stellte. Aber, sie lachte erleichtert vor sich hin, der Mann an ihrer Seite war ja nicht mehr Max, der Feger.

Gunnar, der Denker, würde Chris nicht auf den Leim gehen.

Gleich am dritten Tag, nachdem sie eingezogen war, wollte Gunnar an einer Tagung teilnehmen.

»Fürchtest du dich allein im Haus?«, fragte er fürsorglich. »Ich könnte meine Schwester anrufen und sie bitten, für einige Tage zu kommen.«

»Ist Ebba eigentlich verheiratet?«

»Sie ist mal verlobt gewesen, aber die Sache hat sich zerschlagen. Von der ersten gemeinsamen Reise ist sie allein zurückgekehrt. Ben ist unterwegs … ausgestiegen.«

»Wie verletzend für sie.«

»Ich glaube, dass Ebbas Interesse auch nicht sehr groß war. Ben war Engländer, sie hätte mit ihm in London leben müssen.«

»Das hört sich doch gut an.«

»Für Ebba nicht. Damals lebte unsere Mutter noch, und sie hing wohl auch sehr an ihrem Elternhaus.«

»Sie wohnte noch zu Hause?«

»Wir waren beide noch hier. Ebba war Ende zwanzig, und ich stand kurz vor dem Abi.«

»Aber später ist sie doch ausgezogen.«

»Vanessas Werk. Erst hieß es natürlich, dass sie bleiben könne, Vanessa wolle niemanden vertreiben, und das Haus sei ja groß genug.«

»Und dann?«

»Dann zog Ebba aus. Sie hat nie gesagt, warum.«

»Sie hätte ja später zurückkehren können.«

»Um sich von einer eventuellen Nachfolgerin erneut vertreiben zu lassen? Nein, es ist schon in Ordnung, so wie es ist.«

Er warf Mascha einen Blick zu: »Aber wie wäre es, wenn sie käme, während ich weg bin? Du wirst sie bestimmt mögen. Ebba ist sehr anpassungsfähig. Sie hat sich sogar mit Vanessa verstanden.«

Aber Mascha mochte nicht gleich nach ihrem Einzug für mehrere Tage mit einer unbekannten Person allein sein. Es wäre besser, erst das Haus kennen zu lernen und dann die Verwandtschaft. Sie würde auf diese Weise an Selbstsicherheit gewinnen und besser auftreten können.

»Wir laden sie ein, wenn du wieder da bist«, sagte sie laut. »Sie könnte auch gerne länger bleiben, obwohl …«

»Obwohl?«

»Um ehrlich zu sein, ich mag Verwandtenbesuche nicht so gern.«

Sie lachte, um ihren Worten die Schärfe zu nehmen. »Alleinstehende Damen nisten sich ein und vergessen die Abreise.«

Sie dachte an die ältlichen Schwestern, mit denen Gernot Hahn reichlich gesegnet war. Sie waren zu Weihnachten aufgetaucht, und man konnte froh sein, wenn man sie zu Ostern wieder los war.

»Es ist ihr Elternhaus«, sagte Gunnar ernst und nahm, wie zur Entschuldigung, ihr Gesicht in beide Hände. »Sie hat ältere Rechte als du. Außerdem«, fügte er hinzu, »spürt sie sofort, wenn sie lästig wird.«

Er lachte das jungenhafte Lachen, das Mascha stets das Gefühl gab, dass im Grunde alles in Ordnung sei und nur seine Zeit brauche.

»Ebbas Antennen sind hervorragend geputzt. Sie wittert den Feind auf hundert Meter Entfernung.«

Auch Mascha lachte. »Und lädt das Gewehr?«

»Aber nein. Sie versteckt sich im Gebüsch.«

Nach Gunnars Abreise nahm Mascha das Haus in ihren Besitz. Es war ihr seltsam vertraut, und durch Gunnars Abwesenheit verstärkte sich das Gefühl, dass sie schon ewig hier gewohnt, ja, dass sie die Zimmer selbst eingerichtet hätte.

Auch Max' Haus war bei ihrem Einzug bereits bis in den letzten Winkel hinein fertig gewesen. Die großen lichtdurchfluteten Räume hatten ihr gefallen, und an die elegante Einrichtung hatte sie sich nach und nach gewöhnt.

Dennoch war es ihr immer fremd geblieben.

Das allzu perfekte Ambiente hatte verhindert, dass man sich wirklich heimisch fühlte. Letztendlich war es ein Haus, in das man leicht einziehen, das man aber ebenso leicht wieder verlassen konnte. Gunnars Zuhause dagegen strahlte Wärme und Tradition aus, und wenn Häuser die Sprache ihrer Besitzer sprachen, und Mascha glaubte fest daran, dass sie es taten, dann mussten die Familie Giersch und sie etwas Gemeinsames haben.

Vanessas Sprache war offenbar eine andere gewesen.

Sie hatte nicht hierher gepasst, sich unwohl gefühlt und für Unruhe gesorgt.

Schließlich war sie weitergezogen.

Mascha nahm sich vor, dass der Friede zurückkehren sollte. Zusammen mit dem Feuer im Kamin, dem Licht der Kerzen und den blumengefüllten Vasen.

Dank Gunnars Abwesenheit fand Mascha endlich Gelegenheit, sich in Ruhe in seinem Atelier umzusehen, einem Raum, in den er nur ungern jemanden einließ.

Sie betrat ihn sozusagen auf Zehenspitzen, und das Tabu, das diese Tat begleitete, kribbelte ihr in den Adern. Die alte Voyeuristin meldete sich wieder zu Wort. »Schau dir alles genau an. Der Mann, mit dem du den Rest deines Lebens verbringen möchtest, spielt dir vielleicht etwas vor. Aber in diesem Raum ist er ganz er selbst. Da wirst du ihn finden.«

Das Atelier war der schönste Raum des Hauses. Er nahm die gesamte Giebelbreite ein. Die Fenster gewährten Ausblicke in alle vier Himmelsrichtungen und ließen spannungsreiche Kontraste von Licht und Gegenlicht entstehen.

Das Wort Atelier fand allerdings kaum Bestätigung, es sei denn, dass man sich unter einem Atelier einen kahlen Raum vorstellte, der mit einem Computertisch, Drucker und Kopiergerät bestückt war und an dessen Längswand sich Regale voller Aktenordner reihten.

Die Wand gegenüber war für Zeichnungen von Insektenteilen reserviert, die Gunnar angefertigt hatte.

Mascha fühlte sich von dem grotesk vergrößerten Auge einer Stubenfliege verfolgt, als sie zögernd durch den Raum strich und eine der Schreibtischschubladen öffnete. Penibel aufgereiht lagen Lineal, Schere und ein Döschen mit Heftklammern nebeneinander. Dahinter einige Hefter, sorgsam übereinander geschichtet, und obenauf eine Zeichnung, die den Entwurf der Flügeldecke eines Käfers zeigte.

Erschrocken gab sie der Lade einen Schubs, und lautlos rollte sie zurück.

In dem Fach unter der Platte des Lichttisches, der unter dem Dachflächenfenster stand, entdeckte sie die Mappe mit Zeichnungen, die Gunnar ihr bisher vorenthalten hatte. Sie setzte sich auf den Drehstuhl und betrachtete nachdenklich Blatt für Blatt.

Gunnars Hauptgegenstand waren Interieurs, Hauptmotiv Vergängliches: leere Kartons, Gerümpel, dunkle Speicherecken und Abschiedsszenen.

Alte Menschen mit einander abgewandten Gesichtern saßen wie vergessen auf hochlehnigen Stühlen, eine breite Herrschaftstreppe, auf der ein einzelner Schuh lag, führte ins Nichts, Koffer mit herausquellenden Wäschestücken waren irgendwann einmal abgestellt und vergessen worden.

Eine melancholische Vergänglichkeit beherrschte die Atmosphäre, wobei die wenigen Menschen, die Gunnar dargestellt hatte, ebenso tot wirkten wie die Gegenstände.

Gerümpel, das niemand mehr brauchte.

Eine erschreckende Lebendigkeit strahlte dagegen das letzte Blatt aus.

Man sah die Hände eines Mannes, der das mehrgliedrige Bein eines Insektes zeichnete und nicht merkte, dass ihm ein bepelztes Spinnentier, zum Leben erwacht und auf behaarten Beinen aus seinem Bilderrahmen steigend, dabei zusah.

Ein wenig zu hastig schlug Mascha die Mappe zu, zwei Zeichnungen rutschten heraus und fielen zu Boden. Mit flatternden Händen schob sie sie in die Mappe und legte diese auf ihren Platz zurück. Um sich zu beruhigen, trat sie ans Fenster. Die Sonne stand tief, und durch das schräg einfallende Licht traten die Dinge deutlicher zu Tage.

Von hier oben sah man die Verletzungen der Idylle sehr deutlich: Die Schneise, die für das Freizeitcenter geschlagen worden war, und die signalroten Dächer der Reihenhäuser.

Künstlich wie Legoland, dachte Mascha, Gartenzwergromantik.

In der tröstlichen Wärme des Wohnzimmers kam sie wieder zu sich. Die Gedanken gewannen ihre Klarheit zurück.

Gunnar war Wissenschaftler, er ging seinem Beruf nach.

Kühl, intelligent und gekonnt.

Wenn er zeichnete, wurde er zum Künstler. Und Künstler stellen die eigene Welt dar.

Gunnars Welt war bevölkert von toten Insekten, die er präpariert, zerlegt und gezeichnet hatte.

Und von den noch lebenden, die ihm dabei zusahen.

Still, stoisch und unverwundbar.

15

Vanessa II.

In der Nacht wurde Mascha von einem diffusen Gefühl von Gefahr geweckt. War sie wegen eines Geräuschs aufgewacht oder durch den intensiven Blick eines Unbekannten?

Sie richtete sich auf und knipste die Nachttischlampe an: drei Uhr.

Die schwache Birne beleuchtete das Schlafzimmer nur unvollkommen. Es war ein spärlich möblierter Raum mit zwei Betten, die durch eine Kommode voneinander getrennt waren. Den Betten gegenüber standen zwei eintürige Schränke, jeder mit einem seitlichen Garderobenhaken versehen.

Es war eher das Zimmer eines Asketen als die Stätte wohliger Wollust.

Mascha hatte gestern Abend ihre Kleider auf den Stuhl links neben der Tür gelegt, und ihr schien, als ob das Geräusch, das sie vielleicht geweckt hatte, aus dieser Ecke gekommen war.

Beherzt verließ sie das Bett, schaltete die Deckenbeleuchtung ein und unterzog die bewusste Ecke einer eingehenden Musterung.

Nichts Verdächtiges war zu sehen.

Sie ging hinaus in den Flur und sah sich um.

Stumm stand der Garderobenschrank, von zwei Hockern flankiert, auf den Dielen.

Mascha trat an die Treppe und spähte zum Atelier hinauf.

Nichts.

Dann öffnete sie das Schlafzimmerfenster, beugte sich hinaus und sah in den Garten hinunter.

»Pssst …?«, flüsterte sie mutig in die Dunkelheit hinein.

Grabesstille.

»Ein schlechter Traum«, sagte sie zu sich, schloss das Fenster, klappte die Läden zu und stieg wieder ins Bett.

Und dann sah Mascha sie!

Direkt über Gunnars Kopfkissen kauerte eine durch den Schatten grotesk vergrößerte Spinne. Sie hatte einen pelzigen Leib von der Größe eines Fünfmarkstücks und hundert lange behaarte Beine. Stumm und stoisch glotzte sie Mascha an.

Entsetzt zog Mascha die Decke bis unter das Kinn hinauf.

Wie lange lauerte das Untier schon dort?

Und wieso hatte sie die Spinne beim Zubettgehen nicht bemerkt?

Weil sie da noch nicht auf ihrem Platz war?

Weil sie zu dieser Zeit vielleicht noch über Maschas eigenem Bett …?

Hysterisch ergriff Mascha die Bettdecke und das Kopfkissen und stolperte die Treppe hinunter. Im Wohnzimmer bereitete sie sich mit fliegendem Puls ein Lager auf dem Sofa und sah sich furchtsam um. Nichts Verdächtiges war zu sehen.

Nun bedauerte sie, dass sie auf Gunnars Vorschlag, die Hündin zu Hause zu lassen, nicht eingegangen war. Aber ob Asta ihr beim Beseitigen des langbeinigen Ungeheuers behilflich gewesen wäre? Kaum anzunehmen.

Sie ließ sich auf dem Sofarand nieder und presste die Hand gegen die Schläfe.

Nur langsam beruhigte sie sich.

Eigentlich war sie eine beherzte Person. Ratten, Mäuse, einsame Waldwege, knarrende Dielen, Gespenster und Vorhänge, die sich lautlos blähten, selbst glatthäutige Schlangen in eng anliegenden Kleidern, die sich auf Max' Sofa zusammenrollten, um mit gespaltener Zunge nach dem Hausherrn zu haschen, hatten sie nicht wirklich entsetzen können, aber das Wissen um die Anwesenheit einer Spinne genügte, um sie in jene Panik zu versetzen, in der man mitten in der Nacht das Haus verlässt.

Stell dich nicht so an, redete sie sich selbst ein. Todesursache Spinnenbiss ist in diesen Breiten unüblich.

Vielleicht handelte es sich aber um eine Exotin?

Man schleppte sie in Yuccapalmen ins Haus und lag wenig später leblos auf dem Teppich.

Aber Gunnar hasste Zimmerpflanzen, keine Einzige wurde im Haus geduldet. Die Fensterbänke waren makellos und leer; ungehindert ließen die Fenster sich öffnen und schließen, so wie der Hausherr es wünschte.

Vielleicht hatte Vanessa die Todesbotin zurückgelassen?

Vielleicht war sie selbst die Spinne?

Hatte Gunnar nicht einmal erwähnt, dass sie sich gern in Pelziges hüllte und ihre bloße Anwesenheit Unglück brachte? In der Rolle, die sie hier spielte, brauchte sie sich nicht weiter zu bemühen. Vanessa II tötete allein durch ihren Anblick.

Nimm dich zusammen, zwang sich Mascha zur Ruhe. Denk an die Krimis im Zwölferpack, an die Versteigerung nach Gewicht: pro Kilo fünf Mark.

Zu Max' Zeiten hatte sie etliche Kilo dieses Lesestoffes nach Hause geschleppt und sich bei der Schilderung von Leichenteilen in Tiefkühltruhen aufs Gemütlichste entspannt.

Warum, zum Teufel, war sie jetzt so zimperlich?

Leichenteile in Tiefkühltruhen waren eben keine Spinne …

Um den pelzigen Geschmack im Mund loszuwerden, ging Mascha in die Küche, um sich ein Glas Wasser zu holen.

Sie fingerte nach dem Schalter, das Licht flammte auf.

Dies irritierte einen Nachtfalter, der zu Tode erschrocken in selbstmörderischer Panik gegen die Lampe stieß, bis er mit angesenktem Flügel auf die Fliesen fiel.

Um den zitternden Todeskampf nicht mit ansehen zu müssen, löschte sie das Licht, hastete ins Bad, trank lauwarmes Wasser aus dem Zahnputzglas, stellte den Becher wieder auf das Regal und lief ins Wohnzimmer zurück, wobei sie versuchte, die Zeichnungen der quergeteilten Insekten an der Flurwand zu ignorieren.

Leise bebend legte sie den Kopf auf das Kissen.

In seinem Inneren war ein deutliches Rascheln zu vernehmen. Staubmilben?

Oder beginnender Wahnsinn?

Wenn ich noch einmal schockartig aufwache, habe ich nur von dem Auge einer Grille in hundertfacher Vergrößerung geträumt, dachte sie. Kein Grund, einen Herzinfarkt zu bekommen.

Aber sie träumte nicht.

Als sie erwachte, schien die Sonne ins Zimmer.

Im hellen Licht des Tages erschien Mascha das nächtliche Abenteuer fragwürdig.

Vielleicht hatte sie sich alles nur eingebildet, hatte infolge des heimlichen Besuchs in Gunnars Atelier die Riesenspinne nur assoziiert? Insekten mit pelzigen Leibern und Hunderten von Beinen gab es in Gruselfilmen, nicht in gepflegten Eigenheimen.

Sie schlüpfte in ihre Pantoffeln und ging beherzt die Treppe hinauf.

Die Tür zum Schlafzimmer stand auf. Eine breite Lichtbahn fiel auf den Flur.

Vanessa II klebte unbeweglich am alten Platz, den pelzigen Leib zusammengerollt, sämtliche Beine eingezogen.

Ein harmloser Anblick.

Es schienen also vorwiegend die Beine zu sein, die so viel Schrecken verbreiteten. Die Anwesenheit des klein zusammengerollten Muffs zu ertragen, oder vielleicht sogar anzugreifen, erschien Mascha im klaren Licht des Morgens möglich.

Oder sollte sie die mutige Tat Gunnar überlassen? Er würde übermorgen im Laufe des Nachmittags zurück sein.

Aber das bedeutete zwei weitere Nächte auf dem unbequemen Sofa …

Zu allem entschlossen, stieg Mascha die Treppe hinunter und musterte mit kühlem Blick den Bestand der Besenkammer. Schrubber, Mopp, eine stabile Brechstange, Bunsenbrenner, Staubsauger, Werkzeugkasten und Saugpumpe bildeten das Inventar. Welches der Instrumente sollte sie für den Angriff wählen? Mascha überlegte, wie sie das Problem früher gelöst hatte, ohne jedoch zu einem Resultat zu kommen.

Die Jahre mit Max waren spinnenfrei gewesen. Bei abendlichen Grillpartys hatte man zuweilen mit Mücken, in Max' Kreisen Moskitos genannt, zu kämpfen gehabt. Einmal hatte sich ein Igel in den Garten verirrt und einmal der entflogene Papagei einer Nachbarin.

Das war's an »tierischen« Abenteuern bereits gewesen.

Auch in ihrer Kindheit hatten Spinnen keine nennenswerte Rolle gespielt.

Wenn man eine entdeckte, schrie man gellend nach Vilma, die das Problem am Panikton erkannte, Spinnen hasste und eilends angerannt kam.

»Wo?«

»Daaaa!«

Vilma packte das Tier mit der bloßen Hand, während man den tödlichen Angriff starr vor Schreck beobachtete.

Dann bekam man den tröstlichen Hinweis, dass man sich nicht so anstellen solle und die Zeit nicht mehr fern sei, in der man Gefahren dieser Art »oder größere!« allein zu meistern habe.

Der damals heraufbeschworene Tag X war also da!

Nach eingehender Überlegung wählte Mascha schließlich den kleinen Handsauger und die Fliegenklatsche und schlich sich zum Tatort zurück.

Vanessa II kauerte unbeweglich an ihrem Platz.

Beinlos wirkte der Körper nicht ganz so groß, aber ob er der Fliegenklatsche standhielt? Was, wenn die Spinne betäubt auf das Bett fiel, sich blitzschnell abseilte und im Dunkel verschwand? Möglicherweise die Seite wechselte und sich in Maschas Bett versteckte? Ihrerseits den Tag nutzend, um die Waffen zu sortieren, die sie einsatzbereit am Leibe trug, oder womöglich beim Einsatz der Fliegenklatsche einen riesigen Blutfleck an der Wand hinterließ?

Hatten Spinnen überhaupt Blut im Leib?

Wahrscheinlich nicht.

Schließlich waren sie keine Mücken, die sich summend verrieten, zur Landung ansetzten, zustachen, Blut zapften, den Schläfer in Wut versetzten und gewöhnlich mit der bloßen Faust erschlagen wurden, woraufhin der leuchtend rote Fleck an der Wand die Tat dokumentierte.

Da Mascha keine Ahnung hatte, mit welcher Essenz der pelzige Leib der Gegnerin gefüllt war, entschloss sie sich gegen die Klatsche und für die Staubsaugerdüse.

Eine saubere Methode!

Man hielt das Gerät in die Höhe, blieb selbst auf Abstand, drückte den Knopf und war das Problem umgehend los: Die Spinne würde in den Staubbeutel gerissen und ersticken.

Was aber, wenn sie sich langsam wieder ins Leben zurückarbeitete?

Mascha erinnerte sich an ein grauenvolles Erlebnis in einem Hotel, in dessen Waschbecken eine Riesenspinne, eine nahe Verwandte von Vanessa II, gekauert hatte.

Es war in jenem schrecklichen Sommer, in dem Chris den gelbgetupften Badeanzug so aufreizend zufrieden trug, bis er auf unerklärliche Weise verschwand.

Chris hatte die Spinne entdeckt, den Wasserhahn beherzt aufgedreht und das Tier durch den Abfluss in die unteren Regionen dieser Welt befördert.

Kurz darauf hatte ein gellender Schrei aus dem Zimmer der Mädchen das Ehepaar Hahn über die Flure eilen lassen.

Chris hatte beim Zähneputzen etwas Schreckliches erlebt.

Ein haariges Spinnenbein reckte sich lüstern aus dem Ausguss, weitere Beine folgten in kurzem Abstand.

Erquickt vom kühlen Bad, Chris' Schreckensstarre perfide ausnutzend, war das Tier blitzschnell über den Rand des Beckens gesprintet und hatte sich beherzt in den Abgrund gestürzt.

In der Finsternis war es untergetaucht.

Ehepaar Hahn hatte seine zitternden kleinen Töchter zur Tapferkeit ermahnt und gezwungen, die Nacht im Spinnenzimmer zu verbringen.

Sie hatten kein Auge zugetan, die Lampen brennen lassen und der Aussage ihres Vaters keinen Glauben geschenkt, dass sich eine Spinne niemals über einen Menschen hermacht.

»Spinnen mögen kein Menschenblut. Sie sind fixiert auf kleine Insekten, die sie in ihren Netzen fangen!«

Das mochte für die »Normalos« unter den Spinnen gelten.

Was aber war mit den hoch Begabten, die die Tötungsabsicht erahnen und sich auf furchtbare Weise rächen?

Sterbefälle dieser Art kamen schließlich in den Nachrichten massenweise vor: »Todesursache unbekannt. Ein Täter wurde nie gefunden.«

Die Spinne im Schlafzimmer schien in der Tat etwas mit Vanessa gemein zu haben.

Eindeutig gehörte sie zu den hoch Begabten.

Sie witterte die Gefahr sofort, und noch ehe Mascha die Staubsaugerdüse in Position bringen konnte, schob sie ihre gesammelten Beine unter dem Muff hervor, nahm die Wand querlängs und verschwand in der Dämmerung des Bettgestells.

Aus!

Mascha schlug die Tür hinter sich zu und dichtete die Ritze und das Schlüsselloch mit dreifach verstärktem Klebeband ab.

Erst wenn sie Gunnar vorfahren hörte, würde sie das Band entfernen und den Fluchtweg freigeben.

Entweder durch das Fenster ins Freie oder durch die Tür ins Innere des Hauses.

Im Flur hätte die langbeinige Lady dann ein Aha-Erlebnis.

Der Anblick ihrer gezeichneten Artgenossen im Querschnitt würde sie ermuntern, das Haus endgültig zu verlassen.

Die Vorstellung hatte eine wohltuende Wirkung auf Maschas Gemüt.

Sie griff sich Anorak und Stiefel und machte einen langen Spaziergang über die Rheinwiesen.

Die Luft war klar.

Ein leichter Wind fächelte die Federn der Lachmöwen, die auf dem Geländer der Rheinbrücke Spalier saßen.

Die Weite des Horizonts beruhigte die Nerven.

Sie bildete einen wohltuenden Kontrast zu der Enge des Hauses. Über zwei Stunden lief Mascha auf diesen Horizont zu.

Als sie am späten Nachmittag nach Hause zurückkehrte, war sie so angenehm erschöpft, dass ihr die Spinne völlig gleichgültig war. Sie entfernte die Klebestreifen an der Tür, betrat das Zimmer und riss das Fenster auf.

Als hoch Begabte würde die Spinne die Gelegenheit wahrnehmen und die Flucht ergreifen.

Und wenn nicht?

Dann war es auch egal.

Noch vierundzwanzig Stunden bis zu Gunnars Rückkehr.

16

V. G.

Das Spinnenerlebnis hatte Mascha aufgewühlt. Sie sehnte sich nach Gunnars Nähe.

Obwohl Einsamkeit ihr nichts ausmachte, war sie doch selten in einem Haus geblieben, dessen Atmosphäre sich so änderte.

Sie dachte an Marleen, die einmal gesagt hatte, dass eine gewisse Form der Romantik leicht in Grusel umschlagen könne.

Jetzt wusste sie, was sie gemeint hatte.

Mascha beschloss, sich einen Sommer lang uneingeschränkte Freiheit zu schenken und sich zum Herbst nach einem Halbtagsjob umzusehen. Täglich einige Stunden unter Menschen zu sein, schien ihr unerlässlich.

Man musste gegensteuern, wenn bereits dreitägiges Alleinsein eine solche Panik auslöste, dass man in harmlosen Spinnen die Gestalt der Vorgängerin witterte.

Der Gedanke, heute das Sofa verlassen und wieder in ihr Bett zurückkehren zu können, steigerte die Freude auf Gunnar zusätzlich.

Wenn Vanessa II die Dummheit beging, wieder ihren Stammplatz oberhalb seines Kopfkissens aufzusuchen, würde Gunnar sie mit dem Pantoffel erschlagen – oder fangen und zerlegen.

Zur Feier des Tages hatte Mascha eine Speisenfolge aus Gunnars bevorzugten Gerichten geplant: klare Bouillon, Lammfilet mit Reis, grüner Salat, eingemachtes Obst.

Es war nicht einfach, ihn zufrieden zu stellen.

Gernot Hahn hätte Gunnars Essverhalten »mäkelig« genannt, Gunnar selbst bezeichnete sich als »heikel«.

Er stopfte eben nicht, so wie andere es taten, alles Mögliche in sich hinein und ließ es kommentarlos in den Magen rutschen.

»Ich bin kein Allesfresser.«

Vor allem Gemischtes erregte seinen Unmut: Gemischter Salat, mehrere Sorten Gemüse, alle Eintöpfe, und natürlich Gerichte, die in der Sauce serviert wurden.

Ähnlich wie bei seiner wissenschaftlichen Arbeit liebte er auch beim Essen, die einzelnen Zutaten säuberlich getrennt vor sich zu sehen.

Mascha breitete eine Damastdecke, in deren Ecke die Initialen V.G. eingestickt waren, über den Kamintisch und deckte das weiße Porzellan, das sie im hintersten Winkel des Küchenschranks gefunden hatte.

Es war das klassische Hutschenreuther mit gewelltem Rand, das schon ihre Großmutter benutzt hatte: Sechzigteilig mit riesigen Terrinen.

In Gunnars Haushalt waren leider nur noch Restbestände vorhanden, wahrscheinlich hatte Vanessa in ihrer leichtfertigen Art viele Teile fallen lassen, sie vielleicht sogar im Zuge eines Wutanfalls gegen die Wand geschmettert.

Oder sie hatte die schönsten Stücke mitgenommen, den Schmerz des hilflosen Gunnar gnadenlos ausnutzend.

Aber auch die Restbestände ergaben noch einen schön gedeckten Tisch.

Aus Gewohnheit stellte Mascha die hochstieligen Weinkelche neben jeden Teller, aber wie ertappt, nahm sie sie wieder fort und ersetzte sie durch Wassergläser.

Es war schade, dass Gunnar sich nicht einmal zu besonderen Anlässen bereit erklärte, ein Glas Wein zu trinken.

»Was, zum Teufel, hat ein besonderer Anlass mit Alkohol zu

tun? Er vernebelt das Hirn und nimmt gerade dadurch dem Anlass das Besondere. Hinterher hängt man mit glasigen Augen im Sessel und lallt dummes Zeug vor sich hin. Einmal davon abgesehen«, hatte er sich gesteigert, »dass Trinker jeden läppischen Anlass zu etwas Besonderem ernennen, nur um die Flasche an den Mund heben zu können.«

Mascha konnte sich nicht daran erinnern, jemals mit glasigen Augen im Sessel gehangen zu haben, nur weil sie zu einem schönen Essen ein Glas Wein getrunken hatte.

Bei Max, das musste sie allerdings zugeben, war dies öfter vorgekommen.

Sie hatte ihn zwar niemals lallend erlebt, aber die Lust auf weibliche Partygäste war noch ungenierter zu Tage getreten. »Fritzi, die Luft ist so stickig, gehen wir doch ein Weilchen hinauf.«

Sehnte sie sich in dieses Leben zurück?

Nein! Gunnar hatte Recht, es musste auch ohne Alkohol gelingen, ein festliches Mahl zu genießen.

Im Gegensatz zu Max, der niemals eindeutig sagte, wohin er fuhr und wann er zurückkehrte, rief Gunnar von unterwegs an.

»Ich bin auf dem Weg. In schätzungsweise einer Stunde werde ich ankommen.«

»Ich freue mich!«

Eine warme Welle der Zugehörigkeit überflutete Maschas Herz. Vertrauen und Verlässlichkeit bildeten die Grundpfeiler einer jeden Verbindung, wenn sie Bestand haben sollte.

Alles andere war Jahrmarktsgeschrei, Flitterkram.

Pünktlich eine Stunde später knirschten die Räder auf dem Kies. Gunnar war strahlender Laune.

Er erzählte ausgiebig von dem Kongress, wen er alles getroffen und wie unsäglich schlecht der Referent gesprochen hätte.

Dann wuchtete er eine Kiste mit Bierflaschen aus dem Kofferraum.

»Alkoholfrei!«

Er strahlte sie an. »Und«, er wickelte eine Rotweinflasche aus ihrer Umhüllung, »für die kleine Trinkerin, die es nicht lassen kann.«

Er grinste, als sie die Gläser austauschte. Für sich das Rotweinglas, für Gunnar eine Pilstulpe.

Er begleitete die Tat mit einem schmalen Lächeln.

»Täubchen, feiere deinen Sieg!«

»Nur heute, weil du wieder da bist und weil ich dich vermisst habe.«

»Vermisst oder bloß ein bisschen gelangweilt?«

»Vermisst. Ich langweile mich nie!«

»Nie?«

»Nie! Und wenn, würde ich mir ein Hobby zulegen. Malen oder«, sie kicherte, »sticken!«

Erschrocken hielt sie inne.

Die letzte Bemerkung war unnötig gewesen. Sie hätte sie gern zurückgenommen, aber Gunnar ging leicht darüber hinweg.

Er wechselte das Thema.

»Was gibt's denn?«

»Klare Bouillon ohne Einlage. Lammfilet ohne Sauce. Reis ohne alles. Eingemachte Pfirsiche ohne Sahne. Zum Wohl.«

Sie hob ihr Glas.

Er prostete ihr zu.

»Was ich dir schon immer sagen wollte«, antwortete er und lächelte. »Du kannst selbstverständlich gern trinken. Meine Askese« – er lachte – »musst du nicht teilen. Es reicht durchaus, wenn einer von uns beiden den Überblick behält.«

»Und was tätest du, wenn ich tatsächlich einmal mit glasigen Augen im Sessel hinge?«, fragte sie in launig-ironischem Ton.

»Dann würde ich dich fotografieren.«

Das Tuch über Maschas Schultern war wohlig weich. Was kratzte, waren Gunnars letzte Worte.

Sie hatten den Nachtisch gegessen, einen Mokka getrunken und lehnten sich zufrieden zurück.

Zwei Gläser Wein hatten Maschas gute Stimmung weiterhin erhöht. Sie fühlte sich gut und zu mutigen Taten bereit.

»Gehen wir ins Bett?«, fragte sie.

Die erotische Seite ihres gemeinsamen Lebens war bisher nicht weit gediehen. Diesbezüglich hatte es von Anfang an ein bisschen gehakt. Erst fühlte sich Gunnar durch ihr Zögern beleidigt, dann hatte er sie zurückgewiesen und zu einer Demutsgeste genötigt.

Nach einigem Hin und Her war es schließlich zu einer »Begegnung« nach dem Motto »Augen zu und durch« gekommen, versehen mit dem Etikett: Hauptsache, dass …

Max war lüstern, weich, lebendig, hemmungslos und spontan. Er hatte keinerlei Probleme, wenn es darum ging, eine Frau glücklich zu machen … egal, welche.

Gunnar fühlte sich dagegen kühl und kantig an.

Er war kein Liebender, sondern ein Kämpfer.

Anstelle einer Frau schien er einen Gegner im Bett zu haben, den es zu besiegen galt.

Aber im Zuge der Liberalisierung (»Du musst meine Askese nicht teilen!«) schien er auch sonst zu großen Taten entschlossen. Er öffnete die Tür zum Schlafzimmer und wies mit leichter Geste auf die spartanische Einrichtung.

»Hier kommt ein französisches Doppelbett hin. Für Vanessa lohnte sich die Anschaffung nicht, sie war« – er brachte ein schiefes Lächeln zustande – »nun, sie las lieber.«

Mascha lachte. »Ich lese so gut wie nie.«

Vanessa hatte also, auch was diesen heiklen Punkt betraf, ganze Arbeit geleistet und ihn durch eisige Ablehnung erschreckt.

»Ich konnte ja nicht winselnd vor ihr auf den Knien liegen.«

Nach ihrer ersten gemeinsamen Nacht war Gunnar zu Geständnissen bereit: Vanessa war die ewig Abweisende, stets Lustlose, notfalls Kränkelnde.

Wahrscheinlich, aber das hatte Gunnar zu spät bemerkt, war sie gar keine Frau, sondern irgendetwas anderes, ein Schemen, veränderlich und nicht zu fassen.

Eine Quälerin von Geburt an.

»Hattest du vor Vanessa eigentlich viele Frauen?«, fragte Mascha, nachdem das Liebesspiel erledigt und Gunnar erleichtert in sein Bett zurückgekehrt war.

»Als ich Vanessa kennen lernte, war ich Mitte Dreißig.«

War das eine Antwort auf ihre Frage?

Sie hakte nach.

»Und? Ist keine dabei gewesen?«

Über den Raum zwischen ihren Betten hinweg sah er sie an.

Waren es die Schatten, oder funkelte sein Blick wirklich so dunkel?

»Mascha, wir wollen doch die beidseitige Vergangenheit ruhen lassen, sonst liegen wir demnächst nicht zu zweit, sondern zu viert im Bett. Ich jedenfalls möchte keine Details aus deinem Liebesleben wissen.«

»So aufregend war mein Liebesleben gar nicht. Max hatte …«

»Ich will nichts davon wissen«, herrschte er sie an und sprang auf.

»Mir ist heiß, ich gehe noch mal an die Luft.«

Er schlüpfte in seine Kleider und verließ das Zimmer. Wenig später hörte sie ihn die Straße hinabgehen.

Auch Mascha erhob sich und ging hinunter.

Im Wohnzimmer stand noch immer die Weinflasche neben dem halb geleerten Glas.

Sie trank den Rest und setzte sich in den Sessel.

In der Dämmerung des hinteren Raums schien plötzlich

Vanessa vor dem Fernseher zu sitzen, den Kopf über den Stickrahmen gebeugt. Zu ihrer Zeit hatten sie die »Verblödungsmaschine« offenbar noch gehabt.

Auch Mascha hätte sich jetzt gern beim tröstlichen Flimmern der bunten Fernsehbilder erholt und sich irgendeinen dummen Film angesehen.

Einen Film, in dem sich zwei Menschen ewige Liebe schwören und daran glauben. Im Hintergrund ein bisschen Alpenglühen oder das Rauschen des Meeres.

Ein bisschen »Kitsch!« zum Trost …

17

Wir sind sehr glücklich

Am nächsten Morgen beschloss Mascha, das Bild der Vorgängerin endgültig zu vertreiben.

Ob sie nur als Spinne an der Wand klebte oder als Schemen stickend vor einem nicht vorhandenen Fernseher saß, in diesem Haus wurde sie nicht länger geduldet.

Gunnar war gestern spät in der Nacht zurückgekehrt, hatte sie auf dem Sofa liegend vorgefunden und sich kleinlaut entschuldigt. Er hatte sich zu ihr gesetzt und sie in den Arm genommen.

»Lassen wir die Vergangenheit ruhen. Wir müssen aufhören, ständig Vergleiche zu ziehen.«

»Aber du gewinnst doch immer«, hatte sie lächelnd geantwortet. »Es ist nicht leicht, in einem Haus zu wohnen, in dem die Vorgängerin Spuren hinterlassen hat.«

»Wieso Spuren? Dies ist mein Elternhaus, und es hat sich nie verändert. Vanessa wollte es von Grund auf umkrempeln, aber dagegen habe ich mich gottlob gewehrt.«

»Und wenn ich doch etwas von ihr finde?«

Sie hatte sich eng an ihn geschmiegt, die Arme um seinen Hals gelegt.

»Wie meinst du das?«

»Ach, ich suche zum Beispiel eine Tischdecke, und sie ist mit den Initialen VG verziert. Ich öffne die Kommodenschublade, und ein Lippenstift rollt mir entgegen. Ich schlage ein Buch auf und finde eine Widmung: *Ein größeres Mysterium als der Tod ist die Liebe, Gunnar.*

Oder ich schaue in ein Kochbuch und finde neben dem Rezept für Burgunderbraten den Hinweis: *Bratzeit um 15 Minuten verlängern.* Früher scheinst du übrigens Braten mit Sauce gemocht zu haben«, fügte sie eifersüchtig hinzu.

Gunnar unterdrückte ein Gähnen.

»Das hat sicher Ebba notiert. Vanessa kochte ungern und wenn, briet sie rasch ein Steak und servierte es so, wie es war. In diesem Punkt« – er lächelte – »haben wir uns hervorragend verstanden.«

Mascha ignorierte den Stich ins Herz und fuhr fort: »Wenn ich also in unserem Haus«, sie unterbrach sich, »ich meine, in deinem Haus, irgendeine Spur von ihr entdecke, einen Gegenstand, der …«

»Packst du ihn am besten in einen großen Karton, den du im Keller deponierst. Und immer, wenn du etwas findest, packst du es einfach dazu. Diese Dinge werden wir irgendwann einmal sortieren, einem Basar spenden oder vernichten. Auf diese Weise« – er grinste – »werden wir sie nach und nach los.«

Sie bedankte sich bei ihm mit einem Kuss.

»Ich hatte gedacht«, fügte er nachdenklich hinzu und erhob sich, »dass ich schon alles weggepackt hätte, aber zwölf Jahre sind eine lange Zeit, da sammelt sich einiges an.«

Einen Augenblick lang überlegte Mascha, ob ihre Nachfolgerin auch Gegenstände von ihr gefunden und mit klopfendem Herzen in Kartons verpackt hatte.

Aber wahrscheinlich hatte sie nicht einmal in Max' Erinnerung eine Spur hinterlassen.

Das Leben mit Gunnar gewann langsam an Konturen.

Zweimal in der Woche arbeitete er im Institut, an den übrigen Tagen saß er im Atelier über seinen Fliegenbeinen.

Er hatte Mascha genau erklärt, was es damit auf sich hatte, und bald betrachtete sie die Zeichnungen mit dem gleichen kühlen Interesse wie er.

»Man muss den Dingen auf den Grund gehen, dann verlieren sie ihren Schrecken.«

Unbedingt wahr!

Auf die Idee, sich im nächsten Herbst einen Job zu suchen, hatte Gunnar positiv reagiert. »Das ist eine gute Idee, aber diesen Sommer sollten wir uns gönnen.«

Und lächelnd hatte er hinzugefügt: »Zur Belohnung.«

»Wofür?«

»Dass du so viel Geduld mit mir hast und ... dass es diesmal etwas werden wird.«

»Die Zeit der Experimente ist vorbei«, sagte sie.

An den Tagen, an denen er im Institut war, fuhr sie in die Stadt und machte Einkäufe, um Gunnar, der das städtische Getriebe verabscheute, die unangenehme Pflicht abzunehmen.

Im gleichen Maße, wie sich seine Laune hob, verringerte sich ihr Konto.

Die großzügige Abfindung, mit der Max sich ihrer entledigt hatte, schmolz dahin, zumal sich Gunnar alsbald auch einen großen Teil seiner Garderobe von ihr finanzieren ließ.

»Bring mir doch drei von den weißen Hemden mit. Vanessa ...«, er unterbrach sich, »also ich hab sie immer bei Christ & Meisser gekauft. Nimm am besten ein altes Hemd als Muster mit, dann wissen die Verkäuferinnen Bescheid.«

Bald fuhr sie auch mit einzelnen Socken, Unterhosen und Krawattentüchern in der Handtasche durch die City, den Bon nach dem Kauf sorgfältig aufbewahrend, falls die Ware doch nicht Gunnars Wünschen entsprach und umgetauscht werden musste.

»Nie hat man die Chance, ein bewährtes Teil ein zweites Mal kaufen zu können. Schau, dieses Hemd, äußerlich identisch mit dem, das ich vor einem Jahr besorgt habe, aber im Detail stimmt es nicht mehr.«

Auf ihren fragenden Blick hatte er geantwortet: »Du merkst es erst beim Tragen.«

An einem sonnigen Tag im Mai hatte Mascha plötzlich Lust, ihrem alten Viertel einen Besuch abzustatten.

Im strahlenden Licht der Maisonne präsentierte sich sogar Neu-Ost lebendig und heiter. Die Tür ihres alten Hochhaus-Domizils stand auf, und Mascha konnte sich nicht beherrschen, bis zum obersten Stockwerk zu fahren und auf das Dach hinaus-zugehen.

Ohne Fernglas konnte sie die Schauplätze ihres früheren Lebens nicht ganz so gut erkennen, aber sie sah deutlich, dass Elgas roter Flitzer in Fahrtrichtung in der Allee stand.

Die Kastanien hatten schon ein lichtes Blätterdach gebildet, und auf dem giftgrünen Rasen hinter der Thorwaldschen Villa drehten sich die Rasensprenger.

Der schmale Hofgarten hinter Chris' und Friedholms Reihenhaus war ebenfalls bereits in Betrieb. Der Springbrunnen war aufgedreht, die beiden frotteebespannten Liegen standen bereit.

Mascha verließ ihren Platz, ging auf die andere Seite und lehnte sich über die Brüstung.

Wenn sie die Hauptstraße mit den Augen entlangfuhr und am Theodor-Heuss-Platz links abbog, landete sie auf dem Dach der *Marotte*. Links davon, von dem angrenzenden Gebäude halb verdeckt, leuchtete die weiße Mauer des Hofes, auch der Eingang war einladender als zuvor.

Mit zusammengekniffenen Augen erkannte Mascha wuchernde Kübelpflanzen in Terrakottatöpfen.

Spontan beschloss sie, ihrer ehemaligen Wirkungsstätte einen Besuch abzustatten.

Im Laden gegenüber nahm sie eine Flasche Sekt aus dem Regal, zögerte – und tauschte sie gegen eine Flasche Champagner aus.

Marleen begrüßte die Flasche mit einem kurzen Pfiff.

»Dein Mann scheint großzügiger zu sein, als ich ihn in Erinnerung habe. Ich dachte tatsächlich, es handle sich um einen Geizkragen.«

Mascha lächelte. »Das ist er bestimmt nicht.«

»Ich erinnere mich! Das Zahlungssäumnis für die beiden Fachbücher war keine Folge von Geiz, sondern Zerstreutheit. Ein Mann wie Gunnar hat an anderes zu denken.«

Marleen warf Mascha einen prüfenden Blick zu. »Wie geht's denn so?«

»Wunderbar.«

»Das war zu erwarten. Ohne Gesichtsverlust kannst du schlecht das Gegenteil behaupten. Man würde am Ende denken, dass du diejenige bist, die eine Macke hat. Wann gibst du Haus und Mann zur Besichtigung frei?«

Wieder erschien das milde Lächeln auf Maschas Gesicht. »Deshalb bin ich hier. Ich wollte euch zu einem literarischen Gelage einladen.«

»Super! Endlich steigt der Casanova-Abend.«

»Das würde nicht zu Gunnar passen.«

»Was passt denn?«

»Vielleicht Thomas Mann oder Goethe.«

»Wie langweilig. Wie wäre es mit einem Überlebenstraining, wie es inzwischen von Reiseveranstaltern angeboten wird?«

»Was ist das?«

»Eine sehr preiswerte und zusätzlich originelle Idee. Die Gäste werden im Freien ausgesetzt und müssen auf eigene Faust überleben. Der Verzehr von Würmern, Faltern und Insekten bildet den Schwerpunkt der Ernährung. Die Teilnehmer haben übrigens bestätigt, dass Insekten in geröstetem Zustand durchaus schmackhaft sind.«

Sie lachte. »Außerdem krachen sie so schön zwischen den Zähnen.«

Mascha schwieg.

»Man könnte den Abend ja unter das Motto ›zu Gast bei Ne-
andertals‹ stellen«, fuhr Marleen fort. »Also wenn ich mir Vilma durchs Gebüsch kriechend vorstelle, einen Falter in der
Faust ...«

Wieder erschien das nachsichtige Lächeln auf Maschas Gesicht.

»Gunnar und ich haben nicht vor, unsere Gäste im Freien auszusetzen. Es gibt ein schönes Menü mit guten Weinen und ...«

»Mascha«, unterbrach sie Marleen. »Tu mir einen Gefallen,
und pack diese Weihrauchstimme ein.«

Sie unterbrach sich und fügte hinzu: »Als ich dich kennen
lernte, hast du mir mit erfrischender Deutlichkeit Tipps zur
Führung meines Ladens gegeben. Gute Tipps übrigens, das Geschäft läuft wie geschmiert. Und vorwiegend, weil du ...«

»Ich erinnere mich.«

Mascha ließ den Blick versonnen über die Regale gleiten.

Ein bisschen weh tat es doch.

Sie öffnete ihren Einkaufsbeutel und suchte nach einem Ta-
schentuch.

Marleen betrachtete sie mit gespannter Neugier. »Seit wann
putzt du dir mit Herrensocken die Nase? Fetischismus oder
auch bloß ein bisschen zerstreut?«

Sie übersah die Verlegenheitsröte, die Maschas Gesicht über-
flog, und wechselte das Thema.

»Gestern waren Chris und Vilma hier. Sie suchten nach einem
Geschenk für Elga. Offenbar sind sie öfter Gäste bei den Thorwalds.«

»Ach ja?«

»Dabei kamen sie auch auf dich zu sprechen.«

Mascha hob die Brauen.

»Inwiefern?«

»Dass du wieder einmal untergetaucht bist, dich so gut wie

nie meldest und schon immer seltsame Anwandlungen hattest. Sie zeigten sich übrigens beeindruckt. Vilma von Gunnars Beruf, Chris von Haus und Adresse.«

Marleen zuckte die Schultern und fügte, Chris' arroganten Tonfall imitierend, hinzu: »Wenn es diesmal wieder nicht klappt, ist es eindeutig die Schuld meiner Schwester. Sie beherrscht weder die Kunst, ein Haus zu führen, noch weiß sie, wie man mit einem Mann umgeht.«

Mascha brachte ein ironisches Lächeln zustande.

»Wie gut sie mich kennt.«

»Vilma fügte dem Sermon noch die Bemerkung hinzu, dass sie sich bis jetzt nicht habe entschließen können, deine neue Verbindung im Freundes- und Verwandtenkreis bekannt zu geben.«

Und Vilmas näselnden Ton imitierend: »Es wäre zu peinlich, wenn es wieder nicht klappte.«

Mascha griff erneut in den Beutel und erwischte wieder den Socken.

Schweigend reichte Marleen ihr ein Tempo.

»Danke!«

Sie fasste sich. »Die Marotte scheint sich zur Klatschbörse gemausert zu haben. Ich werde regelmäßig nachfragen. Apropos: Was macht meine Nachfolgerin?«

»Elga? Sie …«

»Ich weiß, was Elga tut«, unterbrach Mascha ungeduldig. »Sie räkelt sich, in Seide gehüllt, auf cremefarbenen Sofas. Ich meine natürlich meine Nachfolgerin hier.«

»Warum fragst du?«

Mascha atmete durch und brachte den Satz zu Ende: »Im Herbst suche ich einen Halbtagsjob.«

»Zu spät. Gestern habe ich eine Kraft eingestellt. Sie beginnt am ersten Juni. Ganztags.«

Marleen warf Mascha einen Blick zu. »Der Laden läuft wie geschmiert.«

»Das sagtest du bereits. Schick mir doch auch einen Rundbrief, damit ... damit ich den Kontakt halte.«

Marleens Ton wurde geschäftig. »Ich nehme dich in meine Kartei auf, wie war noch die Adresse?«

»Schau unter Giersch nach. Du hattest Gunnar ...«

»Den hab ich gelöscht«, sagte Marleen.

Am Abend sprach Mascha mit Gunnar.

»Wir wollten doch ein Fest geben«, erinnerte sie ihn.

Er sah sie misstrauisch an. »Was für ein Fest?«

»Ich habe aus meiner Buchhändlerzeit ein paar Freunde, die ich gern einmal einladen möchte. Dazu vielleicht meine Mutter und ...«

»Familie ist notwendig«, unterbrach er sie, »damit sie sich ein Bild machen können, aber Krethi und Plethi ...«

»Ich sprach von meinen Freunden!«

»Erst wird die Familie eingeladen«, beendete er das Thema in jenem bestimmten Ton, den sie von Gernot Hahn kannte, jenem Ton, der den unausgesprochenen Nachsatz enthielt: Keine Widerrede!

Der Gedanke, überhaupt fremde Leute im Haus zu haben und bewirten zu müssen, hatte Gunnars Stimmung ins Wanken gebracht.

Mascha erkannte die Gefahr und lenkte ein.

»Also Vilma, Chris und Friedholm. Dann wären wir zu fünft.«

»Wie du rechnen kannst«, stellte er ironisch fest. »Aber ich habe auch eine Verwandte. Eine Einzige nur. Sie heißt Ebba.«

Mascha erschrak unter seinem schneidenden Ton. »Entschuldige. Daran habe ich nicht gedacht.«

»Erinnert mich an Vanessa«, sagte er. »Für sie zählte auch nur die eigene Sippschaft.«

18

Striche an der Tür

Am nächsten Tag rief Gunnar seine Schwester an.

Mascha fiel auf, dass es heute zum ersten Mal geschah, dass sie miteinander telefonierten. Obwohl er das Gegenteil behauptet hatte, schien der Kontakt zwischen den Geschwistern nicht sehr eng zu sein.

Das Gespräch verlief freundlich, aber wortkarg.

Mascha, die den Teetisch deckte, hörte mit halbem Ohr den Satzfetzen zu, aus denen Gunnars Beitrag bestand.

Aber auch Ebba schien nicht der Typ für große Worte zu sein. Sie lieferte hauptsächlich die Stichworte zu Gunnars kurzen Sätzen.

»Hier Gunnar! Ich wollte mich wieder einmal melden!« --- »Danke! Und dir?« --- »So, ja …« --- »Der wahre Grund ist, dass wir dich einladen wollen.« --- »Ein Familienfest.« --- »Sie heißt Mascha.« --- »Seit einigen Wochen erst …«

--- »Diesmal ganz bestimmt!«

Er zwinkerte Mascha quer durch den Raum hindurch zu.

--- »Doch, da bin ich ganz sicher!« --- »Mascha lädt ihre Familie ein. Es wäre schön, wenn du …« --- »Hm.« --- »Verstehe!« --- »Tu das. Am besten abends.« --- »Bis dann.«

Er legte den Hörer auf die Gabel zurück und wandte sich um.

»Ebba möchte dich allein kennen lernen. Sie wartet, bis der ganze Zirkus vorbei ist, und kommt dann für ein paar Tage her.«

»Welcher Zirkus?«

»Na, das Familienfest.«

Mascha schenkte den Tee in die Tassen. »Erzähl mir ein bisschen von ihr.«

Er setzte sich. »Das habe ich doch schon getan.«

»Bis jetzt weiß ich nur, dass sie mal verlobt war. Was ist sie denn von Beruf?«

»Sie ist Frührentnerin. Früher hat sie als Buchhalterin gearbeitet.«

»Und womit verbringt sie ihre Zeit?«

Er sah versonnen zum Fenster hinaus. »Das frage ich mich auch. Ich denke, dass sie es einfach genießt, ein bisschen herumzutrödeln. Sie war schließlich ihr ganzes Leben lang eingespannt. Zum Schluss kam ja noch Mutters Pflege hinzu.«

»Ich hatte an ein Hobby gedacht.«

Er lachte. »Ebba ist kein Typ für Hobbys. Lieber streicht sie die Kellerregale, als Vögel auf Stramin zu sticken.«

Vögel auf Stramin …

Ob Ebba Vanessa gemocht hatte? Mascha wagte nicht, diese Frage zu stellen.

»Und wo wohnt sie jetzt?«

»Im Bergischen. Da, wo die Menschen Traditionen lieben und dickköpfig sind. Sie passt hervorragend in diese Gegend.«

»Und da hat sie eine kleine Wohnung?«

»Ja!«

Mascha erhob sich und stellte die Tassen zusammen.

Sie hatte inzwischen gelernt, das Unausgesprochene ebenso zu hören wie das Gesprochene.

Das Unausgesprochene hatte diesmal gelautet: Keine weiteren Fragen.

Anstelle eines gemeinsamen Essens, wie Mascha es geplant hatte, gab es nur einen Nachmittagskaffee, denn Chris und Friedholm brachten Evita mit.

Das Kind war übermüdet und quengelte, denn es war am Morgen schon auf einer Kinderparty und anschließend bei der

Einweihung des Spielparadieses in der Innenstadt gewesen. Die gesellschaftlichen Verpflichtungen überforderten Evita, und Chris versuchte, sie mit allerlei Schabernack abzulenken. Die kaum in Gang gekommene Unterhaltung erstarb, und vor allem Vilma zeigte deutlichen Unmut. Sie war gekommen, um Gunnar in die Familiengeschichte einzuweihen, die gesammelten Titel aufzuzählen und ihm nahe zu bringen, dass er sich nicht mit irgendjemandem eingelassen hatte.

Dann hatte sie geplant, das Gespräch auf das Thema Ehe zu lenken. In ihrer Familie lebte man nicht auf Abruf zusammen, sondern schloss den Bund fürs Leben.

Aber Evita hatte ihrerseits beschlossen, die Unterhaltung zu bestreiten, und wurde von ihrer Mutter in diesem Vorhaben unterstützt.

Chris fand nur selten Zeit, sich um ihre Tochter zu kümmern, aber wenn sie es tat, sollten alle etwas davon haben.

»Ich finde, dass einem Leben ohne Kinder das Wesentliche fehlt«, stellte sie fest und bohrte ihren Silberblick in Gunnars Pupille.

»Ich dachte immer, das Wesentliche sei die Teilnahme an Partys aller Art«, gab Mascha zurück.

»Natürlich gehört ein gewisses Gesellschaftsleben dazu, wenn man nicht zum Außenseiter werden will«, lächelte Chris, »aber« – sie startete eine erneute Blickattacke Richtung Gunnar – »spätestens um zehn Uhr überfällt mich die Sehnsucht nach meinem Kind.«

»Die weißt du geschickt zu verbergen.«

»Ein gewisses Gesellschaftsleben gehört dazu«, wiederholte Chris.

»Euer Vater …«, hub Vilma an, aber niemand wollte es hören.

Stattdessen hatte sich Gunnar zu Maschas Verwunderung erhoben, Evita auf seine Schultern gesetzt und begonnen, im leichten Galopp durch das Zimmer zu traben, wobei er ein schrilles Wiehern ausstieß.

Chris stieß ein Lachen aus, das Gunnars Wiehern ähnelte.

»Er wäre ein wunderbarer Vater«, wandte sie sich an Mascha.

»Sicher«, lächelte Mascha. »Wann kommt denn das Zweite?«

»Statistisch gesehen«, antwortete Friedholm und riskierte ein Lachen, »bringt es die deutsche Familie nur noch auf eineinhalb Kinder.«

Mascha gelang ein boshaftes Lachen. »Für ein halbes wäre ja in eurem Häuschen gerade noch Platz!«

Der Besitz eines Mannes von Gunnars Gnaden hatte ihr Selbstbewusstsein gestärkt. Sie wagte sich weiter vor als zu früheren Zeiten.

»Vor dem Krieg …«, hub Vilma an, wurde aber von Mascha abrupt unterbrochen.

»Reich mir mal deine Tasse, Mutter, ich möchte abräumen.«

»Bitte!«

Vilmas Blick folgte ihrer Tochter durch den Salon.

Wie gereizt sie schon wieder war. Kein Beruf, keine Kinder, keine Aufgaben, aber stets an der oberen Stressgrenze.

Vilma war geneigt, diesen neuen Schwiegersohn mit dem gleichen Mitleid zu bedenken, mit dem sie schon Max reichlich bedacht hatte.

Gunnar kam zurückgaloppiert und setzte Evita ab.

Er rang nach Luft. »Bringt einen ganz schön auf Trab, so ein Kind.«

Evita begann erneut zu schreien.

Freundlich beugte sich Mascha zu ihr hinunter.

»Schluss mit der Partytime, jetzt wird gearbeitet. Trag mal die Löffelchen in die Küche. Schön eines nach dem anderen.«

In der nächsten halben Stunde war Evita beschäftigt. Hinter Mascha hertrippelnd, trug sie die einzelnen Besteckteile in die Küche und legte sie sorgfältig in einer Wasserschüssel ab.

Dann mussten sie einzeln abgespült und in die Spülmaschine einsortiert werden.

Evita strahlte.

Ein wunderbarer Nachmittag. Endlich konnte man einmal ungestört spielen, ohne dass ein quietschender Zauberer Handstand machte oder Luftballons platzen ließ.

Auch Vilma war zufrieden.

»Wie brav das Kind sein kann.«

Gunnar lächelte. »Der Mensch braucht eine Aufgabe.«

»Der Wahlspruch meines Mannes. Ohne Aufgabe …«

Die Stimmung entspannte sich.

Vilma konnte endlich die Statuten der Familie Hahn und ihre Einstellung zur Ehe anbringen. Man war konservativ eingestellt. Zu den Familientreffen erschien man vollzählig. Sie, Vilma, hier warf sie Gunnar einen viel sagenden Blick zu, hoffte auf weitere Enkel.

»Spätgebärende sollen ja ohnehin die besseren Mütter sein«, bestätigte Chris und bedachte Mascha mit einem ironischen Blick.

»Ein Haus wie dieses ohne Kinder«, sagte Vilma, »wäre ja geradezu eine Sünde.«

Friedholm war ganz ihrer Meinung.

»Statistisch gesehen steht jedem deutschen Kind …«

Aber niemand interessierte sich dafür, wie viel Quadratmeter den deutschen Kindern zustanden.

Man rüstete zum Aufbruch.

Zum Abschied legte Chris die Arme leicht um Gunnars Hals und bohrte ihren Blick ein letztes Mal in seine Pupille.

»Eine gute Nacht«, sagte sie zweideutig. »Denken Sie daran, Sie wären der geborene Vater.«

»Du wiederholst dich«, sagte Mascha gereizt.

Der Nachmittag war anstrengend gewesen. Zur Erholung machten sie einen Abendspaziergang über die Rheinwiesen.

Es war friedlich und still.

Der Himmel war von einem fernen Blau, am Horizont ging blutrot die Sonne unter.

Mascha griff nach Gunnars Arm.

»Wünscht du dir Kinder?«, fragte sie.

Abrupt entzog er ihr seinen Arm, als ob bereits die leiseste Berührung die Zeugung einleiten könnte.

»Um Himmels willen. Der Nachmittag hat mich ziemlich erschöpft.«

»Manche fangen mit Ende Vierzig ja noch mal von vorn an«, gab Mascha zu bedenken.

»Das hat seinen Preis.«

Er lächelte schmerzlich. »Ich möchte nicht mit Sechzig noch einen Studenten am Hals haben.«

»Mit Siebzig!«

Er legte den Arm um ihre Schultern, drückte sie an sich und lachte.

»Fehlt dir denn was?«

Sie lachte zurück. »Eigentlich nicht.«

»Ich hab's gern, wenn dir der Wind die Haare ins Gesicht bläst«, sagte er zärtlich, »dann passt du so schön in die Landschaft!«

Am nächsten Morgen war der Friede des Abends vorbei.

»Was tust du da?«

Mascha hatte den Vormittag genutzt, die Küche gründlich auf Vordermann zu bringen, hatte die Schränke ausgeräumt und den Kühlschrank abgetaut. Dann hatte sie sich über die Küchentür hergemacht, die sicher seit Ebbas Zeiten nicht mehr geputzt worden war.

Eine ganze Galerie von Fingerspuren verschönte die Partie rund um die Klinke.

Den Rahmen zierten mehrere Bleistiftstriche, die mit Jahreszahlen versehen waren. Sie hatte die Ersten gerade beseitigt, als Gunnar auftauchte.

Er riss ihr den Lappen aus der Hand.

»Ist dir denn nichts heilig?«, schäumte er.

Erschrocken sah sie ihn an. »Ich dachte …«

»Du kannst die Spuren meines Lebens austilgen, wenn dir so viel daran liegt«, brüllte er, »aber einen kleinen Rest davon darfst du mir lassen.«

Er bedachte sie mit einem glühenden Blick.

»Ich bin nicht erst an jenem Tag geboren, an dem du mir über den Weg gelaufen bist. Nimm das endlich zur Kenntnis.«

Mascha war so überwältigt von dem Auftritt, dass ihr die Tränen in die Augen schossen.

Mit zitternden Händen stellte sie den Eimer zur Seite.

»Hast du denn, verdammt noch mal, nichts Besseres zu tun, als ewig in diesem Haus herumzuschnüffeln?«

»Ich wollte doch nur etwas wegwischen.«

»Das hast du gründlich getan.«

Langsam beruhigte er sich.

Er setzte die Brille auf und musterte den Türrahmen.

»Die ersten Jahre hast du ausgemerzt«, sagte er tonlos. »Jetzt gibt's nur noch Schulanfang bis Gymnasium. Der letzte Strich ist kaum noch zu sehen. Das war der erste Mai, sein zehnter Geburtstag«, fügte er leise hinzu.

»War er … ist er …«

»Ja«, schrie er sie an. »Wenn du nichts dagegen hast, haben Vanessa und ich einen Sohn.«

Fast liebevoll strich er mit der flachen Hand über die Bleistiftstriche, die an der Tür verblieben waren.

»Ich habe ihn in jedem Jahr gemessen, und immer wenn ich die Markierungen sah, wusste ich, dass die Zeit mit Vanessa nicht ganz umsonst gewesen ist. Hier«, fügte er eifrig hinzu, »zwischen acht und neun ist er richtig in die Höhe geschossen.

Da war er plötzlich kein Baby mehr, sondern unser großer Junge.«

Mascha hatte sich gefasst. »Wie heißt er?«

»Nikolas!«

»Und warum hast du nie von ihm erzählt?«

»Das Thema stand nicht im Raum. Ich habe ihn mehrmals eingeladen, aber er kommt nicht. Warum also von ihm reden?«

Den Gedanken konnte Mascha nicht nachvollziehen. »Und warum kommt er nicht?«

Gunnar geriet erneut in Wut. »Warum, warum …!«

Er fasste sich.

Dann fügte er bitter hinzu: »Vanessas Einfluss. Ich habe ja keinen Beitrag geleistet!«

»Das verstehe ich nicht.«

»Nein? Typisches Beispiel der unbefleckten Empfängnis.«

Er trat ans Fenster und starrte hinaus. Dann wandte er sich um.

»In Vanessas Familie sind die Männer erledigt, wenn sie ihre Pflicht getan haben. Wie die …«

»Wie wer?«

»Wie die mantis religiosa, die Gottesanbeterin. Sie frisst das Männchen nach der Begattung auf.«

Dich hat Vanessa offensichtlich wieder ausgespien, dachte Mascha.

Sie wunderte sich über sich selbst. Sarkasmus entsprach nicht ihrer Art.

19

Ebba

Nach Vanessas Auszug hatte Ebba ihren Bruder noch ein einziges Mal besucht. Die Begegnung war schwierig und von Erinnerungen belastet gewesen.

Nachdem ihr Mann Bertram früh gestorben war, hatte Gothild Giersch ihre damals zehnjährige Tochter zu ihrer Vertrauten gemacht und ihr allzu oft die Aufsicht über den jüngeren Bruder überlassen. So hatte Ebba in ihrer Jugend mehr Ernst als Freude erfahren, sie war selten mit anderen Kindern in Berührung gekommen und wusste nicht, dass das Leben auch fröhlichere Seiten haben kann. Gothild kränkelte viel und prophezeite regelmäßig ihr nahes Ende, aber dank Ebbas aufopfernder Pflege erreichte sie schließlich ein gesegnetes Alter.

Nach ihrem Tod hatte sich Schweigen über das Haus gesenkt, in dem die Geschwister weiterlebten wie zuvor und die Erinnerung an Gothild wach hielten, indem sie deren Worte zitierten: »Mutter hat immer gesagt …«

Mit der Zeit gewöhnten sie sich an den Zustand, und Ebba verdrängte den Gedanken, dass ihr Bruder heiraten und eine fremde Frau ins Haus kommen und wie selbstverständlich mit Mutters Gerätschaften herumhantieren könnte.

Vor diesem Hintergrund waren Vanessas Startbedingungen im Hause Giersch nicht die Besten gewesen, aber mit ihrer unbekümmerten Art hatte sie sich über alle Barrieren hinweggesetzt.

Vanessas Auszug, viele Jahre später, hatte zur Folge, dass Gunnar plötzlich allein im Haus herumgeisterte, umgeben von

Gespenstern, die Bertram, Gothild, Ebba, Vanessa und Niko hießen und deren Stimmen an trüben Tagen deutlich zu hören waren.

Ebba war froh, dass sie sich rechtzeitig ein eigenes Zuhause geschaffen hatte, das frei von Erinnerungen war und in dem sie ihren Bruder unbelastet empfangen konnte.

Seiner Art entsprechend, hatte Gunnar nicht viel von Vanessas Nachfolgerin erzählt.

Sie verstünden sich recht gut, hatte er berichtet, und Mascha möge ein zurückgezogenes Leben auf dem Lande, ein Punkt, der ihm am Herzen liege.

Abgesehen davon habe er es satt, allein zu wohnen, und der Haushalt benötige jemanden, der sich kümmere.

Alles in allem war seine Darstellung der neuen Verhältnisse eher von kühler Notwendigkeit als von Liebe oder Leidenschaft geprägt gewesen.

Ebba ließ das Taxi an der ehemaligen Schranke halten und ging die letzten Meter zu Fuß.

Als Kind war ihr die Straße unendlich lang erschienen, und die Pappeln hatten eine solche Höhe gehabt, dass ihre Wipfel scheinbar in den Himmel stießen. Aber dann waren Jahre gefolgt, in denen sie einfach hier entlanggegangen war, ohne darüber nachzudenken.

Bald, dachte sie heute, wobei ihr ein leises Unbehagen die Kehle zuzog, würde sich die Allee wieder so in die Länge ziehen, wie sie sie von ihrer Kindheit her in Erinnerung hatte.

Ein wenig außer Atem stellte Ebba den Koffer ab und betrachtete das Haus.

Die Büsche, die bei ihrem letzten Besuch eine blühende Mauer gebildet hatten, waren durch einen dichten Zaun ersetzt, der Blick nach Süden durch Strohmatten verwehrt.

Im Gegensatz zu früher war das Gartentörchen verschlossen.

Ebba spürte Ungeduld, als die Klinke nicht nachgab, und drückte aggressiv den Klingelknopf.

Im Haus fuhr Mascha heftig zusammen.

Ebba kam eine Stunde zu früh, Gunnar war mit dem Hund auf den Wiesen und sie selbst nicht einmal angezogen.

»Perfide geplant«, dachte sie und warf einen Blick durch das Fenster.

Auf der Straße stand eine hagere Gestalt im dunklen Mantel, das graue Haar zurückgekämmt. Durch ihre randlose Brille starrte sie auf den Hauseingang.

In panischer Hast zerrte Mascha ein Kleid über den Kopf, fuhr sich mit dem Kamm durch die Haare und warf das Umschlagtuch über die Schultern. Sie fuhr in ihre Schuhe und stolperte die Treppe hinunter.

Auf der Straße wechselte Ebba nervös das Standbein.

Die Schnellste ist sie nicht gerade, dachte sie und ließ den Blick über die Hausfassade schweifen.

Sie hörte wieder Vanessas raschen Schritt und die lachende Begrüßung. Natürlich war das Törchen niemals abgesperrt und die Haustür nur angelehnt gewesen.

Kein Gast hatte wie ein Bettler auf der Straße stehen müssen.

Stunden schienen vergangen, als sich endlich die Haustür öffnete und Mascha auftauchte.

Diesmal hat er sich mit Durchschnitt begnügt, dachte Ebba und unterzog die neue Schwägerin einer raschen Musterung. Hoffentlich treffe ich sie nicht einmal unvermutet auf der Straße, wahrscheinlich würde ich sie nicht erkennen.

»Bitte entschuldigen Sie!« Mit fliegenden Händen versuchte Mascha das Tor aufzuschließen.

Sie warf Ebba einen verzweifelten Blick zu: »Ich habe den falschen Schlüssel erwischt, entschuldigen Sie.«

Ebba atmete tief ein und zwang sich zur Geduld. »Bitte!«

Gereizt verfolgten ihre Augen die Gestalt, die über den Plattenweg zurück ins Haus hastete.

»Vanessas Tuch trägt sie also auch schon«, dachte sie. »Aber bei ihr sieht es bieder aus, handgestrickt.«

Sie erinnerte sich an jenen Winter, in dem Vanessa Tücher dieser Art für die ganze Familie gestrickt hatte. Ebba hatte ein ähnliches Exemplar zu Hause, aber um es zu schonen, trug sie es so gut wie nie.

Im Haus flogen Maschas Augen über das Schlüsselbrett.

Sie fuhr mit den Händen in die Taschen sämtlicher Mäntel, schüttelte den Inhalt von Hand- und Einkaufstaschen auf den Tisch und stieß eine Obstschale um, die klirrend auf den Fliesen zerschellte.

Mein Gott, ich kann sie doch nicht bitten, über den Zaun zu klettern, dachte sie und versuchte, die Panik zu beherrschen. »Umbringen kannst du dich morgen«, zischte sie sich zu. »Aber heute wirst du funktionieren, meine liebe Mascha Thorwald, geborene Hahn, zukünftige Giersch.«

Sie fand den Schlüssel schließlich auf seinem angestammten Platz, dem obersten Fach der Flurgarderobe.

Erneut flog sie den Gartenweg entlang.

Ebba war verschwunden!

Mascha wusste nicht, ob sie sich ängstigen, freuen oder wütend werden sollte.

Vielleicht war Ebba ja nur in die Wiesen gegangen, um ihren Bruder zu suchen.

Vielleicht wanderten sie bereits Seite an Seite den Deich entlang.

»Oh, Gunnar, wie konntest du nur. Nichts vorbereitet, nicht einmal das Tor aufgeschlossen. Den Schlüssel verlegt. Wie gut, dass Mutter …«

Erschöpft ließ sie sich im Wohnzimmer in den Sessel fallen.

»Sind Sie krank?«

Ebba stand am Fenster und wandte sich um. »Schade um den schönen Blick. Von hier aus konnte man früher die Felder sehen.«

Mascha fuhr zusammen.

In ihrer Panik wegen des verloren geglaubten Schlüssels hatte sie Ebba nicht bemerkt. Sie fuhr aus dem Sessel in die Höhe und starrte Gunnars Schwester erschrocken an.

Max' Schwester war Redakteurin bei der Stadtteilzeitung gewesen und liebte es, im Laptop-Stil zu sprechen, aber bei Ebbas Anblick erfüllte Sehnsucht nach Biggis argloser Plapperlust Maschas Herz. Ebba Giersch war eine Frau unbestimmten Alters und hatte etwas von jenen Frauen aus englischen Kriminalromanen an sich, die unerwartet in schwach erleuchteten Korridoren auftauchen.

Mascha schluckte. »Wie sind Sie hereingekommen?«

»Durch die Verbindungstür in der Garage.«

»Das war ein schlechter Empfang. Es tut mir so Leid. Ich hatte Sie erst um elf erwartet.«

»Es ist elf.«

»Zehn!«

»Elf!«

Mascha wies auf die Pendeluhr, die neben dem Kamin hing. Die Zeiger zeigten elf Uhr.

»Das begreife ich nicht …«

Ebba lächelte maliziös. »Die Sommerzeit begann am 28. März. Vielleicht braucht Ihre innere Uhr eine Weile, um sich auf die Zeitverschiebung einzustellen.«

»Immerhin ist heute der zehnte Mai«, sagte Mascha verlegen.

Ebba lächelte gespielt nachsichtig. »Das ist doch gar nicht so lange. Ganz richtig geht die Uhr übrigens nicht«, fügte sie hinzu.

Vorsichtig öffnete sie den Kasten und schob den Zeiger um drei Minuten vor.

Sie grinste süffisant. »Jetzt geht sie exakt.«

Mascha lächelte hilflos. »Ich habe nie darauf geachtet.«

»Sie sind nicht berufstätig«, stellte Ebba fest.

»Ich bin ... war ... im Herbst werde ich wieder ...«

»Aber so beruhigen Sie sich doch endlich. Es ist ja nicht unbedingt notwendig, einen Beruf zu haben. Niemand macht Ihnen einen Vorwurf.«

»Danke. Ich ... brühe uns dann einen Tee auf.«

»Warten wir doch auf meinen Bruder, wo ist er denn?«

»In den Wiesen. Er müsste eigentlich längst zurück sein.«

»Wir könnten in der Zwischenzeit einen Rundgang durch das Haus machen.«

Sie lächelte. »Ich war lange nicht hier.«

Mascha sprang auf. »Gern, wo sollen wir anfangen?«

Sie ist so anstrengend beflissen, dachte Ebba.

»Gehen wir doch in Gunnars Atelier«, sagte sie laut.

»Hier hat sich nicht viel verändert!«

Ebbas Blick glitt über den Arbeitstisch, den Computer und die Reihen mit den Aktenordnern.

Ebenso emotionslos betrachtete sie die Zeichnungen an der Wand. Ihr kühler Blick wanderte von dem Fliegenauge zu Mascha.

»Wussten Sie, dass mein Bruder ein Spezialist auf seinem Gebiet ist?«

»Natürlich.«

»Als seine Partnerin sollten Sie sich für seinen Beruf interessieren.«

»Das tue ich doch.«

»Ihre Vorgängerin hat ihr Desinteresse leider allzu deutlich gezeigt. Das verzeiht ein Mann wie Gunnar nicht.«

Darauf fand Mascha keine Antwort. Was hatte Ebba andeuten wollen? Dass sie sich in ihren Mußestunden mit zerlegten Fliegenbeinen beschäftigen sollte?

Ebba brachte ein schmales Lächeln zustande. »Man kann dem Mann zuliebe auch Interesse heucheln!«

»Bis er es irgendwann einmal merkt.«

»Das merken Männer nicht.«

Sie wechselte das Thema. »Arbeitet er denn noch künstlerisch?« Ohne Maschas Antwort abzuwarten, fuhr sie fort: »Ich habe seine Interieurs immer geliebt. Er hat damit begonnen, als unsere Mutter bettlägrig wurde. Haben Sie die Blätter einmal gesehen?«

Mascha fühlte sich ertappt. »Ja, nein …!«

»Sie sind alle hier im Haus entstanden. Wussten Sie das? Nach Mutters Tod hat er es leider aufgegeben.«

»Warum denn?«

»Er war nie zufrieden mit sich.«

Sie verließen das Atelier und stiegen die Treppe hinunter.

Im Vorbeigehen warf Ebba einen kurzen Blick in das Schlafzimmer. Überraschenderweise stieß sie ein kurzes Lachen aus. »Hier ist alles beim Alten.«

»Und hier?«

Sie öffnete die Tür zu dem unbewohnten Raum, den Mascha für sich entdeckt hatte.

Zum ersten Mal erschien ein Lächeln auf Ebbas Gesicht.

»Das war immer mein Lieblingszimmer.«

Sie ging zum Fenster und sah hinaus.

Dann wandte sie sich um. »Hier rankte früher eine lila Klematis. Es sah wunderschön aus, die Blüten gaben dem Raum etwas sehr Heiteres.«

»Haben Sie die Klematis selbst gepflanzt?«

»Ich? Nein!«

Mit der flachen Hand strich sie über die verblassten Ovale auf der Tapete.

»Zwölf Jahre …«, sagte sie und betrachtete den hellen Fleck auf den Dielen.

Maschas Augen folgten ihrem Blick. »Hier hat wohl einmal ein Teppich gelegen.«

»Ich weiß.«

Mascha fühlte sich unbehaglich. »Wie dumm von mir. Natürlich ist das alles schon seit ihrer Kindheit so gewesen.«

Ebba warf ihr einen erstaunten Blick zu. »Hat mein Bruder das behauptet?«

Maschas Unbehagen verstärkte sich. »Diesen Raum hätte ich gern für mich«, versuchte sie abzulenken. »Unter der Schräge könnte ein Sofa stehen, und hier käme ein Schrank hin.«

»Sie haben doch einen Schrank!«

Ebba öffnete eine Tapetentür, die Mascha noch nicht entdeckt hatte. »Hier ist viel Platz, die Nische ist begehbar. Sie führt sogar um die Ecke und bildet auf diese Weise ein kleines Versteck.«

Überrascht betrat Mascha die Kammer, die mit Regalen und einer Kleiderstange ausgestattet war. Der Winkel allerdings war zu eng, als dass man ihn hätte nutzen können.

Sie kam ins Zimmer zurück und schloss die Tür hinter sich.

Sie lächelte. »Das Versteck ist ja wohl eher etwas für Kinder.«

Ebba lächelte zurück.

»Vanessa war sehr schlank«, sagte sie.

Sie waren gerade wieder im Wohnzimmer angelangt, als Gunnar zurückkehrte.

Er hatte beim Feinkosthändler Station gemacht und zur Feier des Tages eingekauft: Pastete, Schinken, verschiedene Käsesorten.

Mascha sagte nichts, als sogar eine Flasche Rotwein auf dem Tisch erschien.

»Liebling, hol doch bitte ein paar Teller und Gläser.«

Trotz des höflichen Tons fühlte sich Mascha gemaßregelt.

Sie hatte Gunnar gefragt, was seine Schwester gern äße, aber er war ausgewichen. Ebba äße ebenso bescheiden wie er, es sei nicht nötig, sich Gedanken zu machen. Sie solle einfach auf den Tisch bringen, was gerade da sei.

»Nur keine Umstände.«

Verletzt holte Mascha das Geschirr aus dem Schrank, aber Ebba nahm ihr die Teller aus der Hand und deckte den Tisch selbst.

Ihren Tisch, mit dem Geschirr, das sie von Jugend an kannte. Fremde Hilfe war unerwünscht.

Mascha fühlte sich überflüssig.

Bruder und Schwester waren auf eine gemeinsame Ebene zurückgekehrt, auf der »Gunnars neue Frau« keine Rolle spielte.

Launig öffnete er die Flasche und schenkte ein.

»Zur Feier des Tages!«

Er prostete seiner Schwester zu. »Wie schön, dass du mich endlich einmal besuchst.«

Mich! Nicht uns.

»Ich genieße es auch. Es hat sich ja kaum etwas verändert.«

»Dafür habe ich gesorgt!«

»Ich hatte gedacht, dass die Möbel …«

»Es ist geblieben, wie es war!«

Über den Tisch hinweg warf sie ihm einen Blick zu. »Da hast du Glück gehabt.«

»Das sehe ich nicht so!«

Ebba wechselte das Thema. »Dafür hat sich im Garten ja einiges verändert. Der Zaun, die Matten …«

»Die Verhältnisse zwingen mich dazu. Seitdem die Barriere fort ist, ist der Friede dahin. Du glaubst nicht, wie viele Autos einfach im Wald parken. Außerdem« – er geriet in Erregung – »haben sie ein Freizeitcenter geplant, für das zum Glück das Geld fehlt, aber die ersten Häuser der Fertigbausiedlung verschandeln bereits die Gegend.«

»Also deshalb die Strohmatten.«

»An die gewöhnt man sich.«

Das Thema hatte Gunnars Laune getrübt.

Heftig stieß er die Gabel in die Pastete. Der Blätterteig zersprang unter dem Angriff.

Dann leerte er das Glas auf einen Zug.

Auch Ebba trank einen kräftigen Schluck. Die Flasche war rasch geleert, und Gunnar holte eine neue.

»Einmal ist keinmal«, erklärte er zu Mascha gewandt.

»Du brauchst dich doch nicht zu entschuldigen.«

»Du sagst es!«

Er wandte sich wieder seiner Schwester zu.

Das Gespräch berührte kurz die Tagespolitik und glitt mühelos zur Wirtschaftslage weiter. Mascha fühlte sich ausgeschlossen.

In der Welt der internationalen Politik fühlte sie sich fremd. Für diesbezügliche Zusammenhänge hatte sie sich nie interessiert. Sie las die Zeitung nur flüchtig und beschränkte sich auf den lokalen Teil.

»Der Dax hat sich ja mächtig erholt.«

»Kein Wunder ...«

Gunnar blühte auf. Er genoss das Gespräch.

Wie sehr muss ihm ein Gesprächspartner gefehlt haben, dachte Mascha. Ob er mit Vanessa über den Dax hatte sprechen können?

Sie erhob sich und begann die Teller zusammenzustellen.

Gunnar, der sich plötzlich an ihre Anwesenheit zu erinnern schien, schenkte ihr einen Blick: »Ach Ness, bring doch bitte mal ...«

Erschrocken hielt er inne und verbesserte sich: »Mascha, bring doch bitte ...«

»Was?«

»Schon gut!«

Abrupt erhob er sich und wechselte das Thema. »Ich denke, den Tee trinken wir drüben.«

Als Mascha mit dem Teetablett ins Zimmer zurückkam, hatte sich die Stimmung deutlich gehoben. Man hatte die Ebene der sachlichen Themen verlassen und erging sich in Erinnerungen.

»Als du eben Ness sagtest ... Ich musste so lachen.«

Auch Gunnar lachte.

»Das Ungeheuer von Loch Ness, weißt du noch?«

»Und ob, einmal haben wir es ihr doch zum Geburtstag geschenkt, so ein Ding aus Plüsch mit glutroten Augen.«

Ebba bemerkte, dass Mascha zurückgekommen war, und rang um Beherrschung. »Mascha, bitte entschuldigen Sie ...«

Mascha zwang sich zu lächeln. »Aber bitte! Haben Sie ... habt ihr Vanessa so genannt, das Ungeheuer von Loch Ness?«

Die Antwort kam zögernd, ging aber schon wieder in Lachen über.

»Wir? Nein, Vanessa hat sich so genannt. Sie hatte für alle Leute Spitznamen, die treffendsten für sich selbst. Sie besaß überhaupt viel Sinn für Selbstironie!«

Ebba wandte sich an ihren Bruder. »Hast du noch das Weihnachtsfoto, auf dem Ness ...«

Aber Gunnar zog einen Schlussstrich.

Auf sein eben noch so heiteres Gesicht war ein Schatten gefallen.

»Gehen wir doch ein bisschen an die Luft.«

Er strich sich mit der Hand über die Stirn und fügte hinzu: »Ich trinke nie Alkohol, und ich weiß auch, warum. Das Zeug bekommt mir nicht.«

Auf den Rheinwiesen klärte sich die Stimmung.

Die kühle Luft und der weite Horizont trugen dazu bei, die Gedanken zu ordnen und die Dinge zurechtzurücken.

Was, fragte sich Mascha, war denn geschehen?

Ebba besuchte nach jahrelanger Abwesenheit wieder einmal ihr Elternhaus.

Kein Wunder, dass der Besuch die Erinnerung an die Schwägerin wachrüttelte, mit der sie zwölf Jahre in engem Kontakt gelebt hatte.

Wenn sie Gunnar richtig verstanden hatte, so hatten sich die beiden Frauen nicht sonderlich gut verstanden, aber nun, nach so langer Zeit, gewannen die Erinnerungen an die positiven Erlebnisse die Oberhand.

Im Grunde, dachte Mascha, sollte man mit Erinnerungen immer auf diese Weise umgehen: Die guten ins Körbchen!

An ihrer Seite plätscherte das Gespräch der Geschwister dahin. Rasch wandte es sich eines von Gunnars bevorzugten Themen zu: Dem Braunkohlevorkommen am Niederrhein.

»Wie viele Einwohner mussten inzwischen umsiedeln?«, fragte Ebba.

»Fast vierzigtausend, und noch ist kein Ende abzusehen. Die ökologischen Folgen sind fatal.«

»Ich las, dass der Fluss sich langsam wieder regeneriert.«

»Das ist eine der wenigen, wirklich erfreulichen Nachrichten, obwohl sie natürlich auch hier wieder maßlos übertreiben. Die Wasserverschmutzung ist nach wie vor …«

Gunnar holte zu einem längeren Vortrag aus.

Ebba hörte aufmerksam zu.

Mit interessierten Fragen hielt sie die Unterhaltung in Gang. Gunnar geriet in Fahrt. Er gehörte zu den Männern, die es genießen, ihr Wissen weiterzugeben.

Ebba gehörte zu den Frauen, die diese männliche Eigenschaft für sich zu nutzen wissen.

Der Ball flog zwischen kluger Frage und kluger Antwort hin und her.

In Maschas Magen senkte sich ein Bleigewicht.

Gunnar war es also auf diese Weise gewöhnt, Gespräche zu führen. Kein Wunder, dass er ihr so wenig zu sagen hatte.

Wie oft waren sie diesen Deich entlanggegangen, hatten sich

über nebensächliche Dinge unterhalten oder gar darüber gestritten, ob die Berge in der Kunst besser darstellbar seien als die Ebenen. Reine Verzweiflungsthemen, weil ihr für die interessanteren Dinge der geistige Hintergrund fehlte.

Der fehlte Ebba nicht.

Mit Leichtigkeit hatte sie das Gespräch inzwischen auf die Schwermetalle im Wasser gebracht, ihr Aufkommen, Vorkommen und die Auswirkungen, und hörte nun Gunnars weitschweifigen Erklärungen mit größter Aufmerksamkeit zu.

Am Ende des Vortrags sah sie ihn mit ihren großen grauen Augen an. »Das war sehr interessant, Gunnar. Ich hab das alles noch nicht gewusst.«

In guter Stimmung kehrten sie nach Hause zurück.

In der Küche begann Ebba auszupacken und förderte eine Reihe Plastikdosen zu Tage.

In kindlicher Erwartung löste Gunnar die Deckel. Rindfleisch, Zwiebelringe, Gewürze, Gurken …

Er strahlte. »Dass du daran gedacht hast.«

»Was wird das?«, fragte Mascha.

»Das wird Pothast, Leib- und Magenspeise unserer Kinderjahre. Wir werden jetzt eine Art Erinnerungskochen betreiben«, fügte er hinzu, »und du kannst inzwischen hinüber ins Wohnzimmer gehen und dich ausruhen.«

Ohne zu widersprechen, ging Mascha ins Wohnzimmer und legte sich auf das Sofa.

»Wir sind ausgeschlossen«, sagte sie zu Asta, die zu ihr kam und sich den Kopf kraulen ließ.

Wie gut, dass die Hündin erst ins Haus gekommen war, nachdem Ebba ausgezogen war. Nicht auszuhalten, wenn sie sie ebenso ignorieren würde, wie Gunnar es tat, und hinter Ebba herwedelte, anstatt der neuen Herrin zu folgen.

Tapfer kämpfte diese mit der Versuchung, sich in den Flur zu schleichen und den Gesprächen in der Küche zu lauschen.

Im Moment zeigte lautes Zischen, dass das Fleisch angebraten wurde. Gleich darauf zogen verführerische Düfte nach Pfeffer, Lorbeerblatt und Nelken durch das Haus.

»Tu es nicht«, befahl sie sich, hatte das Sofa aber bereits verlassen und tastete sich den dunklen Flur entlang.

Die Küchentür war nur angelehnt. Munteres Klappern zeigte an, dass die gemeinsame Kocherei in vollem Gang war.

Durch die Geräusche hindurch hörte sie Gunnars Stimme.

»Hast du mal von ihr gehört?«

Ebbas Stimme ging in erneutem Zischen unter. Zwiebelgeruch erfüllte den Flur.

»Ein paar Mal telefoniert … wieder zusammen.«

Gunnars Stimme verriet mühsame Beherrschung. »Seit wann denn?«

»Ich glaube, gleich nach eurer Trennung … Und wann hast du sie zuletzt …?«

»Wir haben kürzlich telefoniert.«

Mascha zog sich zurück.

Der Stich ins Herz hatte wehgetan, aber er hatte auch eine Erkenntnis gebracht.

Gunnar und Vanessa schienen noch in Verbindung zu stehen.

Die Spuren im Haus hatte Mascha getilgt. Zwei Pappkartons voller Erinnerungen waren bereits auf die Müllhalde gewandert.

Das Bild im Kopf blieb.

20

Esther Vlies

Gunnars Wahn, sich gegen echte und eingebildete Feinde verteidigen zu müssen, war Mascha von Anfang an aufgefallen.

Aber die Lust, mit der er Autos abschleppen ließ und Liebespaaren mit der Frage, was sie denn hier zu suchen hätten?, ins Gesicht leuchtete, war nichts im Vergleich zu dem Hass, mit dem er Esther Vlies verfolgte.

Die historische Mühle hatte in den letzten Jahren verschiedene Besitzer über sich ergehen lassen müssen.

Zuletzt hatte sie einem Makler gehört, der sich jedoch mit den Instandsetzungskosten übernahm und gezwungen war, das halb renovierte Gebäude an einen finanzkräftigen Unternehmer aus Düsseldorf zu verkaufen.

Ralf Renner hatte die Mühle als Wochenendsitz genutzt, war der Romantik jedoch rasch überdrüssig geworden. Bereits nach wenigen Jahren konnte er sich nicht mehr daran erinnern, was, zum Teufel, ihn eigentlich zum Kauf bewogen hatte.

Die nächste Besitzerin war die Schauspielerin Esther Vlies. Esther war die Heldin der Serie *Rheinschloss*, deren fünfhundertste Folge gerade ausgestrahlt wurde. Sie war die Lieblingssoap der Unternehmergattin gewesen, aber das hatte bei dem Verkauf nur eine Nebenrolle gespielt.

Tatsache war, dass Esther Vlies die Konkurrenz lässig aus dem Feld schlug und mit jenem zauberhaften Lächeln, mit dem sie im Film die zahlreichen Gäste ihres Schlosses zu begrüßen pflegte, andeutete, dass in der Mühle für die ehemaligen Besitzer immer ein Raum reserviert sei.

»Menschen wie Sie haben schließlich dazu beigetragen, dass Denkmäler dieser Art erhalten bleiben. Ich versichere Ihnen, dass alles so bleibt, wie es ist.«

Die Tradition zu wahren, war tatsächlich Esthers Wunsch gewesen, aber sie merkte schnell, dass die Mühle und sie nicht recht zueinander finden wollten. So wie sie war, passte sie nicht zu ihr und noch viel weniger passte sie zu ihren Gästen.

Anstatt Esther zu ihrer Neuerwerbung zu beglückwünschen, die Originalität der tortenförmigen Zimmer zu bewundern und sich mit Eifer die Wendeltreppe emporzuwinden, um durch die winzigen Fensterchen hindurch einen Blick über die Wiesen zu werfen, fanden sie das alte Gemäuer dunkel und unbehaglich und schilderten detailliert die Bauweise der lichtdurchfluteten Häuser, die sich TV-Kollegen auf Mallorca gebaut hatten, Häuser, in denen Fliesen aus Terrakotta, Blicke aufs Meer und echte Palmen tragende Rollen spielten.

Der Blick aufs Meer würde Esther immer versagt bleiben, aber sie konnte das Durcheinander von Moorbirken, Kiefern und Hortensien, das dem zauberhaft verwilderten Garten das Gepräge verliehen hatte, beseitigen und ein Zypressenrondell anlegen lassen, das jedem Besucher das Gefühl vermittelte, sich in der Toskana zu befinden.

Hinter den Zypressen entstand ein Swimmingpool, obwohl das Klima selten zu einem Badevergnügen einlud, aber die breiten Marmorstufen, die in den Pool führten, und die Wasser speienden Steinstatuen, die sämtlich Amor darstellten, vertieften den südländischen Eindruck.

Nachdem die Gäste, die zur Einweihungsparty gekommen waren, am nächsten Morgen ihre im Wald abgestellten Autos nicht wiederfanden, weil sie dank Gunnars Einschreiten abgeschleppt worden waren, ließ Esther die Wiese hinter dem Haus asphaltieren, um einen privaten Parkplatz zu schaffen.

Infolgedessen fuhren neuerdings in den Abendstunden Esthers

Gäste die Allee hinauf und hinunter, hupten einander zu oder hielten an, um miteinander zu plaudern.

Dies nährte in Gunnar den Verdacht, dass Esther Vlies die gesamte Gegend einschließlich der Allee als ihr Eigentum zu betrachten schien.

Gunnar war gezwungen, die Bastmatten durch einen zwei Meter hohen Sichtschutz zu ersetzen, und konnte doch die Magenschmerzen nicht verhindern, die ihm sein Anblick verursachte.

Die schlaflosen Nächte, in denen er wach lag, um die Autos zu zählen, die an seinem Haus vorbeifuhren und deren Scheinwerfer gespenstisch an der Stubendecke entlanggeisterten, waren jedoch nichts gegen den Hass, der ihn beim Anblick der Aussichtsplattform überfiel, die Esther auf dem Mühlendach errichten ließ.

Die Plattform wirkte wie ein überdimensionales Storchennest und wurde von einem kleinen Türmchen gekrönt.

Es hatte schießschartenartige Fenster und ein spitzes Dächlein, auf dem sich knarrend eine Fahne drehte. Das Türmchen war ein putziges Ding und zu nichts anderem nütze, als die Mühle zu verschandeln und Gunnar Giersch einen weiteren Gallenstein zu bescheren.

»Ich möchte nicht wissen, mit wie vielen Kerlen sie geschlafen hat, um die Genehmigung für diesen Unfug zu erhalten«, eiferte er sich. »Sie kann mir von oben in den Garten gucken und überhaupt die ganze Gegend beobachten.«

Mascha glaubte nicht, dass Esther Vlies Interesse daran hatte, ausgerechnet Gunnar Giersch zu beobachten, obwohl sie die prominente Nachbarin natürlich um ihren Aussichtsposten glühend beneidete.

Wahrscheinlich war Esther einfach der Ansicht, dass das Türmchen die aus der Mode geratene Mühle interessanter mache, und das Domizil in der Werteskala ihrer Freunde einen besseren Platz erreichen könne.

Aber Mascha hatte sich angewöhnt, eine gegenteilige Meinung für sich zu behalten. Wenn sich Gunnar in einer gewissen Stimmung befand, war es besser, ihm zuzustimmen.

»Vielleicht bekommst du jetzt die Zusage für den Anbau«, lenkte sie ab, »nachdem die Stadt die Verschandlung eines historischen Gebäudes gestattet hat.«

Gunnar hatte vor Jahren einen Antrag zum Bau eines Ateliers gestellt und jahrelang um die Genehmigung gekämpft.

Durch das Atelier hätte er vor sich selbst zum Künstler avancieren können, und vielleicht wäre er in der Gegend als ein solcher anerkannt und nicht länger als »Heuschreck« belächelt worden. Aber in letzter Instanz war sein Antrag abgelehnt worden. Ein Künstleratelier, teilte ihm ein Heino Hoffmann vom Bauamt mit, zöge unweigerlich Interessenten an, die den Frieden des Naturschutzgebietes störten.

Esther Vlies' Gäste dagegen waren keine Interessenten und konnten somit den Frieden auch nicht stören, selbst wenn sie bis in die frühen Morgenstunden hinein Partys feierten.

Unglücklicherweise schien außer Gunnar niemand Esthers bauliche Maßnahmen und den Strom der Gäste zu bedauern, wie der misslungene Versuch einer Unterschriftensammlung bewies.

Eine bekannte TV-Darstellerin in der Gegend zu haben, war uneingeschränkt positiv, und vielleicht ergab sich durch diese Tatsache sogar eine Wertsteigerung des eigenen Anwesens.

Nachdem die Aktion keine Resonanz gefunden hatte, rief Gunnar Herrn Hoffmann vom Bauamt an und erkundigte sich in süffisantem Ton, wie es möglich sei, dass ein zur Gartenseite geplanter Anbau auf Ablehnung stieße, während dem Antrag auf eine weithin sichtbare Aussichtsplattform nebst Türmchen stattgegeben werde.

»Wir haben keinem Antrag stattgegeben«, gab Heino Hoffmann ebenso süffisant zurück, »denn es liegt keiner vor.«

»Dann wird es also einen Abriss geben«, sagte Gunnar, wobei ihm Zuversicht und Schadenfreude gleichermaßen das Herz erwärmten.

»Aber sicher«, antwortete Heino Hoffmann ironisch.

Das Türmchen auf der alten Mühle, die er so gut wie niemals sah und das ihn aus diesem Grund auch nicht störte, hatte ihm zum Ausbau des Dachgeschosses seines Reihenhauses verholfen, und ihm schwante, dass im Laufe der Zeit noch mehr herauszuholen sei. Mochte sich das Fähnchen auf dem Turmdach doch drehen ... Wenn er in den Rheinwiesen spazieren ging, erfüllte ihn der Anblick mit stiller Zuversicht.

Esther Vlies wurde für ihre Leistung als TV-Darstellerin sehr hoch bezahlt.

Gunnar Giersch hatte sein schönes Anwesen geerbt.

Er selbst hatte sich für ein simples Reihenhaus jahrelang abschuften müssen ...

Nein, es ging schon alles seinen Gang.

Stoisch, still und gerecht.

Die Tatsache, dass Esther Vlies die Gegend als ihr Eigentum ansah, auf niemanden Rücksicht nahm und sich wie ein Flächenbrand auszubreiten schien, verdarb Mascha den Sommer.

Die schönste Zeit des Jahres verlief nicht so friedlich, wie sie es sich vorgestellt hatten: langes Frühstück im Garten, ausgedehnte Spaziergänge und stille Abende auf der Terrasse.

Das Knarren der Fahnenstange und das höhnische Blinken der schießschartenartigen Fenster, hinter denen sich alles Mögliche verbergen konnte, führten dazu, dass es Gunnar nicht mehr gelang, sich auf seinem eigenen Grund und Boden zu entspannen.

Nachdem die Eingabe beim Bauamt nichts genützt hatte, ging er dazu über, Esther Vlies mit diversen Schreiben zu bedrohen und Tonbänder in ihren Briefkasten zu werfen, auf denen die Geräusche der knarrenden Fahnenstange verstärkt zu hören waren.

Esther reagierte indirekt, in dem sie sich einen Papagei namens Coco zulegte, der alsbald das verhasste Geräusch täuschend nachzuahmen verstand.

Anstatt einer einzigen Fahne schienen sich nun ein halbes Dutzend im Wind zu drehen.

Mit schmalen Augen und einem zum Strich verzogenen Mund nahm Gunnar diesen neuen Anschlag auf seine Rechte zur Kenntnis. Offensichtlich hatte Esther den Vogel darauf abgerichtet, den Nachbarn in den Wahnsinn zu treiben.

Um abzulenken, versuchte Mascha, Gunnar zu überreden, das Zeichnen von Interieurs wieder aufzunehmen, aber sobald sie das Thema streifte, fiel ihm der abgelehnte Anbau ein, und anstatt das Zeichenbrett hervorzuholen, bekam er einen Wutanfall.

Auch auf den Vorschlag, wieder einmal am Rhein spazieren zu gehen, ging er nicht ein. Er fühle sich in der weiten Landschaft von heimlichen Blicken verfolgt.

Lieber blieb er zu Hause, um Rachepläne auszubrüten, und verbrachte den Abend hinter der Gardine, wo er Strichlisten über die Zahl der Autos führte, die vorbeifuhren.

»In einer einzigen Stunde sieben Stück, die meisten mit aufgedrehtem Radio«, teilte er Mascha das Ergebnis seiner Bemühungen mit.

Insgeheim war sie der Ansicht, dass dies eigentlich nicht sehr viele waren.

Durch die Kastanienallee waren zur Abendstunde sicher mehr Autos gefahren, ganz abgesehen von denjenigen, die versehentlich in der Sackgasse gelandet waren.

Sie pflegten mit laufendem Motor anzuhalten, umständlich das Rondell zu umkreisen oder die Garageneinfahrt für ihre Wendemanöver zu nutzen.

Aber niemals wäre es Max Thorwald eingefallen, hinauszueilen und barsch zu fragen, was sie denn hier zu suchen hätten. Max interessierte sich mehr für die Frauen, die vielleicht am Lenkrad saßen, und wenn sie hübsch genug waren, so bot er seine Hilfe bei Rangiermanövern an.

Stand der Wagen erst wieder in Fahrtrichtung, so war gegen einen Drink an der Hausbar nichts einzuwenden.

Wenn sie abends hinter geschlossenen Fenstern im Wohnzimmer saßen, während draußen ein milder Sommerabend nach dem anderen ungenutzt vorüberzog, dachte Mascha des Öfteren darüber nach, auf welche Weise Max das Problem mit der neuen Mühlenbesitzerin gelöst haben würde.

»Vielleicht sollten wir Esther Vlies einfach einmal einladen«, schlug sie vor.

Gunnar bedachte sie schweigend mit einem viel sagenden Blick.

»Deine Psychologie ist unbezahlbar«, stellte er schließlich fest. »Wohin sollte ein solcher Besuch führen?«

»Zu besserer Nachbarschaft, denke ich.«

»Denkst du«, wiederholte er ironisch und hielt eine Schweigeminute für angebracht, um Mascha Gelegenheit zu geben, die Einfalt ihrer Gedanken zu erkennen.

»Er würde dahin führen«, gab er ihr schließlich zu verstehen, »dass Frau Vlies uns ebenfalls einlädt. Und dann dürfen wir mit ihren schillernden Freunden neben den Zypressen sitzen und Champagner schlürfen.«

»Besser, als mit dem Gewehr im Anschlag hinter der Hecke zu sitzen und auf den Abschuss zu warten.«

Sie spürte selbst die Schärfe in ihrer Stimme und entschuldigte sich. »Verzeih, es war nur so eine Idee.«

»Die deine geheimen Sehnsüchte verrät. Ich frage mich des Öfteren, ob du nicht besser bei deinem Playboy geblieben wärst.

Die Moonshinepartys am Pool und das erotische Knistern großer Geldscheine scheinen dir doch ziemlich zu fehlen.«

Und in ironischem Ton zitierte er den letzten Satz der Heiratsanzeige:

»… ein Leben nach dem Motto: Weniger ist mehr.«

Er betrachtete sie schweigend. »War das nicht einmal unser Traum?«

Mascha fühlte sich ertappt.

In der Tat hatte sie sich in den letzten Wochen hin und wieder nach Max gesehnt. Er wäre gleich am ersten Tag mit Esther in Kontakt getreten und hätte die Fahne persönlich gehisst.

Dann hätte er Coco ein paar Unanständigkeiten beigebracht – und schließlich wäre er mit Esther ins Bett gegangen.

Und sie hätte im Haus gesessen und auf seine Rückkehr gewartet.

Nein!

Sie strich sich mit der Hand über die Stirn und versuchte, Gunnar zu küssen.

Aber er wehrte ab.

»Ihr seid alle gleich«, stellte er fest.

21

Grübelfalten

An einem Abend, den sie wieder einmal hinter geschlossenen Fenstern verbrachten, rief Mascha bei Ebba an. Es war ihr nicht bewusst, dass sie bei Gunnars Schwester die Lösung des Rätsels suchte.

Vor sich selbst erhoffte sie sich nur ein wenig Ablenkung.

Ihr eigener Freundeskreis hatte sich zurückgezogen, nachdem die Einladung zum Casanova-Abend immer wieder angedeutet, aber nie wirklich ausgesprochen worden war.

Als sie Marleen zum letzten Mal besucht hatte, was nun auch schon mehrere Wochen zurücklag, hatte diese sich entsprechend ironisch verabschiedet: »Wir sehen uns ja bald mal bei dir.«

»Bestimmt!«

»Aber warte nicht, bis du Witwe bist. Männer wie Gunnar sterben nicht. Der Hass hält sie fit.«

Es dauerte eine geraume Weile, bis Ebba ans Telefon kam.

»Störe ich?«, fragte Mascha.

»Ich wollte gerade die Nachrichten hören.«

»Dann rufe ich besser später an.«

»Aber nein … Sicher liegt ein Grund für deinen Anruf vor.«

Auf diese direkte Anspielung wusste Mascha keine Antwort. Ebba lachte. »Gibt es Probleme? Feind in Sicht?«

Woher kannte sie sich so genau aus? Gunnars Schwester hatte eine beinahe unheimliche Einfühlungsgabe. Oder …

»Erfahrung«, beantwortete Ebba die heimlich gestellte Frage. »Aber komm zur Sache. Für Small Talk habe ich zu wenig Zeit.«

Mascha holte Luft. »Wir haben Ärger mit der neuen Besitzerin der alten Mühle. Sie passt nicht in die Gegend, hat das Haus mit einem scheußlichen Türmchen verunziert, eine Fahne gehisst und für unseren Geschmack zu oft Besuch. Sie scheint zu glauben, dass ihr die ganze Gegend gehört.«

»Dabei ist doch alles Gunnars Eigentum!«

Wieder lachte Ebba das helle Lachen, das nicht recht zu ihrer spröden Art zu passen schien.

»Aber ich kann dir den wahren Grund seiner Abneigung verraten. Es ist weder das Türmchen noch der viele Besuch.«

»Sondern?«

»Der Beruf!«

Mascha war erstaunt. »Gunnars Beruf?«

»Esthers Beruf! Esther ist Schauspielerin. Die Gäste von Ralf Renner haben ihn nie gestört.«

Maschas Hand zitterte ein wenig, als sie den Hörer auflegte. Natürlich! Hier lag der Schlüssel zu Gunnars Verhalten. Kam Vanessa nicht aus einer Schauspielerfamilie, die sich ebenfalls lachend über die Gefühle ihrer Mitbürger hinweggesetzt hatte? Die Menschen wie Gunnar gern mit Verachtung straften, und in seinem Beisein genüsslich die Federn spreizten, um sich anschließend zwitschernd in die Luft zu erheben?

Es war die alte Wunde …

Das muss eben erst heilen, sagte sich Mascha wiederholt.

Zwölf Jahre waren eine lange Zeit.

Ebenso überraschend, wie sie gekommen war, verschwand Esther Vlies von der Bildfläche.

In der Gegend munkelte man, dass Esther eine Finca auf Mallorca gekauft habe, die sie modernisieren und stilvoll umbauen wolle. Aus diesem Grund sei die Mühle »randvoll« mit Hypotheken belastet. Aber es gab auch Stimmen, die behaupteten, dass sie durch die Soap »Rheinschloss« so reich geworden war, dass sie sich zwei Landhäuser leisten könne und vielleicht irgendwann zurückkehren werde.

Gunnars Befürchtung, dass sie das Gut an Kollegen verkaufen und der ganze Zirkus ungehindert weitergehen könnte, bewahrheitete sich dagegen nicht.

Das Anwesen wurde in Esthers Auftrag von einem ruhigen Ehepaar mittleren Alters bewirtschaftet, und der Friede kehrte zurück.

Gunnar sprach bei den Schröders vor und bat um das Einholen der Fahne, deren sinnloses Flattern keinem mehr nütze. Der Bitte wurde widerstandslos stattgegeben.

Am Abend desselben Tages wurde Gunnar von Mascha mit einem festlich gedeckten Tisch erwartet.

»Der Spuk ist vorbei«, sagte sie launig, »lass uns feiern.«

Gunnar warf ihr einen aggressiven Blick zu. »Du wärst gern mitgegangen, was?«

»Wohin?«

»Nach Spanien.«

Maschas empörte Rechtfertigungsversuche wehrte er ab.

»Die Schröders halten übrigens zwei Hunde im Zwinger. Bleibt zu hoffen, dass uns das Bellen nicht krank macht.«

»Ich habe keinen Hund gehört.«

»Sie sind ja auch erst zwei Tage da!«

»Und warum sollten sie bellen?«

»*Ich sagte, bleibt zu hoffen, dass sie es nicht tun*«, sagte er scharf.

»Bis zu uns«, lächelte Mascha hilflos, »wäre es doch gar nicht zu hören!«

Über den Tisch hinweg funkelte er sie an. »Du *willst* mich nicht verstehen, was?«

»Ich möchte, dass du dich endlich entspannst.«

»Dann geh ich am besten hinauf!«

An der Tür drehte er sich noch einmal um. »Du erinnerst mich jeden Tag ein bisschen mehr an Vanessa. Mit der Falte über der Nase ähnelst du ihr sogar schon äußerlich.«

»Du hast doch mal gesagt, dass sie hübsch war.«

Er warf ihr einen verbitterten Blick zu. »Als sie hier einzog, war sie hübsch, aber dann verblühte sie rasch. Viele Frauen vernachlässigen sich, wenn sie erst mal versorgt sind. Das kann man immer wieder beobachten.«

Mascha ging ins Bad und betrachtete sich im Spiegel.

Die Falte über der Nase war neu.

Eine steile Grübelfalte, die ihrem Gesicht den Ausdruck resignierten Zorns verlieh.

Als sie zurückkam, lehnte Gunnar an der Treppe.

Im Halbdunkel war er kaum mehr als ein Schatten, und Mascha schrak zusammen, als sie seine Stimme hörte.

»Du hast versprochen, dich im Herbst nach einem Job umzusehen!«

»Ja, ich weiß.«

»Dann tu es endlich!«

Er stieg die Treppe hinauf und drehte sich auf dem Absatz noch einmal um: »Damit du auf andere Gedanken kommst!«

Frau Marquart vom Arbeitsamt schüttelte bedauernd den Kopf, und Mascha spürte, dass es ihr eigentlich völlig gleichgültig war, ob sie den Job bekam oder nicht. Es handelte sich um eine Halbtagsstelle im *Book-Center*, um die Mascha sich beworben, die aber letztlich eine Konkurrentin bekommen hatte.

»Im Center wird immer wieder mal was frei, ich merke Sie vor«, sagte Frau Marquart. »Haben Sie eigentlich schon mal an eine Umschulung gedacht?«

»Das werde ich tun«, antwortete Mascha und stellte fest, dass der Gedanke an ein Studium eher lästig war.

Seit dem Abend, an dem Gunnar sich geweigert hatte, den Abzug der gemeinsamen Feindin mit ihr zu feiern, und Streitgespräche provozierte, um eine Parallele zwischen ihr und seiner ersten Frau zu ziehen, konzentrierte sie sich fast ausschließlich auf Vanessa.

Sie wollte wissen, was zwischen Gunnar und ihrer Vorgängerin vorgefallen war, ob er beim Einschlafen den Arm um sie gelegt hatte und wann die Zärtlichkeit in Gleichgültigkeit, die Gleichgültigkeit in Abneigung, die Abneigung in Hass umgeschlagen war.

Wann hatte Gunnar gemerkt, dass er keine Frau, sondern eine Feindin im Haus hatte, wann war ihm das erste Indiz ihres Verrats in die Hände gefallen, und wie waren die Männer, mit denen Vanessa ihn betrogen hatte?

Anders als er?

Gunnar nahm die Nachricht der misslungenen Jobsuche zufrieden lächelnd zur Kenntnis, so, als ob er einen geheimen Sieg zu feiern habe.

»Ich scheine eine magische Anziehungskraft auf Frauen auszuüben, die sich gern von einem Mann versorgen lassen.«

Er nahm sie in die Arme und küsste flüchtig ihr Haar.

»Die letzten Monate sind scheußlich gewesen. Ich war oft ungerecht. Dafür möchte ich mich entschuldigen.«

Erstaunt sah sie ihn an.

»Ich möchte dich bitten, die Jobsuche nicht zu übertreiben. Es war ein Fehler, dich daran zu erinnern. Wir brauchen jetzt ein bisschen Zeit für uns. Bis« – er schob sie lachend von sich fort – »wieder eine neue Esther Vlies auftaucht und den Frieden stört.«

Sie nahmen die täglichen Rheinspaziergänge wieder auf, saßen anschließend am Kamin und hörten dem Herbstwind zu, der um das Haus strich.

An den Tagen, an denen Gunnar im Institut war, arbeitete Mascha im Haushalt und machte den Garten winterfest.

Sie gingen niemals aus, und Mascha vermied es, die längst fällige Einladung an ihre Freunde zu erwähnen, aus Angst, dass die Erinnerung an Partys aller Art den Frieden gefährden könnte.

Schließlich lebten sie so, wie es in der Anzeige beschrieben war: *Wo ist die Frau mit Sinn für »le petit bonheur« und ein Leben nach dem Motto: Weniger ist mehr?*

Überrascht stellte Mascha fest, dass dies eine Lebensart war, die tatsächlich ihren eigenen Wert besaß. Sie brachte Friede ins Haus und glättete die Zornesfalte auf der Stirn. Mascha konnte besser atmen als bisher, und wenn sie am Fenster stand und in den herbstlichen Nebel hinaussah, dachte sie, dass der Verzicht auf all das, was das Dasein angeblich lebenswert machte, wohltuend war.

Da sie niemals ausgingen, reichte das schmale Haushaltsgeld, das Gunnar ihr zahlte, auch für ihre persönlichen Bedürfnisse, das bisschen Hautcreme und ein wenig Wäsche und Kleidung.

Mascha ließ das Haar wachsen und steckte es im Nacken zusammen. Im Haus trug sie die weiten langen Kleider, die sie in der Truhe im oberen Flur gefunden hatte.

Angeblich sollte Ebba sie irgendwann einmal genäht, bei ihrem Auszug zurückgelassen und dann vergessen haben.

Gunnar fand es ganz in Ordnung, dass Mascha sie auftrug.

»Sie sind aus guten Stoffen, und sie halten noch ewig.«

Anstelle »literarischer Köstlichkeiten« wie frittierte Artischocken oder Elf-Stunden-Lamm ernährten sie sich äußerst einfach. Sonntags bereitete Gunnar manchmal einen Braten zu, von dem er für sich und Mascha je eine Scheibe abschnitt, ehe er den Rest einfror.

Unter der Woche begnügten sie sich mit Salat, Kartoffeln und Gemüse.

Sie aßen viel Obst. Obst war gesund.

Wein tranken sie nie, er schadete der Leber.

»Zweifel schafft Verzweiflung«, schrieb Mascha in die Kladde, in der sie Aphorismen und kluge Sprüche sammelte.

»Geh den Weg zu Ende.«

»Schau dich nicht um.«

»Lass das Grübeln.«

Vielfalt schaffte nur Verwirrung. Die Zeit ewigen Neubeginns war vorbei.

Sie saß am Fenster des Zimmers im ersten Stock und ließ den Blick über den Garten schweifen.

Die Landschaft, die dahinter lag, verschwamm im Nebel.

Auch Gunnar gelang es mit der Zeit, sich zu entspannen. Er saß wieder öfter im Atelier und zeichnete Interieurs.

Zimmer ohne Aussicht mit der Rückenansicht einer Frau.

Bilder, die auf geheimnisvolle Weise still waren.

Still und starr …

22

Kitsch und Kerzen

Der Herbst verging, und die Adventszeit kam.

Mascha legte die Einladung zur Nikolausfeier in der *Marotte* zu denen, die sie von Sonja und Chris bekommen hatte. Ihr lag nichts am Adventskaffee mit Klatsch und Kerzen.

Auch Max hatte sich gemeldet.

Er wollte seinen nächsten »runden« Geburtstag groß feiern.

»Ich lade alle Wegbegleiter und -begleiterinnen ganz herzlich zum großen Gelage. Es wäre schön, wenn Du und Dein neuer Lebensabschnittsgefährte ebenfalls kommen würdet. Am Ende werden all unsere ›Abschnitte‹ ja doch ein Ganzes ergeben.«

Wo hat er denn das gelesen?, dachte Mascha und warf die Einladung in den Papierkorb.

Auch auf die Einladung zu Evitas drittem Geburtstag, zu dem Chris »Tante Mascha und Onkel Gunnar« eingeladen hatte, reagierte Mascha mit einer Absage.

»Leider schaffen wir es zeitlich nicht …«

Chris startete daraufhin einen Angriff: »Gehe ich recht in der Annahme, dass ihr die Rückeinladung scheut?«, fragte sie am Telefon.

»Du gehst doch immer recht in deinen Annahmen«, antwortete Mascha und wollte das Gespräch mit einem kühlen »Grüß Friedholm!« beenden.

Aber Chris war noch nicht fertig.

»Ihr habt doch jetzt diese berühmte Schauspielerin in der Nachbarschaft, diese …«

»Esther Vlies!«

Mascha holte das manierierte Lachen aus der Versenkung, das in die erste Zeit mit Max gehörte. »Zur Zeit ist sie auf Mallorca, aber im Frühjahr werden wir uns wieder öfter sehen.«

Auch Chris lachte.

»Man landet doch früher oder später immer in denselben Kreisen«, stellte sie fest.

»Nur dass Esther um einige Klassen gebildeter ist als der Max-Thorwald-Clan, sonst hätte Gunnar die Bekanntschaft nicht toleriert«, gab Mascha zurück.

»Erinnert sie in Talkshows nicht ein bisschen an die Mutter von Verona Feldbusch?«, fragte Chris gespielt liebenswürdig.

»Das täuscht«, antwortete Mascha und legte auf.

Erregt lief sie im Zimmer auf und ab.

Das fehlte noch.

Einladung von Friedholm und Chris zum Champagnerfrühstück mit Hummersalat.

Rückeinladung im Hause Giersch zu Vollkornbrot und Magerquark.

Und zum Nachtisch der Spott in Chris Grünfelds Augen. »War es das, was du gesucht hast, Schwesterchen?«

Nein!!!

Blieb der Heilige Abend.

»Wird Ebba zu Weihnachten kommen?«, fragte sie Gunnar am vierten Advent, als der 24. Dezember näher rückte und die Frage unumgänglich wurde.

Er sah sie erstaunt an.

»Ich glaube nicht. Früher, als Ness … also ganz früher ist sie manchmal gekommen, aber seit etlichen Jahren feiert sie in der reformierten Gemeinde.«

Mit Erleichterung nahm Mascha zur Kenntnis, dass Ebba einer Gemeinde angehörte. Sie war also versorgt, nun konnte sie die Einladung zu Vilmas traditionellem Weihnachtstreff unbesorgt aussprechen.

Sie räusperte sich.

»Ich dachte, den Heiligen Abend wie stets bei meiner Mutter zu verbringen. Ebba wäre natürlich ebenfalls herzlich gern gesehen.«

Gunnar griff nach der Zeitung und vertiefte sich in den Kulturteil.

»So?«, fragte er.

»Aber wir beide gehen doch hin?«, fuhr sie eifrig fort. »Es ist ein traditioneller Familientreff, und wir sind … wir sind die Verpflichtungen wieder für einige Zeit los. Man kann ja nicht immer absagen«, fügte sie ein wenig atemlos hinzu.

Sie wappnete sich bereits gegen eine negative Antwort, aber Gunnar reagierte anders als erwartet.

»Gern«, sagte er.

»Wir machen«, fuhr Mascha erleichtert gegen die Zeitung anredend fort, »nachmittags einen schönen Spaziergang, trinken gemütlich Tee und fahren dann zu Mutters Weihnachtstreff. Gegen Mitternacht sind wir wieder zurück. Der erste und der zweite Feiertag gehören uns allein«, beendete sie ein wenig atemlos ihre Rede.

»Wo«, fuhr sie eifrig fort, »soll denn eigentlich der Baum stehen?«

Gunnar ließ die Zeitung sinken. »Welcher Baum?«

»Der Christbaum! Wo ist übrigens der Schmuck? Ich hab ihn schon gesucht.«

»Vanessa hat ihn mitgenommen.«

Empört sah Mascha ihn an. »Und das hast du zugelassen?«

»Ja!«

Er faltete das Blatt zusammen und warf ihr über den Tisch hinweg einen Blick zu.

»Mascha, wir haben in der letzten Zeit so friedlich zusam-
mengelebt. Ich bin bereit, den Heiligen Abend mit deiner Familie zu verbringen, obwohl ich sie, ehrlich gesagt, nicht sonderlich mag. Aber damit muss es genug sein. Den Zauber mit Baum
und Kerzen wirst du mir ersparen.«

Mascha schluckte. »Es ist doch so schön.«

Die gefürchtete Ader an Gunnars Stirn schwoll an: »Es ist alles andere als schön. Es ist Kitsch.«

»Und Geschenke?«, fragte sie zaghaft.

Wie zum Gebet legte Gunnar die Hände ineinander.

»Mascha«, er sprach begütigend wie zu einem Kind. »Wir haben alles, was wir brauchen, und ich fand diese sinnlose Hin-
und-her-Schenkerei schon immer peinlich. Es ist so anstrengend, immer wieder etwas heucheln zu müssen, das man gar
nicht empfindet. Wenn du mir wirklich eine Freude machen
willst, dann gehen wir am Heiligen Abend zu deiner Familie
und lassen es anschließend gut sein.«

»Also einfach so wie immer?«

Er stand auf, setzte sich zu ihr und nahm sie in den Arm.

»Ist unser tägliches Leben denn so schlecht, dass wir es durch
Heuchelei und falsche Gefühle aufwerten müssten?«

»Aber zu Hause sind wir es gewöhnt, Päckchen auszutau-
schen. Was soll ich ihnen denn …«

»Du solltest ihnen freundlich erklären, dass du mit dieser
Tradition brechen wirst. Oder hat dich das Geschenkeverteilen
jemals wirklich gefreut? War es nicht immer eher lästig?«

Das war es in der Tat.

Vor Maschas innerem Auge erschien das Apartment in Neu-
Ost.

Sie sah sich wieder auf den Matratzen sitzen und sinnlose
Dinge in goldgemustertes Papier wickeln: die »Schminktipps
für die reife Frau« waren sicher ebenso lieblos im Regal gelandet
wie die Europäische Literaturgeschichte. Und das Schlafhäs-

chen verstaubte neben seinen Genossen auf der Fensterbank des Kinderzimmers. Auch Friedholm hatte sich über die Steuertricks nicht halb so amüsiert gezeigt wie erhofft.

»Na, da kann man ja noch was lernen«, war der etwas lahme Kommentar gewesen.

Aber dennoch …

»Man sollte nicht mit allen Traditionen brechen«, gab sie trotzig zu bedenken.

Gunnar hob die Brauen. »Warum nicht?«

»Weil …«

»Weil?«

»Es könnte einen merkwürdigen Eindruck machen.«

»Was liegt daran?«

»Meine Schwester …«

»Seit wann bist du mit ihr liiert?«

»Und Mutter …«

»Liegt sie dir so am Herzen?«

»Ich geh … ich glaube, ich gehe ein bisschen an die Luft.«

»Du möchtest lieber allein gehen«, stellte er fest.

»Ja!«

»Die Gedanken sortieren?«

»Ja!«

Der Spaziergang tat gut.

Er brachte frischen Wind in die Gedanken.

Die letzten Monate waren wohltuend friedlich gewesen.

Gunnar hatte ihr erlaubt, das obere Zimmer einzurichten. Unter der Schräge stand nun ein gemütliches Sofa, vor dem Fenster der Mahagonitisch, der bisher im Wohnzimmer als Zeitschriftenablage gedient hatte. Davor ein Armsessel aus Gunnars Atelier. An diesem Tisch saß sie nun an nahezu jedem Nachmittag, ließ den Blick über die flache Landschaft schweifen und versuchte, die signalroten Dächer der Fertigbausiedlung und die wüste Schneise, die man in den Wald hineingeschlagen hatte, zu übersehen.

Man durfte Derartiges einfach nicht zur Kenntnis nehmen.

Im Grunde hatte sie sich nie so ruhig und zufrieden gefühlt wie in den letzten Wochen. Es ging ihr gut, und sie war sich dessen bewusst.

Ein einziges Mal waren ihr Zweifel gekommen, als sie im *Book-Center* nach einem Buch mit Gedichten gesucht und unvermutet Sonja getroffen hatte. Sonja hatte sie mit Freude umarmt, mit Neuigkeiten überschüttet und schließlich in die *Marotte* gelotst.

»Gehen wir doch auf einen Sprung zu Marleen.«

Als Erstes war ihr der Wintergarten aufgefallen.

In der Nacht hatte es Frost gegeben, und die Zwergkoniferen, der Ginster und der Bambus sahen wie verzaubert aus.

Marleen hatte den Hof mit bunten Kugeln und Strohkränzen geschmückt und Meisenringe in die Zweige der kahlen Birke gehängt. Das Gesamtbild glich einem Weihnachtsmärchen und war eine Überraschung für jeden, der die *Marotte* betrat.

Im Laden selbst war es gemütlich und warm. Es roch nach Tee und Zimtgebäck. Im hinteren Teil stand ein niedriger Tisch, an dem einige Frauen saßen und sich unterhielten.

Marleen stellte ihr die neue Kollegin vor: »Hille Hildenbrandt, das Beste, das auf dem Markt zu finden war. Stabil, gesund und bienenfleißig!«

Hille reichte Mascha lachend die Hand. »Wie schön, dass wir uns mal kennen lernen. Ich war so gespannt auf Sie.«

Mascha war ein wenig verlegen. »Warum?«

»Ich wollte wissen, wie eine Frau aussieht, die einen so tollen Job aufgibt.«

Mascha lächelte. »Wie jemand, der das Eigentliche gefunden hat.«

Hille legte den Kopf schief. »Das Eigentliche?«

Auch Marleen lachte. »Das Eigentliche heißt in diesem Fall Gunnar Giersch. Spezialist für Fliegenbeine.«

Sie unterbrach sich und legte wie um Entschuldigung bittend die Hand auf Maschas Arm. »Wie geht es dir?«

»Gut!«

Marleen nickte: »Ich glaub's dir sogar. Und weißt du auch, woher dein Wohlbehagen kommt? Du hast in letzter Zeit viel Energie verbraucht. Wer kränkelt, fährt zur Kur, isst Schonkost und trinkt Kamillentee. Aber wenn man wieder gesund ist, fährt man nach Hause, und es gibt wieder etwas Ordentliches zu beißen. Das heißt«, beendete sie ihre Rede, »man beginnt wieder zu leben.«

»Und was verstehst du darunter?«

Ohne es zu merken, wiederholte Mascha Gunnars Worte. »Leben ist doch wohl vor allem Beschränkung auf das Wesentliche.«

Marleen grinste. »Du sprichst wie ein indischer Guru ... was hast du eigentlich mit deinen Haaren gemacht?«

»Das siehst du doch, ich habe sie wachsen lassen.«

»Nach Art der Großmama?«

»Vielleicht war sie eine zufriedene Frau.«

Marleen nickte mit ernster Miene. »Bestimmt.«

Sie legte Mascha den Arm um die Schultern. »Auf jeden Fall würde ich mich freuen, wenn du wieder öfter vorbeikämst. Hier ist übrigens unser Programm für das nächste Frühjahr.«

Mascha spürte, wie das lahm gelegte Interesse zurückkehrte. »Lass mal sehen.«

Sie blätterte das Programm durch.

»Highlights im Frühjahr ...«

Groß aufgemacht, mit Foto: »Pete Pettow liest aus seinem Roman: Fuchs unter Hennen«.

Mascha hob den Blick: »Aha!«

Marleen lachte. »O nein!«

»Was stört?«

»Der Plural im Titel.«

Den Abend hatte Mascha damit verbracht, auf dem Sofa zu liegen und stumm in die Flammen zu starren.

Gunnar, der ihre Schweigsamkeit missverstand, hatte sich zu ihr gesetzt und sie in den Arm genommen.

»Da bist du nun den ganzen Nachmittag in der Stadt herumgelaufen und völlig erschöpft. Du solltest dich nicht so verausgaben. Am besten, wir gehen früh schlafen.«

Am 23. wurde Gunnar krank.

Es war etwas nicht näher Definierbares, kein erkennbares Übel, eher ein vages Unwohlsein. Ein Schwindel, gepaart mit Schwäche und schlechter Laune.

Einen Arzt lehnte er ab.

»Lass mich nur in Ruhe hier liegen.«

Mascha schlug vor, die Weihnachtsparty abzusagen, aber er hielt sie zurück.

»Es würde mir eher schlechter gehen, wenn ich euch den Spaß verdürbe. Geh auf einige Stunden hin und entschuldige mich, aber mach bitte kein Drama aus der Sache.«

Es fiel Mascha nicht leicht, die Tatsache, einen kranken Mann am Heiligen Abend einfach seinem Schicksal überlassen zu haben, zu bagatellisieren. Vor allem Vilma verfocht den Standpunkt, dass ein Mann, der redlich für seine Familie sorge, dies einfach nicht verdient habe.

Mascha versuchte, sich zu verteidigen. »Aber er hat es doch selbst so gewollt. Ich …«

»Du wirst nie verstehen, was ein richtiger Mann ist«, fuhr Vilma ihr über den Mund.

»Natürlich muss er den Helden spielen, aber ebenso selbstverständlich darf er erwarten, dass du sein großmütiges Angebot zurückweist.«

»Ich würde Friedholm nie allein zu Hause lassen«, sagte Chris und krallte sich, wie zum Beweis, an seinem Ärmel fest.

»Es könnte ja auch jemand kommen und ihn dir wegnehmen«, gab Mascha mit bebender Stimme zurück.

Sie rang nach Atem.

Noch keine Viertelstunde hier, und schon vibrierte die Luft.

Vilma hob beschwichtigend die Stimme.

»Wie dem auch sei, ich habe nur meine Meinung gesagt. Nun aber« – sie hob ihr Sherryglas und lächelte in die Runde – »Fröhliche Weihnachten!«

»Ich möchte erst noch etwas klarstellen!«

Mascha hatte Mühe, ihrer Stimme die nötige Festigkeit zu geben.

»Gunnar ist kein Mann der hohlen Phrasen. Wenn er gewünscht hätte, dass ich bleibe, hätte er es gesagt. Herrje« – ihre Stimme drohte zu kippen – »es geht doch nur um ein paar Stunden.«

»Und ich sage dir«, wiederholte Vilma, »es handelt sich um einen Test. Die wenigsten Männer können eine Schwäche zugeben. Vor allem in Notsituationen sagen sie selten die Wahrheit.«

»Laut Statistik lügt der Mensch täglich bis zu hundertmal«, hangelte sich Friedholm seitlich ins Thema hinein.

»Der Mensch lügt, sobald er den Mund auftut. Er tut es nicht aus Bosheit, er tut es aus Selbsterhaltungstrieb.«

»Die These kann ich nicht unterstützen«, gab Vilma zurück. »Euer Vater …«

»Manch einer hat gar nicht die Fantasie, verbal zu lügen«, fiel Chris ihr ins Wort. »Das sind dann die großen Schweiger. Sie lügen durch Weglassen von Informationen.«

Der Krater ihres Blicks saugte Friedholm förmlich in sich

hinein. »Diese Typen sind die Schlimmsten«, fuhr sie fort. »Man kann sie nicht festnageln.«

»Ehe wir mit dem Essen beginnen«, beendete Vilma das Thema und erhob sich, »möchte ich Maschas Verlobtem doch wenigstens ein frohes Fest und gute Besserung wünschen.«

Mascha registrierte ein ungutes Gefühl, als Vilma das Telefonbuch zückte und die Nummer wählte.

»Mutter, lass doch«, wehrte sie ab. »Gunnar liegt im Bett, und der Anschluss ist unten im Flur.«

»Vielleicht ist er ja gar nicht zu Hause«, sagte Chris und biss einem Schokoladenengel genüsslich den Kopf ab. »An Maschas Stelle wäre ich nicht allzu sicher.«

Alle schwiegen. Man hörte das Klicken der Tasten. Eine erwartungsvolle Unruhe lag über dem Raum.

Dann legte Vilma den Hörer zurück auf die Gabel und drehte sich um.

»Besetzt!«, sagte sie bedeutungsschwer.

»Vielleicht telefoniert er mit einer Dame, die ebenso allein herumsitzt wie er.«

Chris ließ dem Kopf des Engels genüsslich Rumpf und Flügel folgen.

»Ich weiß sogar, wie die Dame heißt«, gab Mascha zurück.

Chris lächelte so holdselig wie der Engel, den sie gerade verspeist hatte.

»Ach ja?«

»Ebba!«

»Ebba! Ein Name von Bedeutung.«

Theatralisch hob Chris die Arme und senkte grollend die Stimme.

»Ebba aber kam und nahm Rache ...«

Sie ließ die Arme sinken und fügte in normalem Tonfall hinzu: »Handelt es sich um deine Vorgängerin?«

Wie um sich zu schützen, legte Mascha die Hand an die Kehle.

Sie hangelte sich aus der Tiefe des Sofas und schenkte der Familie einen Rundumblick.

»Wenn ihr bereit wäret, das Thema zu wechseln und einen Augenblick zuzuhören, hätte ich euch etwas mitzuteilen.«

In die eintretende Stille hinein hörte man Chris kichern. »Die Botschaft einer späten Empfängnis.«

Mascha strafte sie mit einem vernichtenden Blick. »Gunnar und ich haben beschlossen, künftig auf Geschenke zu verzichten. Wir spenden das Geld der Kindernothilfe.«

»Spenden sind steuerlich absetzbar«, sagte Friedholm. »Heb die Quittung auf.«

Chris lachte: »Gibt's eigentlich auch einen Fond für abgehalfterte Gattinnen? Die leiden oft bitterste Not, ohne dass irgendwer Notiz davon nimmt.«

»Die haben sich ihr Elend doch wohl selbst zuzuschreiben«, sagte Vilma, »aber das ist kein Thema für den Weihnachtsabend.«

Sie holte das bekannte innige Festtagslächeln aus der Versenkung. »Beginnen wir mit dem Essen. Die Pute ist diesmal ganz ausgezeichnet.«

»Wisst ihr, dass der Truthahn der traditionellen Weihnachtsgans den Rang abläuft?«, fragte Friedholm. »Und der Karpfen ist völlig aus der Mode gekommen. In meiner Kindheit gab's immer Karpfen«, fügte er wehmütig hinzu.

Aber niemand interessierte sich für die Tradition in Friedholms Kindheit.

Als Mascha nach Hause fuhr, dachte sie, wie Recht Gunnar wieder einmal gehabt hatte.

Auf dem Rücksitz lagen die Geschenke, die sie mit dem üblichen gequälten Lächeln entgegengenommen hatte.

Der Seidenschal mit den Reitermotiven roch leicht nach Vilmas Parfüm, und die kleine Veilchenvase wäre ganz hübsch gewesen, wenn Chris sich die Mühe gemacht hätte, das Preisschild zu entfernen. Die Papierreste an der Vorderseite verunzierten das Geschenk und gaben zusätzlich einen deutlichen Hinweis auf die Lieblosigkeit, mit der es eingepackt worden war.

Bei dem Gedanken an den Kashmirschal, den Chris von Vilma bekommen hatte und der um einiges schöner war als die Seidenschlinge mit den Pferdeköpfen, spürte sie wieder das bekannte Gefühl der Zurücksetzung.

Mit dem gelben Badeanzug hatte es angefangen, und mit den Jahren hatte sich der Neid immer tiefer gefressen.

Die Berge unsinniger Geschenke würden, wenn sie sie aufgehoben hätte, inzwischen eine ganze Rumpelkammer füllen.

Und dann Mutters Art, einfach Gunnar anzurufen, obwohl sie sie eindringlich gebeten hatte, es nicht zu tun.

Und Chris' höhnischer Kommentar: »Vielleicht telefoniert er mit einer Dame.«

Mascha beschloss, dass dies das letzte Weihnachten gewesen sein sollte, das sie mit der Familie verbracht hatte. Im nächsten Jahr würde sie mit Gunnar allein feiern, das heißt, das Fest einfach ausfallen lassen.

Am nächsten Morgen ging es Gunnar besser.

Es war nur eine kleine Unpässlichkeit gewesen, aus dem Nichts aufgetaucht und ebenso rasch wieder verschwunden.

Zum Frühstück leerte er zufrieden die Müslischale und trank eine Tasse Tee.

Sie schwiegen.

Am frühen Morgen sprach Gunnar nicht gern. »Man muss doch nicht immer vor sich hin plappern.«

Mascha versuchte den gestrigen Abend zu schildern, aber noch ehe sie die Pointe anbringen konnte, dass dies nämlich der letzte Festakt seiner Art gewesen sei, hatte Gunnar das Gespräch beendet.

»Ich weiß, wie solche Abende sind. Gehen wir lieber ein wenig an die Luft.«

Am Nachmittag strich Mascha durch das Haus, landete in der Telefonecke und stutzte, als sie Gunnars privates Telefonbüchlein aufgeschlagen auf dem Tisch liegen sah.

Probehalber wählte sie die namenlose, mit einem Kreuzchen versehene Nummer.

»Giersch?« Die weibliche Stimme klang frisch und optimistisch.

Maschas Puls beschleunigte sich. Sie hatte das schizophrene Gefühl, sich selbst angerufen zu haben, als sei es ihre eigene Stimme, die den Namen Giersch in den Hörer rief. Wie ertappt legte sie die Hand auf die Gabel.

»Ich habe gestern Abend mit meinem Sohn telefoniert.« Gunnar lehnte im Schatten der Treppe.

Sein Ton war sehr ruhig.

Mascha fuhr herum. »Natürlich …«

»Ich denke, dass du nichts dagegen hast.«

»Natürlich nicht.«

»Er hat versprochen, uns im Sommer einmal zu besuchen.«

»Wie schön …«

Gunnar stieg die letzten Stufen zu ihr hinunter und nahm das Telefonbüchlein an sich.

»Ich habe schon danach gesucht!«

»Ich wollte es dir gerade hinaufbringen.«

Er lachte. »Das dachte ich mir.«

Der erste Feiertag ging friedlich vorüber.

Der Nacht folgte ein frostklarer Tag mit blauem Himmel und guter Sicht. Der Atem bildete kleine Wölkchen, als sie am Rhein entlanggingen und das Gras unter den Stiefeln brechen hörten. Sie machten einen langen Spaziergang, und anschließend ging

Gunnar ins Atelier hinauf und zeichnete die Flügeldecke des Hirschkäferweibchens.

Mascha saß an ihrem Schreibtisch und schrieb: »Das Geheimnis des Lebens ist, die Dinge sehr, sehr leicht zu nehmen.«

Sie hatte sich vorgenommen, künftig jede neue Woche unter ein bestimmtes Motto zu stellen.

Der zweite Feiertag verging ebenso still wie der erste.

Weihnachten im Hause Giersch hinterließ keinen Nachgeschmack, aber auch keine Erinnerung.

23

Ein neues Jahr

Auch Silvester fiel aus.

Natürlich war nicht damit zu rechnen gewesen, dass Gunnar Knaller kaufen oder die Allee in ein Feuerwerk verwandeln würde, aber den Jahreswechsel gänzlich zu übergehen, hielt Mascha für übertrieben.

»Ich kann nicht bis zwölf auf dem Sofa sitzen und lesen«, teilte sie Gunnar mit, »um dann bibbernd in der Kälte zu stehen und nach Raketen Ausschau zu halten, die andere in den Himmel jagen.«

Erstaunt sah er sie an.

»Wer spricht denn davon? Weißt du, was ich tun werde? Ich stopfe mir Ohropax in die Ohren und gehe wie gewöhnlich schlafen. In den letzten Jahren habe ich von dem ganzen Trubel nicht das Geringste mitbekommen.«

Gunnars Gewohnheit, die Außenwelt mittels Ohrstöpseln auszuschalten, hatte Mascha nicht teilen können. Wenn sie sich die Ohren zustopfte, hatte sie das Gefühl, dass ihr der Kopf dröhnte und die Geräusche in ihrem Inneren lauter waren als die der Außenwelt.

»Dann werde ich also mit Asta allein feiern«, sagte sie trotzig.

»Geh doch irgendwen besuchen«, schlug Gunnar vor. »Vielleicht steigt ja bei Grünfelds eine Party oder in eurer alten Stammkneipe.«

»Ich kann doch nicht auch noch an Silvester allein auftauchen«, gab Mascha heftig zurück. »Jeder würde denken, wir wären schon wieder auseinander.«

»Wie katastrophal.«

In Gunnars Augen funkelte die Spottlust. Er nahm sie in den Arm. »Wann wirst du endlich aufhören, die Meinung anderer höher zu bewerten als deine eigene?«

Genüsslich stopfte er sich eine Pfeife, ein sicheres Zeichen, dass er sich außerordentlich wohl fühlte.

»Wer schlecht über dich denken will«, fügte er seinen Gedanken hinzu, »der tut es sowieso, und wer dir wohlgesonnen ist, der wird es auch bleiben, selbst wenn du einmal im Jahr ohne deinen Mann ausgehst.«

»Vielleicht würde Sonja sich freuen, wenn ich auf eine Stunde zu ihr käme«, überlegte Mascha laut. »Gegen Mitternacht könnte ich wieder zurück sein.«

»Du kannst gern über Nacht bleiben«, lächelte Gunnar und hüllte sich in dichten Tabakqualm. »Hauptsache, du bist zum Frühstück wieder da.«

»Aber ich könnte gern gegen zwölf …«

»Ich würde es ja doch nicht merken«, sagte er.

Sonja zeigte sich von Maschas Anruf freudig überrascht.

»Wie schön, von dir zu hören, wie war Weihnachten?«

»Familiär!« Mascha war sicher, dass Sonja, die Vertraute aus früheren Zeiten, den ironischen Unterton aus ihrer Stimme heraushören würde, aber Sonja verstand die Anspielung nicht.

»Für mich auch«, sagte sie eifrig. »Max, Elga und ich haben ganz gemütlich zusammengesessen, schön gegessen und erzählt. Ach Mascha, letztlich ist die Familie ja doch das einzig Wahre.«

»Sind das deine neuesten Erkenntnisse? Ich hatte nicht den Eindruck, dass Elga und du viel miteinander anfangen konntet.«

»Ich hab ihr unrecht getan. Sie ist viel häuslicher, als es den Anschein hatte, und hat es geschafft, dass auch Max ruhiger ist als früher. Sie hatte sogar gekocht«, fügte sie hinzu.

»Ist ja toll!«

Mascha konnte den eifersüchtigen Unterton in der Stimme nicht ganz verbergen.

Sonja merkte nichts. »Und Silvester wollen sie auch auf die übliche Superparty verzichten. Elga hat ihre Mutter und einen verwitweten Onkel eingeladen, und ich geh auch hin. Ach Mascha, die eigene Familie ...«

»Das hast du schon mal gesagt.«

»Es ist ja auch doppelt schön.«

Mascha wechselte das Thema. »Was macht denn der Marotte-Club?«

»Ach, da geh ich kaum noch hin. Es war ja doch ein ... na ja, ein Ersatz. Vilma und ich haben uns ein paar Mal getroffen, aber dann ist die Idee wieder eingeschlafen. Elga ...«

Sie unterbrach sich. »Aber warum rufst du eigentlich an? Gibt's was Bestimmtes?«

»Nein, nur so«, wich Mascha aus. »Nur mal fragen, wie's geht, und im Voraus schönes neues Jahr wünschen.«

»Das wünsche ich dir auch, Liebes. Komm doch mal vorbei, und grüße deinen Mann. Wie hieß er noch?«

»Gunnar.«

»Also Gunnar! Kommt im Januar doch beide mal vorbei. Oder lieber zu Silvester? Max und Elga hätten bestimmt nichts dagegen.«

»Gunnar mag keine Partys, und ich selbst ...«

»Schade. Es ist wichtig, dass man beweglich bleibt. Nicht immer zu Hause hocken. Na, das müsst ihr selbst wissen. Auf jeden Fall werde ich Max von dir grüßen.«

Nachdenklich legte Mascha den Hörer auf. Woher kam dieses bittere Gefühl? Sie hatte Sonja besuchen wollen und Jubel erwartet und stattdessen zur Kenntnis nehmen müssen, dass Sonja etwas vorhatte. Was war daran so ungewöhnlich? Schließlich war ein ganzes Jahr vergangen, ohne dass sie sich ein einziges Mal bei ihr gemeldet hatte.

Als sie später an ihrem Schreibtisch saß und über das Erlebnis nachdachte, wurde ihr bewusst, woher die Bitterkeit kam: Es war das Gefühl der Ausgeschlossenheit.

Aber ausgeschlossen wovon?

Der letzte Tag des Jahres war kalt und regnerisch.

Schon nachmittags um vier wurde es dunkel. Etwa zur gleichen Zeit begann Gunnar zu kränkeln.

Es war derselbe Zustand wie zu Weihnachten: Eine nicht näher erklärbare Schwäche, verbunden mit Schwindel und Übellaunigkeit.

»Ich glaube, ich gehe Anfang Januar doch mal zum Arzt, einen Check machen lassen«, teilte er Mascha mit tonloser Stimme mit.

Vielleicht wärst du bei einem Psychologen besser aufgehoben, dachte sie. Diese Feiertagskränkelei ist nicht normal, zumal die gefürchtete Feierlichkeit ja gar nicht stattfinden wird.

Laut sagte sie: »Ich werde auch hingehen. In unserem Alter« – sie versuchte zu lachen – »sollte man allmählich vorsichtiger werden. Leg dich am besten ein bisschen auf das Sofa«, fügte sie hinzu und schleppte in gespielter Fürsorglichkeit Decken und Kissen herbei.

In der Küche überlegte sie, was sie nun mit dem geplanten Festmenü machen sollte. Den Krabbensalat würde sie allein essen, alles andere konnte sie einfrieren.

Sie holte die Plastikdosen aus dem Regal, drückte Fleisch, Gemüse und die bereits vorbereitete Farce hinein und verstaute alles in der Gefriertruhe. Die Truhe stand im Keller, hatte riesige Ausmaße und war offensichtlich seit Jahren nicht abgetaut worden. Eine dicke Eisschicht bedeckte die Wände. Im unteren Bereich befanden sich Dosen älterer Jahrgänge, die längst hätten entsorgt werden müssen. Sie waren säuberlich etikettiert und mit Daten versehen. Der 31.12. kam gleich dreimal vor.

Mascha fühlte Übelkeit, als sie an den Inhalt dachte: Zu Stein gefrorene Fleischbrocken, von Gefrierbrand überzogen.

Sie schlug die Kellertür hinter sich zu, ging in die Küche zurück und griff hinter das Regal nach der Wodkaflasche. Der schnelle Schluck zwischendurch gehörte auch zu den Dingen, die im neuen Jahr geändert werden mussten. Es war eine neue Gewohnheit, und bestimmt keine gute.

Aber die Wärme, die sich in ihrem Inneren ausbreitete, war wohltuend.

Mascha hatte vorgehabt, bis zehn Uhr bei Gunnar zu sitzen, zu lesen und es sich, so gut es ging, gemütlich zu machen, ehe sie in der *Marotte* vorbeischauen wollte. Sollte sie ein paar ihrer alten Bekannten treffen, würde sie über Mitternacht bleiben, sonst gleich wieder nach Hause fahren. Marleen hatte sich zwischen den Jahren mit einem typischen Marotte-Präsent in Erinnerung gebracht. Per Post ließ sie Mascha und Gunnar eine Flasche Rotkäppchensekt und eine Prachtausgabe der Grimm'schen Märchen zukommen.

Die Geschichte *Rotkäppchen und der Wolf* war mit einem goldenen Sternchen markiert. »Tipp!«

Auf das beigefügte Kärtchen hatte sie geschrieben:

»Für einen tierisch gemütlichen Abend, Marleen.«

Anstatt das empfohlene Märchen zu lesen, vertiefte sich Mascha in die Geschichte der Braunkohlegewinnung am Niederrhein. Auf ihrem nächsten gemeinsamen Spaziergang mit Ebba wollte sie ein Gesprächsthema haben.

Aber sie konnte sich nicht konzentrieren.

Das Silvestermenü der Vorgängerin, inzwischen grau wie ein Relikt aus prähistorischer Zeit, geisterte ihr durch den Sinn. Hatte Vanessa, ebenso wie sie, am Silvestermorgen in der Küche gestanden und gutgläubig und zukunftsfroh Fleisch und Gemüse in Scheiben geschnitten, um am Abend alles im ewigen Eis zu versenken? Hatte ihr irgendetwas den Appetit verdorben?

Und war Gunnar schon immer ein Spielverderber gewesen?

»Ich habe«, begann sie, vorsichtig gegen den Kissenberg anredend, »in der Truhe alte Gefrierdosen entdeckt. Ich finde, man sollte sie einmal entsorgen und das Gerät gründlich reinigen.«

Verwirrt tauchte Gunnar aus der Versenkung auf.

»Unbedingt«, stimmte er eifrig zu. »Ich hab sie jahrelang vollkommen vergessen, weil ich von dieser Vorratswirtschaft ohnehin nichts halte. Man sollte nur so viel kaufen, wie man verbrauchen kann. Der Gedanke, Fleisch zu essen, das monatelang eingefroren war, verdirbt mir den Appetit. Wir sollten uns von der Truhe trennen.«

»Ganz unten«, fuhr Mascha vorsichtig fort, »habe ich eine große Dose mit Cassoulet entdeckt. Das Etikett zeigt das Datum 31.12. ohne Jahreszahl.«

Sie versuchte zu lachen. »Sicher ein 31. Dezember vor hundert Jahren.«

Gunnar drehte sich auf den Rücken, verschränkte die Arme im Nacken, starrte die Decke an und schwieg.

Schließlich sagte er: »Ja und?«

»Ich dachte nur« – wieder lachte sie ein wenig zu schrill – »ob Vanessa das Silvestermenü zwar gekocht, dann aber wegen Unwohlsein des Gatten nicht aufgetischt, sondern eingefroren hat. Vielleicht« – sie suchte erfolglos Gunnars Blick – »ist sie mir näher, als ich dachte.«

»Es ist absurd, wenn du dich mit Vanessa in einem Atemzug nennst«, erwiderte er ruhig. »Erstens trennen euch Welten, und zweitens hatte Vanessa ihre eigene Vision von Haushaltsführung. Sie datierte nicht den Tag des Einfrierens, sondern das Datum, an dem der Kram gegessen werden sollte. Dieses Cassoulet hat sie sicher schon zu Ostern gekocht und dann für Silvester vorgemerkt. Schließlich hat sie es vergessen.«

»Aber das ist doch völlig unsinnig.«

Gunnar seufzte. »Es ist verrückt! Lass uns nicht mehr davon sprechen. In der nächsten Woche wollen wir alles entsorgen.«

Mascha hatte die Vorstellung von graugefrorenen Fleischklumpen, die dumpf einen Krater hinunterdonnerten.

»Wo entsorgt man so viel gefrorenes Fleisch eigentlich?«, fragte sie.

Aber Gunnar hatte die Augen geschlossen und antwortete nicht.

Der Vorsatz, bis zehn Uhr bei Gunnar zu sitzen, zu lesen und es sich gemütlich zu machen, ließ sich nicht in die Tat umsetzen, denn die Gemütlichkeit wollte sich nicht einstellen.

Mascha war unruhig, konnte sich nicht auf den Text konzentrieren und stand immer wieder auf, um im Zimmer auf und ab zu gehen.

Trotz des Kaminfeuers war es kühl im Raum. Die Schatten in den Ecken waren tiefer als sonst. Monoton prasselte der Regen gegen die Scheiben.

Gegen neun klappte sie das Buch zu.

»Ich glaube, ich fahre jetzt. Wenn nichts los ist, bin ich früh wieder da.«

Gunnar hob den Kopf. Er hatte die letzte Stunde damit verbracht, auf dem Rücken zu liegen und gegen die Decke zu starren.

Jetzt warf er die Kissen zur Seite und stand auf.

»Und ich geh ins Bett. Da erholt man sich am besten.«

»Soll ich noch mit hinaufgehen?«

Erstaunt sah er sie an. »Nein, warum?«

Asta trottete hinter ihr her und sah sehnsüchtig zu, wie sie in den Mantel schlüpfte und nach den Schlüsseln griff.

Beim Anblick der Heuschreckenzeichnungen an der Wand fiel ihr erneut die Kühltruhe im Keller ein.

Es war kein guter Abend, Zeit, dass sie unter Menschen kam.

Sie beugte sich zu dem Hund hinab.

»Ich kann dich nicht mitnehmen. Bleib schön bei Herrchen.«

Sie ging in die Küche und gab Asta einen Hundekuchen.

»Prost Neujahr.«

Es war ein schwacher Trost.

Asta schnappte den Leckerbissen und sah unverwandt zu ihr empor. Sie war ein geselliges Tier. Es war unverkennbar, dass sie nicht gern mit Herrchen allein blieb.

Hat auch wenig zu lachen, dachte Mascha, als sie die Tür hinter sich zuschlug und geduckt zu ihrem Auto lief. Die Polster waren kalt. Sie startete fröstelnd den Motor und fuhr die dunkle Allee hinunter. Die Scheinwerfer geisterten an den nackten Baumstämmen entlang. Der Scheibenwischer gab ein monotones Geräusch von sich. Der linke hakte ein wenig und brauchte stets einen kleinen Schubs, um wieder in Gang zu kommen. Die Wischblätter waren brüchig, sodass Schlieren zurückblieben, die die Sicht erschwerten.

Mascha atmete auf, als sie das Geschäftsviertel erreicht hatte. Hier waren Menschen unterwegs, Schaufenster zeigten die übliche Festdekoration. Das Licht der Straßenlaternen erschien ihr so hell wie nie.

Der letzte Abend des Jahres, dachte sie.

Das Fenster der *Marotte* war mit Sektflaschen, Luftschlangen und dem Konterfei des Schriftstellers Pete Pettow dekoriert.

»Zum Auftakt des Jahres: Pete Pettow liest.«

Daneben ein respektabler Stoß des neuen Buches *Fuchs unter Hennen*.

In Maschas Kopfkino erschien das Bild des lesenden Dichters in direkter Verbindung mit der Andacht in Marleens Gesicht ...

Hatte nicht diese Szene dazu beigetragen, dass sie heute in einem einsam gelegenen Haus wohnte, dessen Atmosphäre auf mysteriöse Weise von Romantik auf Grusel umschalten konnte? Oder hatte der gelbe Badeanzug ihrer Kindheit damit zu tun und der Zwang, ihrer Schwester immer wieder aufs Neue beweisen zu müssen, dass sie nicht weniger wert war als sie?

Mascha legte die Hände gegen die Schaufensterscheibe und spähte ins Innere des Ladens.

Kein Mensch zu sehen.

Ein paar Schritte weiter bog sie den Kopf in den Nacken und schaute in die Höhe. Aber in Marleens Wohnung brannte kein Licht.

Mascha zog fröstelnd die Schultern hoch.

Also wieder zurück?

Sie sah den regennassen Garten vor sich, das dunkle Haus und die stummen Zimmer.

Sie hörte den Atem des Mannes in der ersten Etage und den Wind im Kamin.

Im Keller vibrierte die Tiefkühltruhe.

Aus der Kneipe zum *Eck*, in der auch Marleen und sie regelmäßig verkehrt hatten, fiel ein warmer Lichtschein auf die Straße. Eine Gruppe angeheiterter Leute drängte ins Freie.

Mascha zwängte sich an ihnen vorbei und lief Marleen direkt in die Arme.

Marleen gab ihr einen Kuss auf die Wange. »Wo ist Gunnar?«

»Er kommt nach.«

Marleen zog die Brauen in die Höhe. »Das glaube ich dir nicht. Gib zu, dass der Herr Wissenschaftler keinen Anlass sah, das Sezieren eines Fliegenflügels zu vertagen, nur um Silvester zu feiern.«

Mascha schüttelte irritiert den Kopf. Sie war Sarkasmus dieser Art nicht mehr gewöhnt.

»Nein, er ist krank. Aber er gönnt mir das Vergnügen.«

Und mit einem Anflug der alten Ironie fügte sie hinzu: »Ich dürfte sogar über Nacht bleiben! Gunnar ist großzügig.«

»Oder ist es ihm egal?«

Mascha warf der Freundin aus alten Zeiten einen Blick zu: »Bist du heute nicht ein bisschen spitz?«

»Nur neidisch! Während ich den ganzen Tag im Laden stehen muss, hast du dir einen Mann und ein Landhaus geangelt. Ganz schnell, einfach so, im Vorbeigehen.«

Auch Hille war nun herangetreten und griff das Thema auf: »Es gibt inzwischen Hunderte von Ratgebern, was Frau alles tun muss, um doch noch einen zu erwischen, und du gehst einfach über die Straße und zack …«

Sie senkte verschwörerisch die Stimme: »Sag, Schwester, was ist dein Geheimnis?«

Mascha lachte: »Ich bin eben eine wunderbare Frau. Intelligenzler spüren das.«

Sie wandte sich um. »Übrigens, kann man hier auch sitzen?«

Und an Marleen gewandt: »Landfrauen haben immer geschwollene Beine.«

Marleen lotste Mascha an den Stammtisch und stellte vor: »Ihr alle kennt Mascha, die neue Aushilfe.«

Applaus.

Nach und nach erkannte Mascha die einzelnen Mitglieder der alten Clique. Außer Sonja und Vilma waren alle vertreten, die an dem Colette-Abend teilgenommen hatten.

»Mascha hat mir gerade verraten«, fuhr Marleen mit erhobener Stimme fort, »dass noch im Januar ein besonderer Abend steigen wird: Casanova im Hause Giersch. Ihr alle seid herzlich eingeladen.«

Sie warf Mascha einen Blick zu: »Stimmt doch, oder?«

Sie geht zu weit, dachte Mascha. Weder der Aushilfsjob noch der Casanova-Abend werden Gunnar gefallen.

Aber zu ihrer eigenen Überraschung strahlte sie in die Runde.

»Klar«, sagte sie.

24

Blutlecken

Am 15. Januar trat Mascha ihren Job als Aushilfskraft in der *Marotte* an. Hille Hildenbrandt hatte sich beurlauben lassen, weil sie umziehen und sich neu einrichten wollte. Sie hatte eine kleine Erbschaft gemacht und ein eigenes Häuschen am Stadtrand gefunden. Am Freitagabend verabschiedete sie sich.

»Wenn ich einen finde, der die Unkosten übernimmt, seid ihr mich auf immer los. Dann führe ich ein Leben zwischen Rosen und Jasmin.«

In der Tür drehte sie sich noch einmal um und lachte: »Sonst bin ich bald zurück!«

Nachdenklich sah Marleen ihr nach.

»Hille ist eine gute Kraft«, sagte sie, »aber leider ist sie von dieser typischen Unruhe befallen, die heute so viele quält. Als ich sie kennen lernte, wohnte sie mit ihrem Freund in einer gemütlichen Altbauwohnung mitten in der Stadt und hatte sich ein Leben aufgebaut, das wie maßgeschneidert passte. Aber ein langweiliger Winter, ein verpatzter Urlaub und die Gier nach Veränderung – schon wirft sie alles über Bord. Erst den Mann, dann den Freundeskreis und jetzt die Wohnung. Ich wette«, fügte sie hinzu, »ehe der Jasmin dreimal geblüht hat, zieht Hille zurück in die Stadt.«

Mascha lachte. »Früher war es der Hahn, der dreimal krähte!«

»Der Hahn wäre ihr auch lieber«, erwiderte Marleen, »aber leider ist er auch auf dem Lande so gut wie ausgestorben. Apropos …«

Sie griff sich ein Exemplar *Fuchs unter Hennen* und schlug es auf. »Wie findest du das Foto?«

Pete Pettow war live ein netter Durchschnittstyp, der an Charme gewann, wenn er lachte und eine Reihe regelmäßiger Zähne zeigte. Aus dem Foto blickte dem Betrachter ein Intellektueller entgegen, der als Einziger die Welt verstanden und kommentiert hatte. Die tiefen Furchen rechts und links der Mundwinkel erinnerten an Gunnar: das erschöpfte Gesicht eines Denkers.

»Ich hätte ein anderes Foto gewählt. Aber wie ist denn der Roman?«

»Leider wahr und verdammt gut!«

Marleen lachte. »Er handelt von einem jungen charmanten Autor, der ein einziges Problem hat: dass ihn die Frauen verfolgen. Dummerweise ist es nicht die knackige TV-Moderatorin, die ihn verfolgt, sondern die Fünfzigjährige, die angestrengt versucht, der TV-Moderatorin zu ähneln.

Mit der Zeit gelingt es ihm jedoch immer besser, die einzelnen Strategien zu durchschauen. Er kann sogar sagen, welchen Ratgeber in Sachen: ›Mir entkommt keiner‹ oder ›Endlich über Sechzig‹, die jeweilige Verfolgerin studiert hat. Dummerweise halten sie die Tipps aber nicht durch und lassen am dritten Tag erschöpft die Maske fallen. Dann werden sie zu der dümmlichen, streitlustigen, beleidigten Egomanin, die sie in Wahrheit sind.«

»Und wo ist der Krimi?«

»Ich glaube, am Ende killt er eine der Autorinnen. Nicht, weil sie dumme Bücher schreibt, sondern weil sie mit ihren ›tausend Tipps, einen Mann zu fangen‹ Auflagen in Millionenhöhe hat. Mordmotiv: Neid.«

Vor Maschas innerem Auge flatterten gelbe Badeanzüge, rote Kleider und schnelle Sportcabrios vorbei.

Die Spurensicherung wird gleich da sein! Mordmotiv: Neid!

»Klingt plausibel«, sagte sie.

»Pete eröffnet übrigens die Saison. Möchtest du die Ansage machen?«

»Ich werde gar nicht dabei sein.«

»Aber wieso nicht?«

Mascha grinste. »Ich hab doch einen Mann.«

Sie wandte sich um und ordnete die Neuzugänge ins Regal.

Die Arbeit war vertraut wie ein warmer Pullover. Zufrieden warf sie einen Blick auf die Straße.

Eine frische Brise ließ die Markise flattern, die Deckel der Mülltonnen schepperten leise im Wind. Vor dem Schaufenster liefen Schirme vorbei. Hin und wieder kippte einer sein Inneres nach außen, dann erschien eine Hand und hielt ihn fest.

Marleen stellte eine Kanne Tee auf das Stövchen und schnitt den Marmorkuchen auf, den sie mitgebracht hatte.

Mascha stand wie früher auf der Leiter.

Marleen reichte ihr die restlichen Bücher hinauf.

Mascha lächelte von oben herab.

»Es ist schön hier«, sagte sie.

»Hm-hm«, erwiderte Marleen.

Gunnar hatte Maschas Wunsch, im Januar arbeiten zu gehen, schweigend zur Kenntnis genommen.

»Und warum gerade die *Marotte*?«, fragte er schließlich.

»Weil Marleen einen Aushilfsjob anbietet. Immer wieder mal ein paar Wochen, wenn Hille ausfällt. So kommt man nicht aus dem Tritt, ohne einen vollen Job ausfüllen zu müssen.«

»Du gehst also einem Hobby nach«, stellte er fest. »Pflicht nach Lust.«

»Wenn du es so siehst.«

»Ich sehe es so. Partnerschaft, Haus, Garten, städtisches Leben und ländliche Romantik – alles nach Bedarf abrufbar. Der Mann natürlich auch«, fügte er hinzu.

»Sich glücklich fühlen ohne Glück, das ist Glück«, notierte Mascha am Abend des zehnten Januar in ihr Merkheft.

In der Zeitung hatte sie gelesen, dass der zehnte Januar zum Weltlachtag erkoren worden war.

Im nächsten Jahr, beschloss sie, würde sie diesen Tag feiern.

Aber wen sollte sie dazu einladen? Es würde schwer fallen, allein in der Küche zu sitzen und zu lachen.

Sie schloss die Augen und ließ die Reihe all derer, die sie kannte, Revue passieren. Sie marschierten brav an ihrem inneren Auge vorbei und warfen ihr unfreundliche Blicke zu. Niemand hatte das geringste Bedürfnis zu lachen.

Nur Marleen zog die Mundwinkel ein wenig nach oben.

Da Hille vorerst keine Neigung zeigte, zurückzukehren, ging Mascha von nun an täglich in die *Marotte*.

Das Berufsleben tat ihr gut.

Es war wie die Rückkehr ins normale Leben nach einer Zeit der inneren und äußeren Abkehr. Gunnars Haus erschien ihr wie ein Vakuum, in dem der Inhalt luftdicht verpackt darauf wartete, endlich verbraucht zu werden.

Am Abend war sie so erfüllt von ihren Erlebnissen, dass sie Gunnar mit dem Eifer eines Kindes davon erzählte.

Dieser registrierte diesen Zuwachs an Glück mit Unmut.

Schweigend hörte er Mascha zu. Irritiert nahm er die Lebendigkeit ihrer Stimme und den Glanz in ihren Augen zur Kenntnis.

»Die Veränderung scheint dir gut zu bekommen«, stellte er fest. »Vielleicht solltest du dich auch in Neu-Ost wieder einmal melden. Es ist ja möglich, dass einer dieser Wohnkäfige frei wird. Am besten, du lässt dich vormerken.«

Mascha erschrak über das Beben in seiner Stimme, das einen zurückgehaltenen Wutanfall verriet.

»Aber Gunnar«, versuchte sie ihn zu beruhigen, »ich liebe

unser Leben doch ebenso wie du. Meine Tätigkeit wird ja nicht von Dauer sein, und du bist doch auch im Institut gern unter Menschen.«

»Ich gehe nicht ins Institut, um gesellschaftlichen Verkehr zu pflegen und unsere abendliche Unterhaltung mit Anekdoten zu bereichern«, wies er sie zurecht, »sondern um unseren Lebensunterhalt zu verdienen. Am Abend möchte ich dann eine ausgeruhte Frau um mich haben, die sich auch einmal für meine Probleme interessiert.«

Mascha schluckte.

Seitdem sie wieder in die *Marotte* ging, hatte sie in der Tat höchst selten nach seinem Tag gefragt. Zu sehr war sie mit ihren eigenen Erlebnissen beschäftigt gewesen.

»Und was hast du heute so getrieben?«, fragte sie lahm.

»Ich glaube nicht, dass dich das interessiert.«

Gunnar erhob sich. »Ich geh noch ein Weilchen hinauf.«

Verletzt sah Mascha ihm nach.

Die letzten Abende hatte Gunnar ausschließlich im Atelier verbracht. Sie hatte auf dem Sofa gelegen, unkonzentriert in irgendwelchen Büchern geblättert und gefroren. Die Heizung war nur schwach eingestellt, und ein Kaminfeuer für nur eine Person in Gang zu halten, verbot sich von selbst.

Fröstelnd zog sie die Decke bis unter das Kinn.

»Du sehnst dich in dein früheres Leben zurück«, hatte Gunnar einmal gesagt, als er sie so daliegen sah.

»Früher waren zu viele Leute um dich herum und heute zu wenig. Du solltest dich endlich entscheiden.«

Aber das war es nicht.

Sie sehnte sich gar nicht so sehr nach Geselligkeit, sondern nach einem Fernseher. Die Bilder würden ein Gefühl von Zugehörigkeit vermitteln und die Einsamkeit vertreiben.

Nachdem Gunnar seine Arbeit an den Zeichnungen wieder aufgenommen hatte und ihr ein einsamer Abend nach dem anderen ins Haus stand, hatte sie diesen Wunsch einmal laut werden lassen.

»Ich kann einfach nicht immer lesen«, hatte sie argumentiert, »die Konzentration fehlt.«

»Weil du wie ein Kind querbeet liest«, hatte er geantwortet. »Hier eine Liebesschnulze, da ein Krimi. Ein Buch über Katzen folgt einem Buch über den Nil. Man liest aber nicht einfach so zum Spaß!«

»Sondern?«

»Man beschließt zum Beispiel, sich in diesem Winter intensiver mit dem Balkan zu beschäftigen, und sucht sich das passende Material zusammen. Dann studiert man Land und Geschichte systematisch. Nur so«, hatte er hinzu gefügt, »kommst du den Dingen auf die Spur, und die Lust nach dümmlicher Unterhaltung kommt gar nicht erst auf.«

In Gunnars Leben hatte es immer Themen gegeben, mit denen er sich intensiv beschäftigte. Im letzten Winter war es Litauen gewesen, in diesem die wechselhafte Geschichte Pommerns, die er bis ins Detail studierte. Er hatte Mascha für den Sommer eine Reise nach Mecklenburg-Vorpommern versprochen und bereitete sich mit Akribie darauf vor.

Mascha hatte sich an diesen Vorbereitungen bisher nicht beteiligt, da sie sich für das Land wenig interessierte. Sie wäre lieber in den Süden gefahren, aber da sie Gunnars Widerwillen gegen das Reisen an sich kannte, war sie froh gewesen, dass diesbezüglich überhaupt etwas geschah.

»Du kannst dir ja vorher einen Bildband ansehen«, hatte er, auf ihr Desinteresse anspielend, herablassend gesagt. »Pommern ist ein flaches Land mit vielen Seen.«

»Das weiß ich.«

»Dann bin ich beruhigt. Ich sage es nur, damit du das Alpenglühen nicht vermisst, wenn wir da sind.«

Sie sah ihn verwundert an.

»Oder dich nach einem anderen Mann sehnst.«

Sie atmete tief durch.

»Und wer sollte das sein?«, fragte sie schließlich.

»Einer, der dir etwas vorjodelt.«

Sie war inzwischen daran gewöhnt, dass Gunnars Aggressionen ohne ersichtlichen Grund aufflammen und verebben konnten. Sein Verhalten unterlag keiner Logik, und es war besser, die Stimmungsschwankungen zu übergehen.

Kurz nach zehn kehrte er aus dem Atelier zurück.

Seine Laune hatte sich gehoben.

Er zeigte ihr die Zeichnung, an der er seit einigen Wochen arbeitete und die heute Abend fertig geworden war.

»Diesmal ist es gelungen«, stellte er fest. »Es ist genau die Stimmung, auf die es mir ankam.«

Das Blatt zeigte den Ausschnitt eines Zimmers, ferner ein geschlossenes Fenster und die Aussicht auf kahle Felder unter einer dichten Wolkendecke. Schemenhaft war eine davoneilende Gestalt zu erkennen, die sich bald im Nebel verlieren würde.

Im Gegensatz zu der unwirtlichen Welt draußen wirkte das Zimmer behaglich und warm. Der Betrachter war geneigt, die davonstrebende Figur zu bedauern.

Mascha tippte mit dem Finger auf die Frau im wehenden Rock: »Und das soll ich sein?«, fragte sie.

Gunnar lächelte.

»Ich habe an Ebba gedacht«, sagte er. »Dich hätte ich von vorn gezeichnet, als eine Figur, die auf das Haus zueilt – bestrebt, zurück ins Warme zu kommen.«

Mascha zog fröstelnd die Schultern hoch. Punkt zehn Uhr schaltete die Heizung von »niedrig« auf »aus«. Es war klug, um diese Zeit im Bett zu liegen, ein Ritual, das Gunnar meist einhielt.

Da er guter Laune war, wagte Mascha einen Vorstoß.

»Hoffentlich wird die Frau nicht enttäuscht, wenn sie das Haus erreicht hat. So warm, wie erhofft, ist es nämlich nicht.«

Gunnar schenkte ihr einen nachdenklichen Blick.

»Du bist sehr verwöhnt«, stellte er fest.

Dann lächelte er. »Die Zeichnung ist so gut, dass ich sie noch ein wenig studieren möchte. Wir machen den Kamin an.«

Eifrig schichtete er das Holz auf den Rost.

Bald loderten die Flammen auf, es wurde gemütlich warm.

Erneut vertiefte er sich in das Blatt.

»Es war ein großer Verlust, als Ebba ging«, sagte er. »Ich konnte keinen Ersatz für sie finden. Mir fehlten ihre praktische Art, die Dinge zu regeln, und die geistige Anregung. Man konnte so gut mit ihr reden.«

Mascha schluckte.

»Wir müssen ja nicht so isoliert vor uns hin leben«, schlug sie vor. »Anregung gäbe es doch genug. Ich hatte einmal angedeutet, dass ich gern ein paar Freunde einladen möchte.«

Sofort ging er auf Abstand. »Das Casanova-Menü?«

Sie wagte ein Lachen.

»Oder das des Geizigen: Brotsuppe, Salat und ein Nachtisch aus geriebenen Zwiebäcken. Dazu ein kühler Trunk aus dem Kran.«

Erschrocken unterbrach sie sich. »Entschuldige. Es war nicht so gemeint.«

Anstelle einer Antwort, erhob sich Gunnar vom Sofa, legte die Hände auf den Rücken und begann im Zimmer auf und ab zu gehen.

»In diesem Haus«, sagte er schließlich akzentuiert, »sind immer gute Gespräche geführt worden. Mein Vater konnte wunderbar erzählen, und wenn es ihre Gesundheit erlaubte, war auch meine Mutter eine charmante Plauderin. Von Ebba gar nicht zu reden. Ich bin nie dahinter gekommen, wie sie es anstellte, dermaßen gut informiert zu sein. Sie ist eine der am besten informierten Frauen, die ich kenne. In Fragen von Wirtschaft, Ökologie und Politik konnte sie es stets mit jedem Mann aufnehmen.«

Er richtete seinen grauen Blick auf Mascha und fügte hinzu: »Das Haus Giersch benötigt keine albernen Rituale, um über die Runden zu kommen.«

Dann nahm er seine Wanderung wieder auf und teilte Mascha schließlich das Resultat seiner Überlegungen mit.

»Wir geben ein Essen mit mehreren Gängen, und ich hoffe, dass deine Freunde imstande sein werden, dasselbe auch ohne alberne Spielchen zu genießen.«

Mascha spürte deutlich, wie sich die Lust auf den Abend in Nichts auflöste.

»Und wenn nicht?«, fragte sie.

»Dann wird es sehr anstrengend werden«, sagte er.

25

Gutsherrenart

Nachdem er sich mit der Party abgefunden hatte, ging Gunnar generalstabsmäßig vor.

Nach dem Abendessen holte er Papier und Bleistift und sah Mascha fragend an.

»Also, wen möchtest du einladen?«

Sie lächelte. »Wir!«

Er legte den Kopf schief. »Wie?«

»Ich sagte, wen wollen *wir* einladen.«

Er legte den Bleistift nieder. »Also, dass eines klar ist«, stellte er mit erhobener Stimme fest, »dies ist deine Party, die ausschließlich dir zuliebe gegeben wird. Und ich möchte«, fuhr er mit schmalen Augen fort, »dass dir bewusst wird, dass ich guten Willens, aber keineswegs freudigen Herzens daran teilnehmen werde.«

Maschas Beklemmung, das Thema Party betreffend, nahm zu. Sie fühlte, wie der letzte Rest von Freude dahinschwand. Unter Gunnars Regie wurde aus einem harmlos-heiteren Ereignis eine todernste Sache mit Absturzgefahr.

»Wollen wir es nicht lieber ganz lassen?«, fragte sie. »Ich meine, wenn …«

Wie von Schmerz gepeinigt, schloss Gunnar die Augen.

Die Unentschlossenheit der Frau, mit der er doch immerhin bereit war, Haus und Leben zu teilen, war unerträglich. Ein weniger geduldiger Mann als er hätte längst die Segel gestrichen.

Erschöpft richtete er seinen Blick gegen die Zimmerdecke,

verweilte dort sekundenlang und kehrte dann zu Mascha zurück.

»Also bitte«, brachte er mühsam beherrscht hervor, »die Gästeliste. Wenn du dich jetzt ein wenig konzentrieren würdest.«

Mascha räusperte sich.

»Ich möchte Marleen einladen«, sagte sie tapfer.

»Marleen!«

Sorgfältig notierte Gunnar den Namen.

Er hob den Blick. »Und?«

»Ja und …«

Mascha versuchte, sich zu konzentrieren, aber etwas war durcheinander geraten.

Sie hatte vorgehabt, einfach die Colette-Runde einzuladen. Es war ein so heiterer Abend gewesen, den sie in ihrem neuen Zuhause, an der Seite ihres neuen Mannes, hatte wiederholen wollen. Sie sah die Bilder deutlich vor sich: eine interessante Gesprächsrunde, ein schön gedeckter Tisch, ein aufmerksamer Gastgeber und im Hintergrund ein loderndes Kaminfeuer.

Ein Gesamtkunstwerk hatte es werden sollen: heiter, stilvoll und – Neid erregend.

Aber der Abend in der *Marotte* war nicht wiederholbar.

Mike und Hardy wohnten nicht mehr in der Stadt, von Paul und Paulette war nur Paul übrig geblieben.

Sonja und Vilma schienen kaum noch in Verbindung zu stehen.

Gunnar klopfte ungeduldig mit dem Stift auf den Tisch.

»Nun?«

Mascha holte Luft.

»Hille und Marleen, Sonja und Paul und vielleicht Pete Pettow.«

»Wer ist das?«

»Ein junger Autor.«

»Woher kennst du ihn?«

»Er las verschiedentlich in der Marotte und hat eine Zeit lang dort gewohnt.«

»Bist du ihm verpflichtet? Ich meine, hat er dich einmal eingeladen?«

Mascha musste lachen. »Pete lädt niemanden ein.«

»Gestrichen. Für Schmarotzer ist in diesem Hause kein Platz.«

»Aber dann wäre die Runde zu klein«, gab sie zu bedenken. »Es ist ja kaum jemand übrig.«

»Keineswegs! Wir wollen doch die Familie nicht vergessen.«

Mascha war verwundert. »Die Familie? Also ob Ebba …«

»Ich hatte an Chris gedacht!«

Mascha war so erschrocken, dass sie sich mit der Hand an die Kehle fuhr.

»Nein!«

Sie geriet ins Stottern. »Ich meine, warum – warum sollten wir sie einladen?«

»Weil das Problem sonst in einigen Wochen wieder ins Haus steht. Im Zuge deiner eifrigen Familienpflege sind wir leider in einen gewissen Zwang geraten. Im allgemeinen Trubel wird deine anstrengende Schwester untergehen, und wir sind die Verpflichtung los.«

Mascha musste lachen. Dass Gunnar eine Acht-Personen-Party bereits als Trubel ansah …

Aber damit war das Problem nicht gelöst. »Und wenn sie uns wieder einlädt?«

»Dann sagen wir ab.«

Er lächelte. »Wir werden so lange absagen, bis sie es aufgibt.«

»Dann also auch meine Mutter«, stellte Mascha fest und fühlte, wie die Erschöpfung zunahm.

»Natürlich Vilma. Und Friedholm …«

Er grinste. »Wenn wir Pech haben, kommt auch Evita mit.«

Jetzt wurde es eindeutig zu viel.

Sie schob den Stuhl zurück und erhob sich. »Du nimmst mir jeden Elan. Ich hatte mich auf den Abend gefreut, aber jetzt ...«

Begütigend lächelte er sie an. »Du sollst doch nur begreifen, dass Gästebewirtung eine anstrengende Pflicht und kein Vergnügen ist. Vielleicht fällt es dir nach dieser Erfahrung leichter, künftig darauf zu verzichten und den Frieden des Hauses, nach dem du dich angeblich so sehr gesehnt hast, wieder zu schätzen. Das hieße natürlich«, fügte er hinzu, »dass du deinerseits künftige Einladungen absagst.«

Erschöpft starrte Mascha auf den Block, auf dessen liniertes Papier Gunnar mit peinlicher Akkuratesse die Namen der Gäste notiert hatte. Sie schaute auf den Stift, der rechts daneben lag, und auf Gunnars Hände, die beschäftigungslos auf der Tischplatte ruhten.

Schmale, weiße Hände mit bläulichen Adern.

Pete Pettows Lesung war ein so großer Erfolg und die Anhängerschaft, die sich anschließend um das Lesepult drängte, um ein Exemplar *Fuchs unter Hennen* signieren zu lassen, so zahlreich, dass Mascha nachträglich froh war, ihn nicht eingeladen zu haben. Entgegen Marleens Prophezeiungen, dass es sich bei ihm um eine Eintagsfliege handele, hatte Pete sich zum Kultautor entwickelt, dem die Damen zu Füßen lagen.

Er würde wohl kaum Lust haben, im Hause Giersch an einem ebenso freudlosen wie anstrengenden Essen teilzunehmen.

Im Gegensatz zu seinem ersten Besuch in der *Marotte* verabschiedete Pete sich diesmal auffallend rasch, ohne den Wunsch laut werden zu lassen, noch ein wenig bleiben oder gar in der *Marotte* nächtigen zu dürfen.

Im Hotel *Stadt Hamburg* war ein Doppelzimmer für ihn reserviert, und dass eine der jüngeren Damen ihm dorthin folgen würde, gehörte fortan zum Image.

Von Marleen verabschiedete er sich mit jener scharmanten Herablassung, die sein Markenzeichen war.

Er sah ihr direkt in die Augen und lächelte. »Ich glaube, wir zwei hatten mal eine Shortstory miteinander, wie gut, dass kein Roman daraus wurde.«

Marleen lächelte ebenso scharmant zurück. »Für einen Bestseller fehlte es an Format.«

Pete schenkte ihr das jungenhafte Lachen der Sympathieträger und warf die Tasche über die Schulter. In der Tür wandte er sich noch einmal um. »Ich wünsche dir Erfolg, Marleen. Er turnt ungeheuer an.«

»Ich weiß!«, sagte sie.

Nachdem der Shootingstar gegangen war, leerte sich der Laden schnell. Marleen, Sonja, Hille und Mascha blieben zurück.

»Also dann am Samstag, den ersten April, bei uns«, wiederholte Mascha ihre Einladung.

»Und bitte«, sie lachte, »nehmt es nicht als Scherz.«

Erfreut wurde die Aussicht, Haus und Hausherrn endlich in Augenschein nehmen zu dürfen, zur Kenntnis genommen.

»Also tatsächlich ein Essen im Landhaus Giersch, ich hatte es kaum noch zu hoffen gewagt.«

Marleen warf Mascha einen fragenden Blick zu. »Welches Motto?«

»Kein Motto. Nur ein Essen unter Freunden.«

Hille schenkte noch eine Runde Sekt aus. »Vielleicht ist es warm genug für eine Grillparty?«

Marleen lachte. »Eher eine Grillenparty. Zum Dessert Hirschkäfer an Johannisbeerschaum.«

Maschas bemühtes Lachen gelang nur unvollkommen. Sie räusperte sich. »Dieser Witz wird langsam schal, Marleen. Du hast ihn zu oft wiederholt. Aber« – sie machte eine Pause und fuhr dann mutig fort – »ich möchte euch etwas sagen. Gunnar ist nicht sehr gesellig. Er gibt den Abend ausschließlich, um mir eine Freude zu machen. Stellt euch bitte ein wenig darauf ein. Allzu lustig wird es vielleicht nicht werden.«

Und in das aufkommende Schweigen hinein fügte sie hinzu: »Ich sage es nur, damit ihr nicht enttäuscht seid.«

Sonja erhob sich und griff nach dem Buch, das Pete für sie signiert hatte.

Sie warf Mascha einen Blick zu. »Er ist wohl kein Fuchs unter Hennen?«

Mascha lächelte. »Glücklicherweise nicht.«

»Ich fürchte, er ist vieles nicht«, sagte Marleen.

Der erste April war ein kalter Tag mit Wind und Regenböen, die gegen die Fenster klatschten. Mascha registrierte dies mit Zuversicht. Das Wetter erhöhte die Aussicht auf ein Kaminfeuer. Die schön gedeckte Tafel vor dem flackernden Kamin würde dem Abend jenen ländlich-gediegenen Touch verleihen, der so Neid erregend war.

Bereits am Nachmittag deckte sie den Tisch: weißes, gestärktes Bauernleinen, schönes Porzellan, Kerzen und kleine Vasen mit Himmelschlüsselchen.

Und natürlich die großen weißen Leinenservietten, die so unpraktisch sind und die so viel hermachen.

Den Abend zuvor hatte sie mit dem Putzen des Silbers verbracht, das Gunnar plötzlich aus einem noch unentdeckten Winkel des Hauses hervorgezaubert hatte. Der mit Samt ausgeschlagene Kasten barg einen wahren Schatz an Messern, Gabeln, großen und kleinen Löffeln. Frisch poliert würden sie der Tafel zu jener Aussage verhelfen, die deutlich macht: Hier ist kein neureiches Getue am Werk, hier herrscht Tradition.

Mascha war hocherfreut über den unerwarteten Fund und badete sich bereits in der Gier, die den Ellipsenblick ihrer Schwester verdunkeln würde.

Mit ihrem Reihenhaus aus zweiter Hand würde sie auch diesen Konkurrenzkampf verlieren, und mit Friedholm, der gegen Landjunker Gunnar antreten musste, sowieso.

Mascha begann dem Abend zukunftsfroh entgegenzusehen. Es blieb jedoch noch eine unerwartete Hürde zu nehmen.

Sie musste es schaffen, das vielfach verschlungene V zu übersehen, das die Vorlegebestecke und Suppenlöffel zierte.

Einer diesbezüglichen Frage kam Gunnar zuvor.

Er drehte den schweren Löffel in der Hand, strich liebevoll über das V und schenkte Mascha ein versonnenes Lächeln.

»Das Besteck hat meine Großmutter zur Hochzeit bekommen. Sie hieß Vera.«

Mascha war überrascht. Sie dachte an das Familienalbum, in dem die Großmutter unter dem Namen Rosemarie vermerkt war.

»Wie viele Großmütter hattest du denn?«, fragte sie anzüglich.

Er schmunzelte. »Schon wieder misstrauisch?«

Dann wurde er ernst. »Nein, meine Großmütter heißen, wie du ganz richtig recherchiert hast, Rosemarie und Hildegard. Rosemarie hieß eigentlich mit Rufnamen Vera, ihr Mann, mein Großvater, hat aber den zweiten Namen vorgezogen. Meist nannte er sie Rosl.«

»Und warum fiel die Vera unter den Tisch?«

Gunnar zuckte die Achseln. »Vielleicht war ihm die Vera zu damenhaft. Vielleicht erinnerte der Name an eine unglückliche Liebe oder an eine Unerreichbare. Wer kennt sich in den Leidenschaften seiner Vorfahren aus?«

Wie immer die Dinge lagen, Mascha beschloss, dieser Großmutter, deren Name so unvermutet aus dem Nichts aufgetaucht war, aufrichtig dankbar zu sein.

Künftig würde sie alle Dinge, die Vanessas Monogramm aufwiesen, auf den Namen Vera beziehen. Sie würde der lange verblichenen Großmutter das bedeutungsvoll verschlungene V unterschieben und auf diese Weise ermöglichen, schöne Dinge zu behalten, ohne bei jedem Gebrauch das Räuspern Vanessas ertragen zu müssen.

Als sie die blumengefüllten Väschen auf den Tisch gestellt hatte und das Gesamtkunstwerk betrachtete, empfand Mascha jene Genugtuung, die einen überfällt, wenn man sich seines Sieges sicher ist.

Nachträglich erfüllte sie der Gedanke, Chris und Friedholm eingeladen zu haben, mit freudiger Zuversicht.

Der Anruf, drei Tage vor dem Fest, als Erinnerung an dasselbe kaschiert, hatte sie in Hochstimmung versetzt.

»Ich wollte nur noch einmal nachfragen. Schließlich habt ihr einen vollen Terminkalender.«

»Die Erinnerung wäre nicht nötig gewesen, Schwesterchen. Friedholm und ich denken seit Tagen an nichts anderes. Immerhin ist es das Ereignis des Jahres.«

»Vielleicht sogar das Ereignis eures Lebens.«

»Wie soll ich das verstehen?«

»Es ist durchaus möglich, dass es bei dieser einen Einladung bleibt. Gunnar liegt nicht allzu viel an banaler Geselligkeit.«

»Warum ladet ihr denn überhaupt ein, wenn es euch so wenig Spaß macht?«

»Aus Nächstenliebe«, sagte Mascha schlicht. »Dieses Haus ist so schön, der Blick in den Garten so zauberhaft, dass es eine Schande wäre, euch nicht daran teilhaben zu lassen. Dass ihr wenigstens einmal genießen könnt, was wir Tag für Tag vor Augen haben.«

26

Feind in Sicht

»Ich möchte euch alle in unserem Haus willkommen heißen!«
Jovial hob Gunnar das Glas und lächelte in die Runde.

»Wir haben, wie ich bemerken muss, einen gewaltigen Damenüberschuss, was zumindest ich nicht als störend empfinde.
Friedholm, wie siehst du das?«

Friedholm erwachte aus der Trance, in die er gewöhnlich verfiel, so lange das Wort nicht direkt an ihn gerichtet wurde.

»Ich sehe es genauso«, sagte er brav.

»Und du Paul?«

Paul lächelte. »Franzosen mögen Frauen.«

»Zu meiner Zeit«, mischte Vilma sich ins Gespräch, »wäre eine Tischrunde, die keiner genauen Gesellschaftsordnung entsprach, undenkbar gewesen. Aber nach dem Krieg sind einfach zu viele Frauen übrig geblieben.«

»Der Krieg ist glücklicherweise schon eine Weile vorbei«, lächelte Sonja, »aber der Frauenüberschuss ist geblieben. Wohin ich auch komme: Frauen, Frauen, Frauen. Da fragt man sich zuweilen, wo die Männer eigentlich sind.«

Marleen lachte. »Auf Friedhöfen, Flughäfen, Kriegsschauplätzen, in Fußballstadien und Hotels der Oberklasse findest du sie en masse. Geh morgens an die Rezeption eines Viersternehotels, und du wirst die einzige Frau unter lauter Männern sein. Allerdings«, fügte sie hinzu, »musst du den Anblick schnell in dich aufnehmen, denn in der Regel haben sie keine Zeit zum langen Verweilen. Sie eilen blicklos vorbei und verschwinden in jenen dunklen Kanälen, aus denen sie gekommen sind.«

»Seitdem die Forschung den Mann praktisch überflüssig gemacht hat«, mischte sich Gunnar ins Gespräch, »scheinen sich die Frauen durch Zellteilung zu vermehren. Aber wie gesagt, mich stört es nicht. Ich wünsche guten Appetit.«

Alle lachten.

Man begann zu essen. Das Menü war gut zusammengestellt: einfache Speisen, beste Zutaten, gut gekocht.

Es gab klare Bouillon, Romanasalat mit Shrimps, Poulet provençale, Basmatireis und zum Schluss eine Orangencreme.

Mascha hatte die Speisenfolge eine Woche zuvor mit Gunnar besprochen und das Menü probegekocht. Gunnar betrachtete den Abend als Generalprobe für das Essen, das er – vielleicht – im nächsten Winter für einige Kollegen aus dem Institut geben wollte.

»Ich möchte nur erst feststellen, ob wir lange genug beieinander bleiben werden, um den Reigen der Rückeinladungen zu überstehen. Ich möchte nicht noch einmal Gefahr laufen, absagen zu müssen, weil eine Frau mich verlassen hat.«

Verwundert hatte Mascha ihn angesehen.

»Ich dachte immer, du hättest Vanessa verlassen.«

»Was dachtest du?«

»Dass du Vanessa verlassen hast.«

»Ich sagte, ich möchte keine Einladung absagen müssen, weil eine Frau mich verlassen hat. Wo, bitte, steckt in diesem Satz Vanessa?«

Mascha war verwirrt.

»Du sagtest …«

»Es gibt Frauen«, unterbrach er sie, »die so lange eine Nachfolgerin wittern, bis sie sie haben. Du« – er lächelte ironisch – »gehst noch einen Schritt weiter, du kämpfst mit manischer Verbissenheit gegen den Schatten an der Wand.«

»Der Schatten an der Wand« war an diesem Abend nicht zugegen, die Stimmung war heiter und entspannt.

Gunnar schien sich bester Laune zu erfreuen, Mascha bemerkte dies mit Erleichterung. Auch Chris hatte offenbar nicht vor, die Klingen zu kreuzen. Sie hatte den schön gedeckten Tisch vor dem flackernden Feuer wohlwollend gemustert und sich bisher nur eine einzige spitze Bemerkung erlaubt. »Friedholm, du sitzt ungünstig, denn du blockierst den Blick auf den Kamin. Unsere Gastgeberin hat ihn eigens in Brand gesetzt, damit wir ihn bewundern.«

Und lachend hatte sie hinzugefügt: »Mascha, den Stachel des Neides hast du diesmal gut platziert. Ich spüre ihn deutlich.«

»Es schmeckt wunderbar«, lenkte Sonja ab. »Mascha, verrätst du das Rezept?«

»Ganz einfach, man teilt ein enthäutetes Poulet in vier Stücke, würzt sie mit Salz, Cayennepfeffer und Paprika, schmort alles leicht in Butter an, rührt Tomatenmark in das Fett und gießt mit Martini rosso auf. Leise köcheln lassen und mit Thymian abschmecken, das ist alles.«

»Es schmeckt nach einer ganz raffinierten Gewürzmischung.«

»Die Gewürze stecken im Martini. Es ist wirklich eine todsichere Sache, und bisher hat es jedem geschmeckt. Zum Schluss kann man noch einen Schuss Sahne an die Sauce geben, das rundet den Geschmack ab.«

»Ich werde mir das Rezept notieren«, sagte Sonja. »Gunnar, warum lachst du?«

Gunnar hatte das Besteck aus der Hand gelegt und lachte tonlos in sich hinein. »Ich bewundere Frauen, die so fabelhaft über das Kochen reden können, wie Mascha es tut. Wenn man sie sprechen hört, sieht man sie förmlich am Herd stehen und mit konzentrierter Miene Sahne in die Sauce rühren.«

Alle Blicke wanderten zu Mascha hinüber.

»Du hast es also nicht selbst gekocht?«, fragte Marleen.

»Ich …«, aber ehe sie weitersprechen konnte, fiel Gunnar ihr ins Wort. »Natürlich hat sie …«

Und zu Mascha gebeugt: »Entschuldige Liebling, ich wollte dich nicht in Verlegenheit bringen.«

»Dass eine Frau kochen kann, ist ja vielleicht nicht das Wichtigste.« Chris gelang es auf Anhieb, den falsch-freundlichen Ton Gunnars zu übernehmen. »Vorausgesetzt« – sie lächelte süffisant – »dass sie andere Talente hat.«

»Wenn jemand, zum Beispiel, gut Geschichten erzählen kann«, Gunnars Blick wanderte in der Runde herum und blieb bei Mascha hängen, »ist das mindestens ebenso viel wert. Es muss ja nicht unbedingt alles wahr sein, was sie zum Besten gibt, Hauptsache, man amüsiert sich.«

»Aber ich erzähle doch gar keine Geschichten«, erwiderte Mascha empört. »Wann habe ich jemals …«

Gunnar lächelte milde. »Aber niemand hat das behauptet.«

Chris kam auf das ursprüngliche Thema zurück. Ihr Ellipsenblick nahm Mascha in die Zange. »Bei Max hattest du es ja gar nicht nötig, dich selbst in die Küche zu begeben, oder?«

Mascha rieselte eine heiße Welle über den Rücken. Hatte sie sich soeben noch heiter und entspannt gefühlt, so gewann nun ein anderes Gefühl die Oberhand: *Feind in Sicht.*

Aber was ging hier eigentlich vor? Warum gönnte Gunnar ihr das bisschen Ehre nicht, was man dem gelungenen Essen zollte? Hätte er nicht eher stolz auf sie sein müssen? Und was sollte der Hinweis auf die Geschichten? Verwechselte er sie nicht schon wieder mit Vanessa, auf deren Unterhaltungstalent er offensichtlich neidisch gewesen war?

Und dann die überflüssige Bemerkung von Chris, die auf ihre Vergangenheit zielte. Natürlich hatte sie »zu Max' Zeiten« nicht kochen müssen, kochen dürfen, besser gesagt, da es nicht zu seinem Lebensstil gepasst hatte. Max hasste jede Planung, lud Freunde ein, wie es ihm gerade in den Sinn kam, und führte sie ins Restaurant oder ließ das Essen ins Haus kommen. Wenn sie kochen wollte, war sie zu Sonja gegangen oder hatte bei Familienfeiern die Küche übernommen. Wie konnte Chris das vergessen?

Hilfe suchend wandte sie sich an Vilma.

»Du erinnerst dich doch, wie gern ich immer gekocht habe.«

»Hin und wieder hast du es jedenfalls getan, ob gern, kann ich nicht beurteilen.«

»Aber wir wollen doch nicht um Bagatellen streiten«, Gunnar hob erneut das Glas, »sondern auf ein gelungenes Essen unter Freunden anstoßen. Ich selbst hatte ein wenig Mühe, das Poulet zu genießen, da ich Fleisch, das in der Sauce serviert wird, schlecht vertrage. Aber da ich sehe, dass das Gericht allgemein gut angekommen ist, will ich der Köchin verzeihen.«

Und begütigend, wie man zu einem Kind spricht, fügte er an Mascha gewandt hinzu: »Du hast alles ganz fabelhaft gemacht, Schatz. Abschließend zu diesem ganz und gar unwichtigen Thema sei nur gesagt, dass es ja heutzutage keine Schande ist, die Industrie für sich arbeiten zu lassen. Friedholm« – er lächelte betont harmlos – »kann sicher dazu einen Beitrag leisten.«

Friedholm legte willig das Besteck nieder und holte Luft.

»Mit Zunahme der Singlehaushalte und der Schnellimbisse nimmt die Tradition des Selberkochens mehr und mehr ab. Statistisch gesehen wird nur noch in jedem dritten Haushalt regelmäßig gekocht. Die junge Generation ernährt sich fast ausschließlich auswärts.«

»Umso mehr sollten wir einen Abend wie diesen schätzen.«

Hille lachte. »Wenn mein Häuschen fertig renoviert ist, lade ich euch alle zu einer Gartenparty ein, Marleen, wie sieht es denn mit dem Hoffest aus?«

»Ich bitte zu Kaninchen in Burgunder.«

»Selbst gekocht?«

»Natürlich selbst gekocht.«

Das Thema plätscherte nun friedlich dahin. Mascha entspannte sich. Die Unmutswolke, die die Laune soeben noch verdüstert hatte, schwand.

Sie durfte nicht so empfindlich sein. Was hatte Gunnar eigentlich gesagt, auf das sie sofort gereizt reagiert hatte? Allen hatte es geschmeckt, die Stimmung war gut. War sie nicht die Einzige gewesen, die sie beinahe verdorben hätte?

Sie servierte die Orangencreme.

Gunnar schichtete Holz in den Kamin.

Paul steckte eine Zigarette in Brand. Er sah sich fragend um. »Hat jemand etwas dagegen?«

»Ich würde mich gern anschließen«, sagte Sonja. »Normalerweise rauche ich nicht, aber ein Abend wie dieser ist eine kleine Sünde wert.«

Ein wenig unsicher schaute Mascha zu Gunnar. Er verabscheute es, wenn in geschlossenen Räumen geraucht wurde.

Pauls Blick war dem ihren gefolgt. »Wenn es dich stört, Gunnar …«

Einen Holzscheit in der Hand, richtete Gunnar sich auf. Sein Gesicht blieb freundlich.

»*Mich* stört es nicht«, sagte er betont. »Am besten fragt ihr Mascha …«

Wieder fühlte sie eine Empörung wie kurz zuvor. »Mich hat es noch nie gestört, wenn jemand raucht, Max rauchte …«

Gunnar unterbrach sie. »Das interessiert hier niemanden.«

Er wandte sich an seine Gäste. »Wer rauchen will, geht am besten in den Garten.«

»Aber ich habe wirklich nichts dagegen.« Maschas Stimme wurde unangenehm schrill. »Ich habe immer …«

Gunnar öffnete die Terrassentür und bedeutete Sonja und Paul liebenswürdig, hinauszugehen. »Es ist besser«, sagte er leise. »Sonst hat sie morgen wieder …«

Mascha konnte nicht verstehen, was sie angeblich »hatte«, wahrscheinlich wollte Gunnar andeuten, dass sie eine empfindliche Frau war, die sich gerne ihren Beschwerden hingab. Ausgerechnet er, der bisher an jedem Feiertag krank geworden war. Sie rang nach Atem.

Gunnar war sofort neben ihr.

»Ruh dich ein wenig aus, es war ein anstrengender Tag.«

Er wandte sich an Chris: »Hilfst du mir beim Abräumen? Oder vielleicht deckst du schon mal den Kamintisch? Die Mokkatassen stehen auf dem Büfett.«

Chris nahm den Stapel in die Hände und sah sich um.

»Stand der Tisch bei unserem letzten Besuch nicht woanders?«

Gunnar lachte. »Gut beobachtet, die beiden Sofas und der Tisch stehen gewöhnlich vor dem Kamin, der Esstisch hinten am Fenster, weil wir ihn ja so gut wie nie benutzen. Aber meine liebe Frau hat darauf bestanden, beim Schein der Flammen zu tafeln. Wir haben das Zimmer aus diesem Grunde komplett umgeräumt!«

»Ist das nicht ein wenig aufwendig?«

Gunnar verzog das Gesicht in kummervolle Falten. »Was tut man nicht alles.«

Er legte Mascha den Arm um die Schultern und lächelte nachsichtig auf sie hinab. »Wir zwei wollten eben ein wenig angeben.«

»Voll gelungen«, sagte Chris. »Am Schluss der Vorstellung ist euch der Beifall sicher. Gunnar, darf ich dir helfen?«

Sie begleitete Mascha und Gunnar in die Küche und begann die Spülmaschine auszuräumen.

Mascha wies auf die benutzten Töpfe, die auf dem Herd standen. Sie brachte ein Lächeln zustande. »Hier steht der Beweis, dass ich selbst gekocht habe.«

Chris tauschte mit Gunnar einen raschen Blick.

»Möchtest du nicht endlich das Thema wechseln?«, fragte er mühsam beherrscht. »Es hat doch niemand etwas Gegenteiliges behauptet.«

»Du hast gesagt, dass ich einen Partyservice bestellt hätte.«

Sofort ergriff Chris Gunnars Partei. »Das hat er nicht. Friedholm sagte, dass die junge Generation kaum noch selbst kocht. Die *junge* Generation«, wiederholte sie betont.

»Es war nicht von der jungen Generation, sondern von mir die Rede.«

»Mascha!«

Mit sanfter Gewalt schob Gunnar sie zur Küche hinaus. »Chris und ich machen das schon, und du sei lieb und kümmere dich ein wenig um unsere Gäste. Ich bin mir nicht mehr sicher, was genau ich gesagt habe, auf jeden Fall war es nicht gegen dich gemünzt.«

Und mit gesenkter Stimme an Chris gewandt fügte er hinzu: »Es war einfach zu viel für sie, übrigens einer der Gründe, weshalb wir so selten Gäste haben. Es regt sie zu sehr auf.«

»Das war schon bei deinem Vorgänger so«, hörte Mascha Chris antworten. »Zur Begrüßung war sie noch anwesend, später hat sie sich in den oberen Gemächern versteckt. Immer die gleiche Panik, wenn Gäste kamen. Max hat mir Leid getan.«

Und flüsternd: »Ist sie denn immer noch so eifersüchtig?«

Mascha hörte Gunnar lachen. »Dazu gebe ich ihr keinen Grund.«

Auch Chris lachte. »Noch nicht.«

Mascha löste sich von dem Türrahmen, an dessen raues Holz gelehnt sie bereits die Küchengespräche zwischen Gunnar und Ebba belauscht hatte.

Ich muss mit jemandem darüber reden, dachte sie. Eine geistig intakte Person muss mir sagen, ob ich verrückt bin oder nicht.

Im Wohnzimmer hatte man sich inzwischen um den Kamintisch gruppiert. Friedholm war endlich bei jenem Thema angelangt, mit dem er selbst Gäste, die an Steuerhinterziehung weniger interessiert waren, in seinen Bann zu ziehen pflegte: »Wenn du deiner Geliebten einen kleinen Tippkurs spendierst, kannst du sie einstellen und eure Liebesreisen nach Florida komplett absetzen. Niemand wird nachforschen, wie und wie oft sie das Zehnfingersystem eingesetzt hat.«

Alle lachten.

»Ich war vor einigen Wochen in Florida«, sagte Paul. »Ich begreife nicht, wieso alle Welt davon schwärmt. Ich fand es schwül und langweilig.«

»Dann warst du ohne Sekretärin dort.«

Wieder allgemeine Erheiterung, nur Vilma verzog keine Miene.

Sie wandte sich an Mascha. »Wo werdet ihr den Urlaub denn verbringen?«

Mascha schrak aus ihren Gedanken auf. »Wir? Äh – ach so, in Pommern.«

»Wie originell. Vor- oder Hinterpommern?«

»Das – solltet ihr Gunnar fragen.« Mascha lächelte verlegen. »Es war seine Idee.«

»Mecklenburg-Vorpommern«, half Gunnar weiter, der gerade mit einem Gläsertablett hereinkam.

»Mascha bringt da etwas durcheinander.«

»Ich wollte ja nicht nach Pommern«, sagte sie aufgebracht.

»Wohin wolltest du denn fahren?«, fragte Sonja beschwichtigend.

»Nach Tirol«, antwortete Gunnar an ihrer Stelle. »Sie mag die einheimischen Männer, krachlederne Jungs, das erlegte Wild über der Schulter. Männer«, fügte er schmallippig hinzu, »nicht so wie wir.«

»Nicht so wie du.«

Ein schlechter Abgang!

Mascha floh ins Bad, ließ Wasser über den Puls laufen und versuchte, die Fassung wiederzuerlangen.

Sie legte Rouge auf, zog die Lippen nach, ging ins Wohnzimmer zurück und lächelte.

»Ich wollte eigentlich wieder nach Südfrankreich«, sagte sie. »Gunnar bringt da etwas durcheinander.«

Er lächelte süffisant. »Verwechslungen kommen vor.«

Mascha wandte sich an ihre Schwester. »Chris, du wolltest gerne das Haus sehen? Machen wir einen Rundgang.«

Alles drängte sich die schmale Treppe zu Gunnars Atelier hinauf, betrachtete angeekelt die Zeichnungen mit den Fliegenbeinen und warf pflichtschuldige Blicke aus dem Fenster in die Dunkelheit hinaus.

»Schade, dass man nichts sieht. Die Aussicht ist sicher sehr schön.«

»Dann müsst ihr im Sommer wiederkommen.«

»Das werden wir tun.«

In Maschas Zimmer lobte man die Atmosphäre und die hübsche Einrichtung.

Alle traten an den Schreibtisch und lasen die letzte Eintragung in Maschas Merkheft, das aufgeschlagen auf der Tischplatte lag.

»Die Furcht lässt das Gefürchtete wahr werden.«

Chris hob die Brauen und warf Mascha einen Blick zu. »Noch immer die Angst vor der Nachfolgerin?«

Die Antwort kam von Gunnar. »Viel schlimmer ist die Furcht vor der Vorgängerin. Dagegen kämpfen selbst Götter vergebens an.«

Man drängte sich hinaus und den Flur entlang.

Die Tür zum Schlafzimmer stand offen.

»Ist das nicht ein wenig spartanisch?« Erschrocken legte sich Sonja die Hand auf den Mund, aber die Worte waren nicht mehr rückgängig zu machen.

»Das Schlafzimmer wird vollständig renoviert.«

Chris gab sich interessiert. »Wie soll es denn werden, Mascha?«

»Wärmer. Ein anderer Wandanstrich und ein Doppelbett.

Wir« – sie räusperte sich – »sind leider noch nicht dazu gekommen.«

»Wir wollten erst einmal feststellen, ob sich die Anschaffung lohnt«, teilte Gunnar seinen Gästen mit. »Hinterher hat man das Bett …«

»Wir sollten aufbrechen«, wurde er von Vilma unterbrochen. »Es ist spät.«

»Ja, es wird Zeit.«

Die Verabschiedung fiel in auffallender Eile statt. Man war bestrebt, nach Hause zu kommen.

Die Nacht war ebenso sternenklar wie nach dem Colette-Abend.

Aber niemand bemerkte es.

27

Gefrierfleisch

Am Montag war Mascha bereits um acht Uhr in der *Marotte*.

Die ersten Stunden am Vormittag waren im Allgemeinen sehr ruhig, und so wechselten Marleen und sie sich mit dem »Frühdienst« ab.

Mascha schaltete die Kaffeemaschine ein, setzte sich in den Sessel und schlug die Zeitung auf.

Eine ganze Seite war den Titeln gewidmet, die man als Osterangebot im *Book-Center* erwerben konnte.

Mascha lächelte.

Anzeigen dieser Größe jagten ihr schon lange keine Angstschauer mehr über den Rücken. Ihre eigene Annonce würde ebenfalls die Aufmerksamkeit erregen: *Osterhasentreff!!! Mittwoch vor Ostern in der* Marotte.

Der Sonntag war schweigsam verlaufen, nachdem Gunnar ein Frühstücksgespräch über die Party abgeblockt hatte.

»Du hast dein Fest gehabt. Lass es genug sein.«

»Meinst du, dass es allen gefallen hat?«

»Es war wunderbar gelungen«, sagte er gleichgültig.

»Fandest du?«, fragte sie zweifelnd. »Ich war doch ein paar Mal …«

Ungeduldig trommelte er mit den Fingern auf die Tischplatte.

»Du warst ein bisschen überreizt, wie öfter mal, seitdem du diesen Job angenommen hast. Da braucht man sein Wochenende eben für sich. Aber sei beruhigt, niemand hat etwas gemerkt.«

»Meinst du, dass auch Chris …«

»Niemand!!!«, fuhr er sie an.

Sie erschrak so heftig, dass ihr die Tränen kamen.

Mühsam beherrscht schloss er sekundenlang die Augen.

»Mascha«, sagte er dann, »du wolltest diese Party unbedingt geben, obwohl ich wenig Lust dazu hatte. Wir haben das Fest bis in alle Einzelheiten geplant, das Menü sogar probegekocht, das ganze Haus auf den Kopf gestellt. Ich habe den Abend durchgezogen, weil du total überfordert warst, und soweit ich es beurteilen kann, hat es allen gefallen. Können wir jetzt endlich über etwas anderes reden?«

Sie antwortete nicht.

»Oder schweigen, wenn uns nichts Besseres einfällt?«

Erneut fühlte sie die Tränen kommen.

»Du kannst ruhig zugeben, dass ich dich langweile.«

»Das wäre ja nicht das Schlimmste«, sagte er.

Gegen zehn kam Marleen in die *Marotte*, warf mit Schwung die Handtasche auf die Theke und küsste sie auf die Wange.

»Danke für die Party, du warst sehr tapfer.«

Innerlich trat Mascha einen Schritt zurück. »Wie meinst du das?«

»Na, Chris und Gunnar haben dir doch schwer zugesetzt, allein die Anspielungen über deine Kochkunst und die Bemerkungen beim Blick in euer Schlafzimmer.«

Sie lachte. »Apropos, nach wilden Orgien sah es wirklich nicht aus.«

Mascha trat innerlich einen weiteren Schritt zurück.

»Schließt du von der Größe des Bettes immer auf die Sinnlichkeit der Benutzer? Da sage ich nur: Vorsicht!«

Marleen lächelte sie an. »Entschuldige, ich habe dir nicht zu nahe treten wollen. Es war alles ganz wunderschön arrangiert. Nur dass ich halt den Eindruck hatte, dass Gunnar dich ein wenig überfordert.«

In Maschas Hirn begann die Maschine zu tackern. Wer, zum Teufel, überforderte hier wen?

Ohne es zu merken, ergriff sie Gunnars Partei. »Das liegt an dem Job, den ich hier ausübe. Seitdem ich ganztags arbeite, brauche ich das Wochenende eigentlich für mich.«

Sekundenlang sah Marleen sie an.

»Themawechsel«, sagte sie dann.

Am Abend rief Chris an und bedankte sich. »Am besten gefiel mir der erste Akt.«

»Welcher erste Akt?«

»Na, das Tafeln am offenen Kamin. Hinterher geriet die Inszenierung ein wenig aus den Fugen. Die Hauptdarsteller waren sich nicht einig, ob sie das traute Paar demonstrieren oder als Gegner antreten sollten.«

»Das nächste Mal werden wir dich fragen.«

Chris lachte. »Danke für das Vertrauen. Übrigens gratuliere ich dir zu Gunnar. Bei unserer ersten Begegnung kam er mir ein wenig verschroben vor, aber gestern war er reizend. Du solltest auf ihn aufpassen.«

»Wer sollte uns in die Quere kommen?«

»Na ich, zum Beispiel.«

Wieder das typische Chris-Lachen.

Dann wurde sie ernst. »Nein, ich hätte keine Chance, er scheint dich aufrichtig zu lieben. Seine Nachsicht ist bewundernswert. Fand Mutter übrigens auch«, fügte sie hinzu.

»Und was fand Mutter noch?«

»Dass du Glück gehabt hast.«

»Danke!«

»Dürfen wir denn eine Gegeneinladung starten? Wir denken an ein Osterfeuer.«

»Ostern haben wir schon etwas vor.«

Chris lachte. »Als ob ich es nicht geahnt hätte.«

Zu Ostern plante Gunnar eine groß angelegte Kelleraktion.

»Wir müssen entrümpeln, gründlich sauber machen und die Wände streichen.«

Mascha entschuldigte sich bei Vilma, dass sie am Familienfest nicht teilnehmen werde, aber da sie über kein Kleinkind verfügte, das jauchzend über eine Wiese lief und Ostereier suchte, war Vilma großmütig bereit, auf die Mitwirkung ihrer jüngeren Tochter zu verzichten.

»Ich muss mich übrigens der Meinung deiner Schwester anschließen«, sagte sie. »Wenn man einen Mann wie Gunnar hat, ist es geradezu eine Schande, keine Kinder zu bekommen. Er stand dir ja so rührend zur Seite.«

»Ohne Gäste ist er weniger rührend.«

Sie biss sich auf die Lippe. Vilma gehörte nicht zu den Frauen, mit denen man Partnerschaftsprobleme erörtern konnte.

»Es wäre schön, wenn es diesmal etwas würde«, schloss Vilma das Thema ab. »Mach es nicht wieder kaputt.«

Seit Wochen hatte sich Mascha auf beschauliche Tage gefreut.

Der Ganztagsjob war anstrengender, als sie gedacht hatte, aber da sie einmal damit angefangen hatte, wollte sie so rasch nicht aufgeben. Auch gönnte sie Gunnar den Triumph ihres Versagens nicht und hoffte im Stillen, Hille möge zurückkehren und auf das Angebot, sich den Job zu teilen, eingehen.

So war die Zeit ständig knapp bemessen, und als sie Gunnar gefragt hatte, ob es denn unbedingt nötig sei, ausgerechnet zu Ostern den Keller zu entrümpeln, hatte er sie nur angesehen.

»Wann sollen wir es denn tun?«

Darauf hatte sie keine Antwort gewusst.

Unlustig schickte sie sich in die Situation und bestellte einen Container, um das seit Jahrzehnten in den Ecken lagernde Gerümpel abtransportieren zu lassen.

»Um welche Gegenstände handelt es sich?«, fragte der Mann, der den Auftrag entgegennahm.

»Ganz normaler Sperrmüll: Bretter, Wäscheständer, Teppiche, ein zerlegter Kleiderschrank, Trockentrommel, Tiefkühltruhe. Mehrere Kilo Fleisch.«

»Mehrere Kilo was?«

»Fleisch.«

»Fleisch nehmen wir nicht.«

»Es ist gefroren.«

»Gefroren oder nicht, Fleisch nehmen wir nicht. Woher stammt es denn?«

»Aus der Kühltruhe. Wir haben es eingefroren und vergessen.«

Plötzlich hatte sie Friedholms Stimme im Ohr. »Statistisch gesehen ist der Pro-Kopf-Verbrauch von Fleisch einer deutschen Durchschnittsfamilie ...«

Sie kicherte vor sich hin.

»Ist was?«, fragte der Mann am anderen Ende der Leitung irritiert.

»Nein, mir kam nur gerade ein Gedanke. Ich ...«

Unbemerkt war Gunnar hinzugetreten.

Er riss ihr den Hörer aus der Hand. »Das Problem hat sich erledigt. Schönen Dank.«

»Also nur Sperrmüll.«

»Nur Sperrmüll. Schönen Dank.«

»Wie kannst du diesen Unsinn erzählen«, schrie er sie an. »Hinterher geraten wir in Verdacht, Leichenteile entsorgen zu wollen.«

»Die würden wir doch bestimmt nicht anpreisen!«, schrie Mascha zurück.

Sie hatte eine anstrengende Woche hinter sich, und eine ebenso anstrengende Woche stand ihr bevor. Den ganzen Tag Bücher in blumiges Papier zu packen und Wein-Kombi-Päckchen versandfertig zu machen, war kein Spaß.

Am Mittwoch war die Osterhasenparty geplant, und Marleen würde sich zwei Pappohren umbinden, Sketche aufführen und Geschenke verteilen, und hinterher würden sie bis in den späten Abend hinein den Laden aufräumen.

Am Donnerstag wollte sie Vilma besuchen und einen Frühlingsstrauß abgeben und anschließend versuchen, Sonja zu erreichen.

Aber Sonja würde bei Elga sein, Eier färben und dazu ein Glas Champagner trinken, während sich draußen die Rasensprenger drehten und einen minzgrünen Rasen benetzten.

Sonntagmorgen würde Max mit strahlendem Lächeln Osternester überreichen und lackierte Eier neben die Frühstücksteller legen, in denen sich Präsente vom Schmuckhaus *Cassel und Timme* befanden: Ein Lapislazuli für Sonja und ein Rubin für seine dritte Frau.

Mascha pfiff die Gedanken aus ihrem einstigen Zuhause zurück und legte sie an die Leine.

Sie atmete durch. »Was also sollen wir mit dem Fleisch tun?«

»Wir karren die Brocken zur Kippe und werfen sie weg. Dann tauen wir die Truhe ab und lassen alles abholen.«

Gunnar warf ihr einen Blick zu. »Ist das so schwer zu verstehen?«

Es war nicht schwer zu verstehen.

»Muss ich dabei sein?«, fragte sie.

»Nein«, sagte er.

Mascha krampfte sich der Magen zusammen, als sie in der Nacht zum Samstag die Säcke mit dem gefrorenen Fleisch in den Kofferraum hievten und Gunnar mit der unappetitlichen Ladung in der Dunkelheit verschwand.

Sie ging ins Haus zurück und lehnte sich einen Augenblick an die Wand.

Als sie noch einmal in den Keller hinunterstieg, um das Licht zu löschen, fand sie auf der Treppe den Klebezettel mit dem Vermerk *Bœuf Bourguignon, 31.12.*

Der Zettel hatte das Silvesteressen gekennzeichnet, das niemand hatte essen wollen, weil Gunnar krank geworden war. Nun hatten sie die Dose versehentlich entsorgt.

Sie lächelte.

Schon wieder eine Gemeinsamkeit mit der Vorgängerin.

Seite an Seite würden die verschmähten Festessen in die Grube fallen, auftauen, verwesen und den Ratten schmecken.

Maschas Hoffnung, dass es an den Feiertagen wie aus Gießkannen regnen möge, erfüllte sich nicht. Ostern überraschte mit makellosem Wetter. Es war eine Sünde, die Feiertage in den düsteren Kellerräumen zu verbringen, in denen es muffig roch, weil Gunnar verboten hatte, das Fenster zu öffnen.

Es handelte sich um eine Klappe, die man schräg stellen konnte, und ein Einbrecher müsste schon sehr dünn sein, wenn er sich hindurchzwängen wollte.

Sie arbeiteten schweigend Seite an Seite. Mascha fragte sich, warum sie nicht einfach ein paar Leute bestellt hatten, um sich die Arbeit abnehmen zu lassen. Das konnte doch nicht die Welt kosten.

Aber sie behielt den Gedanken für sich.

Arbeiten, die man selbst erledigen konnte, gegen Geld besorgen zu lassen, war ein Gedanke, der Gunnar nicht nur fern lag, sondern der ihn geradezu in Wut versetzte.

»Willst du denn überhaupt noch etwas tun?«, hatte er sie auf ihren Wunsch hin, eine Putzfrau zu engagieren, angefahren.

Die Frage hatte sie in Empörung versetzt. »Ich arbeite doch den ganzen Tag in der Marotte.«

»Noch! Beweise mir erst, dass du ein Jahr durchhältst, dann können wir darüber sprechen.«

»Und bis dahin?«

»Bis dahin werden wir uns die Arbeit teilen.«

Er sah sie an. »Mein Gott, Mascha, ich habe mir unser Leben auch anders vorgestellt.«

»Wie anders?«

»Na, so, dass du frühmorgens das Haus verlässt und erst am Abend zurückkehrst, jedenfalls nicht.«

Sie trugen die sperrigen Gegenstände die Treppe hinauf und luden den Müll in der Garage ab.

Nach Ostern, wenn der Container geliefert worden war, würden sie das Gerümpel endlich loswerden: den angerosteten Wäscheständer und die Schrankbretter, die Wäschetrommel und die wackligen Stühle.

Stöße alter Zeitungen und Kartons undefinierbaren Inhalts.

Aber auch den Teppich mit den afrikanischen Motiven, den sie für ihre erste eigene Wohnung gekauft hatte, das Plakat mit der Taube und zwei Kisten mit ihren Lieblingsbüchern?

Gunnar machte Miene, sie ebenfalls in die Garage zu bringen.

»Die haben doch wohl ausgesorgt.«

»Ich möchte sie behalten.«

»Und warum?«

Sie lächelte. »Vielleicht brauche ich sie noch.«

»Und das da?«

Er deutete auf einen Karton, in dem Mascha die Hinterlassenschaften ihrer Vorgängerin gehortet hatte, so wie sie ihr gerade in die Hand gefallen waren.

Er brachte ein ironisches Lächeln zustande. »Die Kiste mit Vanessa?«

Gunnars Ausdrucksweise ließ Mascha das bittere Gefühl vergessen, das ihr beim Anblick des großen Kartons die Kehle hinaufgekrochen war.

Sie hatte plötzlich die Vision einer Varieteekünstlerin, die in eine Kiste stieg, sich zersägen ließ und unversehrt wieder zum Vorschein kam.

»Lassen wir die Kiste doch einfach stehen«, sagte sie.

Es war bereits Mittag, als sie endlich mit der eigentlichen Arbeit beginnen konnten.

Im hinteren Keller stand das Regal, auf dem sich die Einmachgläser mit verschimmeltem Inhalt und große Blechdosen mit versteinerten Weihnachtsplätzchen befunden hatten. Mascha rückte es von der Wand weg, und ein großformatiges Ölbild fiel ihr entgegen.

Es zeigte eine Rheinlandschaft in zu grellen Farben und gab die typische Stimmung nur unvollkommen wieder.

Der künstlerische Wert war gering.

»Was hast du da?«

Gunnar war hinzugetreten, wischte sich die schmutzigen Hände an einem Lappen ab und streckte die Hand aus.

Mascha reichte ihm das Bild, das sie gerade betrachtet hatte.

»Deine Zeichnungen gefallen mir offen gestanden besser.«

»Ich geb's ja zu, dass ich kein Talent habe«, schrie er sie an.

Mascha zuckte zusammen. »Ich wollte dich nicht beleidigen.«

»Aber das tust du doch dauernd.«

»Entschuldige.«

»Ich geh ein bisschen hinauf«, lenkte er ein. »Machst du einstweilen weiter?«

»Natürlich.«

»Vielleicht sind wir morgen Abend fertig.«

»Bestimmt«, sagte sie.

Im Grunde war es gar nicht so schlecht, schweigend im Licht der trüben Kellerfunzel vor sich hin zu werkeln.

Die Gedanken hatten freies Spiel, denn niemand störte Mascha.

Gunnar hatte sich mit seinem Bild in die Küche verzogen, um es von Flecken und Spinnweben zu reinigen.

Dann stellte er es auf den Kaminsims und verbrachte geraume Zeit damit, es stumm zu betrachten, ehe er es mit verschlossenem Gesicht zu dem abholbereiten Müll in die Garage brachte.

Währenddessen fuhr Mascha mit dem Schrubber die Wände entlang, um sie von dem gröbsten Schmutz zu befreien.

Wann, dachte sie, hatte es eigentlich angefangen, dass Gunnar bei jeder Gelegenheit ausrastete?

Sicher hing es mit ihrem Job und der dadurch entstandenen Zeitknappheit zusammen, und natürlich hatte er sich ihr Zusammenleben anders vorgestellt.

»Wo ist die Frau mit Freude an le petit bonheur« hatte in der Anzeige gestanden und nicht: »Wo ist die Frau, die zehn Stunden lang ihrem Job nachgeht und ab neun Uhr schlafend auf dem Sofa liegt.«

Er mag dich wirklich, hatte Chris gesagt.

Und: Mach es nicht kaputt, war Vilmas Rat gewesen.

Und was immer die beiden auch taten, ihre Ehen hatten gehalten.

Während sie die Farbeimer holte und kurz darauf, auf der Leiter stehend, versuchte, die Tristesse der Kellerwände mit strahlendem Weiß zu übermalen und hin und wieder einen Schluck aus der Seltersflasche nahm, stellte sie sich die gleiche Szene in Max' Villa vor.

Abgesehen davon, dass es absurd war, zu glauben, dass sich Max einer solchen Tätigkeit hingeben würde, solange sich noch eine müde Mark auf seinem Konto befand, hätte sich die Sache auf jeden Fall zu einer Art Party entwickelt. Alle zwei Stunden wäre ein Tablett mit Leckerbissen zur Stärkung auf der Bildfläche erschienen, auf jeden gestrichenen Quadratmeter hätte er sein Glas erhoben.

»Champagner sollte man immer im Keller trinken, damit er schön kühl bleibt! Schatz, ich liebe dich.«

»Schatz« als Synonym für alles, was sich so benennen ließ.

Nachdem sie zwei Stunden lang gearbeitet hatte, spürte Mascha plötzlich heftige Stiche im Magen und ein dumpfes Gefühl im Kopf.

Sie versuchte das Fenster zu öffnen, aber der Riegel ließ sich nicht bewegen, und als er endlich nachgab, fiel die Klappe krachend herunter, und Mascha verletzte sich die Hand.

»Das hast du ja wieder prima hingekriegt«, stellte Gunnar fest, während er ein Pflaster auf die blutende Stelle klebte.

»Nicht nur, dass ich deinetwegen auf den Osterspaziergang verzichten muss, nein, du missachtest auch meine Bitte, das Fenster geschlossen zu halten.«

»Ich kann den Farbgeruch nicht vertragen, mir wird schlecht davon.«

»Dann öffnen wir die Keller- und die Haustür. Da kommt Luft genug herein.«

»Warum darf man eigentlich die Klappe nicht öffnen?«, fragte sie gereizt. »Gunnar, ich finde dich sonderbar.«

»Was glaubst du, wie ich dich finde?«, giftete er zurück.

Er atmete durch und zwang sich zur Ruhe. »Diese Klappe befindet sich im hinteren Keller, man vergisst sie leicht. Es ist immer wieder vorgekommen, dass sie versehentlich offen blieb. Vanessa hat ... nun es ist immer wieder vorgekommen«, wiederholte er.

»Außerdem ist der Riegel nicht in Ordnung. Wenn man ihn nicht fest genug einschiebt, löst er sich von selbst, und die Klappe fällt herunter. So wie es jetzt auch war.«

»Aber ich habe den Riegel doch mit Gewalt lösen müssen«, sagte sie empört.

Er stand in seinem farbbekleksten Hemd vor ihr und wirkte

plötzlich älter, als er war. Das Haar fiel ihm verschwitzt in die Stirn, und er sah müde auf sie herab.

»Ist es jetzt endlich genug?«, fragte er.

Mutlos zuckte sie die Schultern.

»Ich weiß auch nicht, warum wir dauernd streiten.«

»Weil du total überreizt bist. Du solltest einmal zu Doktor Geppart gehen.«

Doktor Geppart war der Hausarzt der Familie, er hatte Gunnars Mutter betreut und war zu Hilfe geeilt, als sich Ebba im Alter von sechs Jahren einen Topf kochender Bouillon über die Hand gekippt hatte.

Jahrelang hatte er Gunnars Schuppenflechte behandelt und schließlich geheilt.

»Aber ich bin nicht krank, Gunnar.«

»Du solltest dich trotzdem untersuchen lassen, nur zur Beruhigung.«

Mascha war von dem Farbgeruch so übel, dass sie hinaufgehen und sich auf das Sofa legen musste.

Gunnar blieb im Keller und arbeitete verbissen weiter, und gegen Mitternacht waren Wände und Decke fertig gestrichen.

Am Ostermontag putzte Mascha den Boden und räumte die Regale ein. Die Kartons mit den Gegenständen, die Gunnar hatte aufheben wollen, türmten sich ordentlich neben dem Schrank.

Auf dem Tischchen daneben stand die alte Nähmaschine, die der Entrümpelung entgangen war.

Maschas Blick fiel auf den kleinen Koffer, den sie in der Schrankecke gefunden und unbeachtet zur Seite gestellt hatte. Sie ließ die Schlösser aufschnappen und hob vorsichtig den Deckel.

Eine Woge von Stoff kam ihr entgegen.

Die handbemalte Seide glitt glatt und kühl durch ihre Hände. In dem fahlen Licht der Kellers leuchteten die Farben kostbar wie Edelsteine. Die Frage, woher die Stoffe stammten und wer sie bemalt hatte, erübrigte sich. Sie zeigten das gleiche künstlerische Talent, das auch die Farbkombination des Wolltuchs verriet und, Maschas Hand begann ein wenig zu zittern, die weichen weiten Kleider aufwiesen, die sie so gern im Haus trug. Ebbas Bild erschien und verschwand.

Nie hätte diese Frau solche Kleider genäht.

Mascha schloss den Deckel und lauschte ins Haus hinauf.

Dann trug sie den Koffer unbemerkt in ihr Zimmer. Sie öffnete die Tapetentür und schob ihren Fund tief in die Nische, die Ebba ihr gezeigt hatte.

Dann stieg sie erneut in den Keller hinunter, rückte den Schrank von der Wand und beleuchtete mit der Taschenlampe die Ecke über der Fußleiste.

Beim Streichen waren ihr Zahlen und Buchstaben aufgefallen, aber sie hatte nicht weiter darauf geachtet. Nun legte sie sich flach auf den Boden und versuchte, die Zeichen zu entziffern.

22.04. Fröhliche Ostern. V.

Die Letzte, die diese Wände gestrichen hatte, war also Vanessa gewesen.

Aber sie hatte mehr Humor bewiesen als ihre Nachfolgerin.

Vanessa hatte ihr Werk signiert und der Nachwelt einen Gruß hinterlassen.

28

Der Splitter im Auge

In der Nacht wälzte sich Mascha so unruhig hin und her, dass Gunnar schließlich die Flucht ergriff.

»Ich schlafe auf dem Sofa, immerhin habe ich morgen einen harten Tag.«

Es war nicht das erste Mal, dass er es vorzog, im Wohnzimmer zu nächtigen und Mascha dachte, dass dies sicher einer der Gründe war, die Anschaffung des gemeinsamen Bettes immer wieder zu verschieben.

Sie hatte einen unruhigen Schlaf, und Gunnar fürchtete, gestört zu werden.

Aber heute war es ihr ganz recht, das Zimmer für sich zu haben. Der Fund der Stoffe und, mehr noch, die winzige Signatur über der Fußleiste: *22.04. Fröhliche Ostern, V.* ließen sie nicht zur Ruhe kommen.

Offenbar hatte die Vorgängerin ebenfalls ein Osterfest in der muffigen Düsternis der Kellerräume verbracht. Sie hatte sich ebenso wie sie mit Gunnar über das Öffnen der Fensterklappe gestritten und sich vielleicht beim gewaltsamen Zerren am Riegel die Hand verletzt.

Aber wie war Vanessa mit der Situation umgegangen?

Hatte sie ebenfalls schlapp gemacht, oder war sie resistent gegen Gifte aller Art? Hatte sie sich, was das Öffnen des Fensters anging, durchgesetzt oder schweigend gelitten?

Und hatte sie den Tag erschöpft auf dem Sofa liegend beendet, während Gunnar die Arbeit allein hinter sich brachte, oder hatte sie durchgehalten?

Wie dem auch sei!

Immerhin hatte sie noch Lust und Kraft genug gehabt, sich nach Beendigung der Arbeit auf den Bauch zu legen und das Werk zu signieren.

Mascha spürte, wie ein neues Gefühl für Vanessa Besitz von ihr ergriff.

Der Witz der Signatur, die Schönheit der Stoffe, der weiche Fall der Kleider ließen auf Humor und Kreativität schließen.

Vielleicht hatte Gunnar sich der positiven Seite ihres Wesens verschlossen, sie möglicherweise sogar bekämpft, weil sie begabter war als er?

In der Einsamkeit des kargen Schlafzimmers war Mascha geneigt, diesen Aspekt in Erwägung zu ziehen, aber etwas an der Geschichte gefiel ihr nicht.

Gunnar hatte Vanessa verlassen, obwohl sie einen gemeinsamen Sohn hatten und er das Leben allein in einem einsamen Haus verabscheute. Sie, Mascha, hatte nicht vor, in die Fußstapfen ihrer Vorgängerin zu treten und die Hoffnungen ihrer Schwester zu erfüllen: »Mascha wohnt wieder in Neu-Ost. Irgendetwas scheint ihr zu fehlen, dass es kein Mann mit ihr aushält.«

»Natürlich hat er sie verlassen. Von selbst wäre sie doch nie gegangen. In ihrem Alter ...«

Mascha legte sich auf den Rücken und starrte eine Weile in die Dunkelheit, bis endlich der Zweifel auftauchte und Gestalt annahm. Vanessa war eine Schauspielerin, eine Herzensfängerin, eine Fleisch fressende Pflanze, die ihr Opfer lockte und verschlang. Und sie hatte Sinn für gut platzierte Gags. Schließlich war es ja auch möglich, dass Gunnar den Keller gestrichen und Vanessa am Ende die Signatur angebracht hatte. Das »Fröhliche Ostern«, konnte auch als Sarkasmus gedeutet werden. Eine ironische Botschaft für einen Mann, der die Festtage schuftend im Keller verbrachte, anstatt seine Gattin auszuführen. Für einen

Mann, der es gewöhnt war, die grobe Arbeit zu tun, während seine Frau Kleider nähte und Stoffe mit Farben bekleckste. Ein Mann, der ein verführerisches Kind geheiratet hatte, und nicht eine erwachsene Partnerin.

Mascha entschloss sich, an diese zweite Version zu glauben und die erwachsene Partnerin zu sein, die Gunnar bei Vanessa vergeblich gesucht hatte.

Doktor Gebbart lenkte den alten Volvo durch die Allee, parkte wenige Meter vom Haus Giersch entfernt und strandete vor dem Gartentörchen.

Ungeduldig drückte er den Klingelknopf.

Ebenso wie Ebba Giersch hasste er es, nicht gleich bis zur Haustür durchgehen zu können, sondern wie ein Bittsteller auf der Straße stehen zu müssen, bis sich einer der Bewohner bequemte, die Tür zu öffnen.

Doktor Gebbart betreute die Familie, seitdem er als junger Arzt in der Nachbargemeinde seine Praxis eröffnet hatte, aber von der Zeitspanne abgesehen, in der Vanessa das Haus mit Leben erfüllt hatte, war er nie gern gekommen.

»Gespensterhaus«, hatte er es für sich genannt oder auch: »Haus des Schweigens«, aber das war erst zu der Zeit gewesen, als Vanessa ausgezogen und Gunnar allein zurückgeblieben war. Gothild Giersch war seine erste Patientin gewesen. Sie gehörte zu jenen Kranken, denen einfach nicht zu helfen war, weil sie den Arzt nicht unterstützten, sondern sich an ihre Krankheit klammerten. Und Gunnar hatte in der Pubertät eine Schuppenflechte entwickelt, die erst schwand, als Gothild gestorben war.

Im Gegensatz zu ihrem Bruder hatte Ebba die Leidenszeit ihrer Mutter scheinbar unbeschadet überstanden. Still und stoisch hatte sie ihr Tagewerk hinter sich gebracht, aber als Vanessa ins Haus kam, schien sich ihr Verhalten zu ändern.

Wie nicht anders zu erwarten, hatte sie die junge Schwägerin mit Misstrauen beäugt und war ihr anfangs schweigend aus dem Weg gegangen, aber dann hatte Ebba eine Art Blütezeit erlebt. Sie hatte sich das Haar schneiden und flott frisieren lassen, und einmal war Doktor Gebbart hinzugekommen, als sie mit Vanessa im Wohnzimmer saß und lauthals lachte.

»Warum lachten Sie, Ebba?«, hatte Doktor Gebbart überrascht gefragt.

Ebba hatte sich die Tränen aus dem Gesicht gewischt und gesagt: »Weil es so gut tut.«

Kurz darauf war sie ohne Angabe von Gründen ausgezogen. Gunnar mochte sich zu dieser Tatsache nicht äußern, aber Vanessa hatte Ebbas Auszug lebhaft bedauert.

»Das Haus ist zu groß für ein Ehepaar mit Kind.«

»Sie sollten mehr Kinder kriegen.«

Daraufhin hatte er eine der typischen Vanessa-Antworten bekommen: »Es geht nicht um das Kriegen, Doktor.«

»Sondern?«

»Um das Machen.«

Es dauerte unverhältnismäßig lange, bis Gunnar an der Haustür erschien und kurz darauf das Gartentor aufschloss.

»Tut mir Leid, ich war oben bei meiner Frau.«

Meiner Frau.

Hatten sie inzwischen geheiratet? Doktor Gebbart beschloss, die Redewendung zu übernehmen. Als Hausarzt bekam man den jeweiligen Wechsel des Ehepartners hautnah mit.

»Was fehlt Ihrer Frau denn?«

»Undefinierbar. Schwindel und etwas mit dem Magen. Sie hat seit Tagen nichts gegessen.«

Doktor Gebbart fühlte sich heftig an Gothild erinnert.

»Eigentlich nichts, nur sterbenselend.«

Gemeinsam mit Gunnar stieg er die Treppe hinauf und betrat das Schlafzimmer.

Er sah sich um. »Hier hat sich wenig verändert.«

Bis auf die Frau im Bett, fügte er in Gedanken hinzu.

Es war erstaunlich, mit welcher Selbstverständlichkeit die Frauen sich in das Bett ihrer Vorgängerin legten.

Auf dem hinteren Lager war Gothild gestorben, auf dem vorderen hatte Vanessa ihre Krankheiten auskuriert, auch wenn sie sich, was diesen Punkt anging, erheblich von Gothild unterschied. Hatte Gothild stets darauf verzichtet, ihren Zustand zu benennen, sondern sich darauf beschränkt, klagende Blicke gegen die Stubendecke zu richten, hatte Vanessa auf die Frage nach dem Stand der Dinge stets gelacht: »Hervorragend Doktor, ich hoffe, ich komme bald in den Himmel.«

»Sind Sie so sicher, Vanessa?«

»Natürlich. Die Hölle habe ich ja schon.«

Das war einer jener Momente gewesen, in denen Doktor Gebbart sich fragte, ob Gunnars Leben mit Vanessa wirklich so beneidenswert war, wie er immer geglaubt hatte.

Mascha, das sah er auf den ersten Blick, hatte wenig mit ihrer vitalen Vorgängerin gemein.

Sie schien, zumindest was ihre Rolle als Kranke betraf, eher Gothild zu ähneln, konnte ihren Zustand nicht präzise beschreiben und wäre wohl zufrieden gewesen, wenn man ihr ein nahes Ende prophezeit hätte.

Doktor Gebbart verschrieb ihr ein Mittel gegen die Magenbeschwerden und riet dringend, das Bett nicht allzu lange zu hüten. »Stehen Sie auf, bringen Sie sich in Schwung.«

Mascha war vier Wochen krank und schlich in dieser Zeit zwischen ihrem Bett in der ersten Etage und dem Sofa im Erdgeschoss hin und her.

Gunnar übernahm den Haushalt.

Er führte ihn nach starren Regeln und mit sparsamer Hand,

so, wie er es sich nach Vanessas Auszug angewöhnt hatte: Montag Einkauf, Dienstag Kochen, Donnerstag Stadtgang, Freitag Hausputz.

Und an jedem Mittwochnachmittag fuhr er zum Friedhof und legte Blumen auf Gothilds Grab.

Im Grunde, musste er sich eingestehen, gefiel ihm der Zustand nicht schlecht. Er hatte Freude an reibungslosen Arbeitsabläufen und tüftelte gern an Problemen herum, wie man Zeit und Geld sparen konnte. Er ließ die Wasserzufuhr im gesamten Haus mit Sparventilen versehen und ersetzte die hohen Wattzahlen in den Lampen durch schwache.

Alle Haushaltsreiniger bekamen Klebepflaster, um die Streumenge zu reduzieren, und auf den Sessellehnen erschienen Schondecken aus grauem Filz, der wie Mäusefell aussah.

Als Mascha schließlich wieder auf den Beinen war, hatte sie vier Kilo Gewicht und zwei Arbeitsstellen verloren.

In der *Marotte* war Hille an ihren alten Platz zurückgekehrt und ließ verlauten, dass sie sich natürlich an die Abmachung der Jobteilung halten werde, aber nicht böse sei, wenn es nicht dazu käme.

Im Hause selbst war Maschas Stelle durch Gunnar ersetzt.

Er bemühte sich liebevoll um sie und achtete darauf, dass sie sich nicht überanstrengte und weiterhin an die Diät hielt, die Doktor Gebbart verordnet hatte.

»Wenig Fett, nichts aus der Pfanne und kein Alkohol.«

Auch was die Haushaltsführung betraf, hatte Gunnar einsame Beschlüsse gefasst.

»Schau, Liebling, jetzt, wo alles so gut läuft, wollen wir den alten Schlendrian nicht wieder einreißen lassen. Du darfst dich nicht übernehmen, und ich brauche neben Job und Haushalt auch ein wenig Zeit für mich.«

»Was soll ich denn tun?«, fragte sie.

»Geh mir ein bisschen zur Hand oder mach ein paar schöne Handarbeiten. Es geht ja nur darum, dass du dich beschäftigst, ehe du wieder richtig auf dem Damm bist. Wenn du willst«, fügte er großzügig hinzu, »können wir auch einen Fernseher anschaffen.«

Vor Maschas innerem Auge erschien Vanessa, die stickend vor der Flimmerkiste saß, während Gunnar ins Institut fuhr, Einkäufe machte, Telefonate erledigte und Fliegenbeine zeichnete, kurz, am wahren Leben teilnahm. Ein diffuses Angstgefühl stieg ihr die Kehle hoch.

»Damit können wir noch warten, vielleicht bis zum Winter«, sagte sie.

»Wie du willst, aber ich habe es dir angeboten.«

»Natürlich«, sagte sie.

»Nicht dass du dich wieder beklagst … ich habe es dir angeboten«, wiederholte er.

»Ja«, sagte sie. »Ich werde wieder mehr lesen.«

»Wunderbar, vielleicht könntest du dich ein wenig mit unserer Sommerreise beschäftigen. Die Bücher über Pommern liegen im Regal.«

»Das ist eine gute Idee«, sagte sie.

Mascha ging Gunnar so gut es ging zur Hand, aber sie fühlte sich in ihrem Aufgabenbereich entmündigt, auch wenn sie zugeben musste, dass Gunnar in vielen Punkten Recht hatte.

Das planlose Herumwirtschaften musste wirklich aufhören. Sie gab sich Mühe, seinen Anweisungen Folge zu leisten, aber da er sie ständig kontrollierte, wurde sie immer unsicherer.

Wie sie es als Kind nicht geschafft hatte, die Gabel zum Mund zu führen, ohne zu kleckern, sobald sie die Augen Doktor Gernot Hahns auf sich ruhen fühlte, so gelangen ihr neuerdings nicht einmal mehr die einfachsten Arbeiten.

Gunnars Kontrollblick verfolgte jeden Handgriff.

»Schau, Mascha, beim Schneiden einer Zwiebel die Wurzel

immer unverletzt lassen, nur dann zerfällt sie in kleine Würfelchen. Deine sind viel zu groß und gut ein Drittel geht überdies verloren.«

Ein besonderes Thema bildete auch das Garen von Speisen mit Restwärme, weil Mascha nicht imstande war, die Platten rechtzeitig auszustellen.

»Ich versteh das Problem nicht, Mascha, das tut man doch, ohne zu denken, sozusagen aus dem Bauch heraus.«

»Bei der Zimmerreinigung immer in der hinteren Ecke anfangen und sich dann planmäßig zur Tür vorarbeiten. Erst aufräumen, dann staubwischen, dann die Teppiche saugen. Ganz zuletzt die Bodenflächen feucht wischen.«

»Es ist mir unbegreiflich, wie man es schaffen kann, dass Fenster nach dem Putzen streifiger sind als vorher.«

Mascha war es auch unbegreiflich.

Sie polierte die Fenster mit einem Eifer, als ob es um ihr Leben ginge, aber wenn der erste Sonnenstrahl auf die Glasflächen fiel, sah man die Schlieren ganz deutlich.

Vor ihrer Krankheit hatte es das Problem nicht gegeben. Sie hatte das Haus irgendwie sauber gehalten, wie es ihr gerade in den Sinn gekommen war, und Gunnar hatte sie machen lassen, ohne weiter darauf zu achten.

Erst nachdem er das Zepter in die Hand genommen und überall Nachlässigkeiten entdeckt hatte, war er dazu übergegangen, den Haushalt wie eine Firma zu führen und die Arbeitsabläufe zu kontrollieren.

Maschas Genesung verzögerte sich.

Zwar hielt sie sich strikt an Doktor Gebbarts Anweisungen, aber nach einigen Tagen der Besserung folgte unweigerlich ein Rückfall.

Dann lag sie auf dem Sofa, fühlte sich sterbenselend und hatte ein schlechtes Gewissen.

»Du brauchst eben für alles ein bisschen länger als andere Frauen!«

Gunnar nahm zwei Bücher aus dem Regal, staubte sie ab und stellte sie zurück, ehe er die beiden nächsten in Angriff nahm. Er lächelte: »Sogar zum Gesundwerden.«

»Es tut mir so Leid, Gunnar.«

Wieder das nachsichtige Lächeln. » Auch dazu hast du lange gebraucht.«

»Den meisten Menschen fehlen zwei Dinge zum Glück: Ein klar umrissener Wunsch und eine sinnvolle Aufgabe«, schrieb Mascha am 31. Mai in ihr Merkheft.

An diesem Tag ging es ihr gut.

Gunnar besuchte ein Seminar und würde drei Tage und drei Nächte fortbleiben.

»Soll ich Ebba anrufen?«, hatte er sie gefragt. »Sie ist eine hervorragende Pflegerin.«

»Nein, bitte nicht.«

»Aber wir wollten sie doch ohnehin einmal einladen.«

»Wenn ich wieder gesund bin.«

Auf diese Antwort hatte er gelacht. »Dann beeil dich ein bisschen. Ebba ist zwar kerngesund, aber älter als hundert wird sie sicher nicht.«

Dann war er in die Stadt gefahren, hatte eingekauft und portionsweise vorgekocht.

»Du brauchst es nur in die Mikro zu schieben. Und bitte iss langsam, du hast den ganzen Tag Zeit. Hast du noch einen besonderen Wunsch?«

»Ich würde gerne wieder einmal nähen. Vielleicht könntest du die Koffermaschine aus dem Keller in mein Zimmer bringen.«

»Das ist eine gute Idee«, hatte er geantwortet und war der Bitte unverzüglich nachgekommen.

»Im Dielenschrank befindet sich seit Jahren ein Stoß alter

Tischdecken. Wenn es dir nicht zu viel ist, könntest du sie einmal durchsehen, ob sich das Ausbessern noch lohnt. Wenn nicht, zerreißt du sie zu Putzlappen.«

Gleich nachdem Gunnar abgefahren war, befreite Mascha die Decken aus ihrem Dornröschenschlaf und ließ die fadenscheinigen Stoffe durch ihre Finger gleiten.

Die meisten Decken wiesen eine feine Weiß-in-weiß-Stickerei auf. Es waren Festtagsdecken für besondere Anlässe, zu der größten gehörten nicht weniger als sechzehn Servietten mit Hohlsaumstickerei an den Säumen.

Aber sie waren vergilbt und so alt, dass sie bereits bei der leichtesten Berührung rissen.

Da war nichts mehr zu retten.

Gunnars Anweisungen Folge leistend, zerschnitt sie sie in gleichgroße Stücke und legte sie in den Besenschrank.

Es war ein warmer Frühlingstag.

Mascha ging in ihr Zimmer hinauf, öffnete das Fenster und sah hinaus.

Die Sonne schien mild auf die Felder, und das Rot der Siedlungsdächer leuchtete weniger herausfordernd als sonst.

Die Schneise war jetzt mit kleinen Bäumen bepflanzt, sodass der Anblick nicht mehr so schmerzte wie früher.

Auf der anderen Seite blinkte das Fähnchen auf dem Turm der alten Mühle.

Die schmalen Fenster blitzten in der Sonne, und der Wind fächerte die Blätter der Zypressen, die Esther Vlies hatte anpflanzen lassen.

Die beiden Hunde lagen faul in ihrem Zwinger.

Mascha spürte, wie die Lebensfreude zurückkehrte.

Sie fühlte sich der Szenerie zum ersten Mal zugehörig und spürte die Sonne auf ihrem Gesicht.

Die Holzdielen unter ihren nackten Füßen waren warm.

Im Grunde war alles gut.

Sie führte genau das Leben, das sie sich immer gewünscht hatte. Ein Leben nach freier Wahl.

Sie konnte einem Job nachgehen oder zu Hause bleiben.

Sie konnte schöne Tage im Garten verbringen oder in die Stadt fahren und Besuche machen. Sie konnte mit Hille über einen Halbtagsjob reden und sich privat mit Marleen treffen.

Wenn sie krank war, sprang Gunnar ein und half, so gut es irgend ging.

Aber hatte sie sich dies alles nicht schon öfter gesagt und es doch nicht genießen können, weil sie es nicht lassen konnte, kleinste Misslichkeiten ins Gigantische zu steigern?

Warum nur erschienen ihr die Dinge in letzter Zeit anders, als sie waren?

Das Märchen der Schneekönigin fiel ihr ein.

Hatte sie nicht noch irgendwo das Buch mit Andersens Märchen? Mascha stieg in den Keller hinunter und knipste das Licht an. Hell, in wohltuender Ordnung, lag der vordere Raum vor ihr. Wie gut es tat, nicht länger im Halbdunkel in unzugänglichen Ecken kramen zu müssen und die Spinnweben zu fühlen, die sich in den Haaren verfingen.

Gunnar hatte wieder einmal Recht gehabt.

Hätten sie die längst fällige Arbeit ein weiteres Mal verschoben, wären sie das Problem nie losgeworden. Es hätte ihnen immer im Nacken gesessen und den Sommer verdorben. Das Opfer des Osterspaziergangs war doch lächerlich gering.

Mit sicherem Griff zog Mascha die Bücherkiste hervor und klappte sie auf.

Andersens Märchen lagen gleich obenauf.

Als sie sich nach dem Buch bückte, fühlte sie einen kühlen Luftstrom im Nacken, richtete sich auf und ging zögernd in den hinteren Raum.

Die Fensterklappe war heruntergefallen.

Sie hatte sich aus dem Scharnier gelöst und hing an der Wand. Die Fensteröffnung war groß genug, dass sich ein schmaler Körper mit Leichtigkeit hätte hindurchzwängen können.

Es schien jedoch nichts passiert zu sein, sonst hätte Asta angeschlagen. Stattdessen stand die Hündin schwanzwedelnd neben ihr und ließ die Blicke fragend zwischen ihr und dem Fenster hin und her wandern.

Anstelle von Angst spürte Mascha das schlechte Gewissen.

Wann, um Himmels willen, hatte sie die Klappe geöffnet?

War sie schon so weit, dass sie nicht mehr merkte, was sie tat? Das Fenster musste bereits seit einigen Tagen offen sein, denn zuletzt hatte sie den Keller vor einer Woche betreten, als das Altpapier abgeholt worden war.

War das Fenster zu diesem Zeitpunkt noch geschlossen gewesen?

Aber dann fiel ihr ein, dass Gunnar erst gestern die Nähmaschine geholt hatte. Er hätte die geöffnete Klappe nicht übersehen. Mascha befestigte die Scharniere und schob mit großer Mühe den Riegel vor.

Auch wenn es unangenehm war, sie musste das Thema zur Sprache bringen.

Die Scharniere waren wahrscheinlich so alt, dass sie dem Druck nicht mehr standhielten und von allein aus der Verankerung sprangen.

Sie beschloss, das Problem zu vertagen, ging in ihr Zimmer hinauf und legte sich auf das Sofa.

Sie schlug das Märchenbuch auf.

Die Schneekönigin

Seht, nun fangen wir an.

Wenn wir am Ende der Geschichte sind, wissen wir mehr als

jetzt. Es war einmal ein böser Zauberer, böser und hinterlistiger als alle anderen, denn er war der Teufel selbst. Eines Tages war er besonders gut gelaunt, und so zauberte er sich einen Spiegel, der die Eigenschaft besaß, alle Dinge, die sich darin spiegelten, in etwas Böses und Hässliches zu verwandeln. Die schönsten Landschaften sahen wie gekochter Spinat darin aus, und die besten Menschen erschienen wie Ungeheuer, standen mit verzerrten Gesichtern auf dem Rumpf und zogen Grimassen, dass man sich fürchten musste. Fuhr aber ein guter und frommer Gedanke durch einen Menschen, so erschien sein Gesicht mit einem so fürchterlichen Grinsen im Spiegel, dass ihm niemand den frommen Gedanken glauben mochte.

Der Zauberer hatte auch eine Zauberschule, und seine Schüler waren so begeistert von der Erfindung, dass sie ihren Lehrer priesen und überall erzählten, wie begabt er sei und dass er ein Wunder vollbracht habe – nun könne man endlich sehen, wie die Welt und die Menschen wirklich aussähen. Sie liefen mit dem Spiegel umher, und zuletzt gab es kein Land und keinen Menschen mehr, der nicht verdreht zu sehen gewesen wäre.

Das neue Spiel gefiel ihnen so gut, dass sie beschlossen, nun zum Himmel zu fliegen und sich sogar über den lieben Gott lustig zu machen. Aber je höher sie flogen, umso schwerer wurde der Spiegel von all den üblen Gestalten, die sich in ihm spiegelten, sodass er schließlich ihren Händen entglitt, zur Erde stürzte und in Millionen Scherben zersprang.

Einige Stücke waren nicht grösser als ein Sandkorn und flogen den Leuten ins Auge, setzten sich fest und waren nicht mehr wegzuwischen. Nun aber sahen die Menschen alles verkehrt, denn jeder kleine Splitter hatte dieselben Kräfte behalten, die der ganze Spiegel besass. Einige Menschen bekamen sogar eine Scherbe ins Herz, sodass es sich in einen Eisklumpen verwandelte, und wieder andere fanden Scherben, die groß genug waren, um sie als Fensterglas zu benutzen. Aber es taugte nichts, seine Freunde durch diese Scheiben zu betrachten, denn sie verwandelten sich in Feinde, die Übles im Sinn hatten. Andere Stücke wurden in Brillen eingesetzt, und es ging stets schlecht aus, wenn die Leute die Brillen aufsetzten, um recht zu sehen oder gerecht zu sein. Der Zauberer lachte, bis ihm beinahe der Bauch platzte, und das kitzelte ihn angenehm.

Aber draußen flogen noch kleine Glasscherben in der Luft umher.

»Wenn wir am Ende der Geschichte sind, wissen wir mehr als jetzt.«

Mascha las das Märchen ein zweites Mal, diesmal mit größerer Aufmerksamkeit.

Lief sie nicht ebenfalls seit einiger Zeit mit einem Splitter im Auge herum?

Sah sie nicht alles negativ?

Schienen ihr nicht alle Menschen der näheren Umgebung irgendwie fehlerhaft? Allen voran natürlich Gunnar, der kaum eine Chance hatte, es ihr einmal recht zu machen. Was immer er auch anfing, er konnte sicher sein, dass sie ihn kritisch betrachtete und heimlich ein paar Minuspunkte eintrug.

Dabei hatte sie selbst sie vielleicht eher verdient als er.

Nach den üblichen Anfangsschwierigkeiten, die sich immer ergeben, wenn zwei Menschen aus unterschiedlichen Welten sich anschicken, gemeinsame Sache zu machen, hatte Gunnar sich, vor allem, was die Zeit ihrer Krankheit betraf, rührend bemüht.

Vielleicht war er zu Anfang ein wenig ungeschickt gewesen, wie immer, wenn ein Mensch lange allein gelebt hat, aber er hatte die Fehler erkannt und war bestrebt, sie zu beseitigen.

Und was war ihr Beitrag gewesen?

Ihr Beitrag hatte im Wesentlichen darin bestanden, Kritik zu üben. Mascha legte das Buch zur Seite und schloss die Augen.

Sie spürte den Splitter ganz deutlich.

Um sich abzulenken, holte sie den Koffer mit den Stoffen aus der Schrankecke und ließ die Seide genüsslich durch die Hände gleiten.

Sie trat vor den Spiegel und hielt den Stoff prüfend unter das Kinn. Die sonnigen Farben standen ihr gut.

Mascha wandte jenen Trick an, den sie schon einmal angewandt hatte, als es darum ging, die alten Silberbestecke mit dem Monogramm V in Besitz zu nehmen.

Wo, fragte sie sich, war der Beweis, dass Vanessa die Seide bemalt hatte?

Von künstlerischen Fähigkeiten war nie die Rede gewesen, und wenn doch, ergab sich die Frage, warum sie die Stoffe nicht verarbeitet, sondern zusammengeknüllt in einen alten Koffer gestopft hatte.

Man konnte etwas so Schönes doch nicht verkommen lassen. Die Seide würde rissig werden und brechen und schließlich da landen, wo die kostbaren Tischdecken auch gelandet waren: In der Mülltonne.

Am Abend fertigte sich Mascha einen einfachen Schnitt aus Seidenpapier: Kimono mit angeschnittenen Ärmeln und spitzem Ausschnitt, der die Malerei gut zur Geltung kommen ließ, ohne sie durch unnötiges Zierwerk oder Teilungsnähte zu unterbrechen.

Dann legte sie den Schnitt auf den Stoff und schnitt beherzt zu. Sie heftete die Teile zusammen und zog sie über den Kopf. Die Seide lag kühl auf der Haut, der Stoff umspielte den Körper und die Farben ließen ihre Augen leuchten.

Mascha trat vor den Spiegel und betrachtete sich.

Es war nicht der Spiegel mit dem bösen Zauber, in dem alles hässlich und verkommen wirkte.

Mascha sah eine attraktive junge Frau, die eine höchst originelle Bluse trug.

Der Stoff war wie für sie gemacht.

Hatte sie die Seide nicht überhaupt selbst bemalt?

Der Film in ihrem Kopf spulte im Zeitraffer zurück, und sie war wieder in der Thorwaldschen Villa, in der sie Säcke alter Kleider und ein mit Rosen bemaltes Tuch zurückgelassen hatte.

Sie sah ihre Nachfolgerin mit dem Tuch über den gebräunten Schultern im Garten stehen und hörte ihr Lachen.

29

Niko

Als Gunnar von seiner Reise zurückkehrte, war er strahlender Laune. Der Abstand von seinem tristen Zuhause hatte ihm gut getan.

»Die Vorträge waren sehr interessant, auch wenn die Rhetorik zu wünschen übrig ließ. Im Ganzen hat es sich aber gelohnt.«

Er warf ihr einen Blick zu. »Und was hast du gemacht?«

Es war der erste warme Frühlingsabend in diesem Jahr.

Sie saßen auf der Terrasse hinter dem Haus, tranken Hagebuttentee aus der Thermoskanne und aßen die belegten Schnittchen, die Mascha zubereitet hatte.

Sie antwortete nicht gleich.

Versonnen schaute sie durch den schmalen Spalt, den die Sichtschutzmatten freiließen. Über dem dahinter liegenden Feld ging gerade der Mond auf.

Wegen des Spektakels um Esther Vlies hatte sie den letzten Sommer verpasst, aber in diesem Jahr wollte sie den Garten endlich genießen.

»Was soll ich schon gemacht haben?«, fragte sie schließlich zurück.

»Ich habe alte Tischdecken zu Putzlappen gerissen, ein Märchen gelesen und eine Bluse genäht.«

Gunnar lachte. »Ein vielfältiges Programm.«

Dann hob er die Brauen: »Du warst doch nicht extra in der Stadt, nur um Stoff zu kaufen.«

»Den hatte ich schon.«

Sie hörte die leise warnende Stimme in ihrem Inneren gerade noch rechtzeitig. »Von früher. Ich habe immer viel genäht.«

»Dann ist dir die Zeit ja nicht lang geworden«, sagte Gunnar, ohne näher auf das Thema einzugehen. »Und sonst? War jemand hier?«

Mascha schüttelte den Kopf.

Natürlich war niemand gekommen.

Man wurde schnell vergessen, wenn man Freundschaften nicht pflegte und Einladungen meist absagte. Eine einzige Party im Jahr war zu wenig.

»Nein«, sagte sie.

»Post?«

»Liegt auf der Flurkommode.«

»Telefon?«

»Nein.«

Er gähnte. »Na dann hattest du ja eine paradiesische Ruhe. Wie geht es dir denn überhaupt?«

»Besser.«

»Du hast doch die Tabletten genommen?«, fragte er besorgt.

»Klar.«

Er lächelte. »Brav.«

»Gehen wir hinauf«, sagte er dann und gähnte erneut. »Es ist spät.«

Mascha fühlte, wie die Mattigkeit der vergangenen Wochen in ihren Kopf zurückkehrte, und war dankbar, dass Gunnar zu müde war, um das Wiedersehen auf jene Weise zu feiern, die den allgemeinen Regeln zufolge die Trennungen so schön macht.

In der folgenden Woche fand Mascha es an der Zeit, sich wieder einmal in der *Marotte* sehen zu lassen, da andernfalls zu befürchten war, dass Hille das Angebot der Jobteilung auf immer vergessen würde.

Marleen begrüßte sie mit einem breiten Grinsen.

»Auferstanden von den Toten? Was hast du denn gehabt?«

»Irgendetwas mit dem Magen.«

Sofort ergriff Marleen ein Buch, in dem alle Krankheiten auf die dafür verantwortlichen psychosomatischen Auslöser hin untersucht wurden.

Sie warf Mascha einen triumphierenden Blick zu: »Hier: Magen. Unverdaute Vorstellungen. Affirmation: Mein Leben fließt in gleichmäßigem Fluss. Alles wird gut.«

Sie warf Mascha einen Blick zu: »Therapie-Tipp: Lachen.«

In gespieltem Ernst sah sie sie an. »Mascha, wann hast du zum letzten Mal gelacht?«

»Mittwochabend vor einer Woche.«

»Anlass?«

»Anlass: Alleinsein und der unverhoffte Fund eines wunderschönen Stoffes«, wäre die ehrliche Antwort gewesen.

»Gunnar hat so komische Dinge aus dem Seminar erzählt. Es war unwiderstehlich«, sagte sie stattdessen.

»Wie der ganze Mann! Du solltest an der Dauerhaftigkeit eurer Beziehung arbeiten. Hier … schenke ich dir.«

Sie nahm ein Taschenbuch von einem hohen Stapel.

Nie wieder allein.

Untertitel: *Tausend Tipps zum Thema.*

Marleen schlug das Buch aufs Geratewohl auf.

»Eine dauerhafte Verbindung zwischen Mann und Frau«, dozierte sie, »kann nur von außerhalb der Ehe liegenden Interessen getragen werden. Der gemeinsame leidenschaftliche Wunsch etwa, es zum Bundesminister von Nordrhein-Westfalen zu bringen, ein gemeinsames Interesse für Zwerghühner oder das Sammeln russischer Ikonen.«

Sie warf Mascha einen Blick zu. »Und was trägt eure Verbindung? Ich tippe auf das Sammeln russischer Ikonen.«

»Oder etwas ganz anderes!« Mascha gelang ein herablassendes Lächeln.

Sie sah das Lächeln im Spiegel und reckte das Kinn ein wenig nach oben.

Herablassung war immer Chris' Revier gewesen, aber sie holte auf.

»Anhand dieses Buches solltest du dich vielleicht auch nach einem Partner umsehen«, wandte sie sich an Marleen. »Allein leben bekommt dir nicht. Was macht Pete Pettow?«

»Scheffelt Geld und Ruhm. Aber ich will sehen. Sobald mir dieser verdammte Laden eine Minute Ruhe lässt, werde ich das Partnerschaftsproblem in Angriff nehmen. Welchem Typ sollte ich deiner Erfahrung nach denn den Vorzug geben? Gunnar oder Max?«

Mascha lachte: »Für dich irgendwas dazwischen.«

»Den Mann dazwischen suchen wir doch alle. Auf dem Land ist er jedenfalls nicht.«

Hille betrat den Laden und hatte Maschas letzte Worte mitbekommen. Nachdem der kreative Teil der Hauseinrichtung und Gartenplanung beendet war, hatte sie das Landleben wieder aufgegeben, so wie Marleen es prophezeit hatte.

»Ehe der Jasmin dreimal geblüht hat …«

Aber Hilles Jasmin hatte überhaupt nicht geblüht.

Sie hängte ihren Mantel auf, goss sich eine Tasse Kaffee ein und lehnte sich gegen den Verkaufstisch.

»Sag mal, Mascha, ist die Jobteilung im Augenblick nötig? Du hast einen gut verdienenden Mann, und ich bin ziemlich pleite.«

»Im Moment steht nichts an, aber im Herbst komme ich darauf zurück.«

Hille lachte. »Im Herbst bin ich vielleicht schon gar nicht mehr da.«

Einen Augenblick lang fühlte Mascha sich mit ihrer Kindheit ausgesöhnt.

Vielleicht war die Ordnung ihres Elternhauses, gegen die sie stets rebelliert hatte, gar nicht so schlecht gewesen. Setzte man die Verlässlichkeiten gegen die Veränderungswut, so war die Verlässlichkeit letztendlich vorzuziehen.

Hille schenkte sich eine zweite Tasse Kaffee ein und grinste: »Und wann ziehst du zurück in die Stadt?«

In Maschas Kopf vertauschten sich die Bilder der Häuser Gernot Hahn und Gunnar Giersch: gepflegte Dämmerung, Bücher im Regal, eine Uhr schlägt die Zeit, Abendessen um halb sieben – Sicherheit und Ordnung.

»Nie«, sagte sie.

Unter der Post, die Mascha so gedankenlos zur Seite gelegt hatte, war eine Nachricht von Gunnars Sohn Niko gewesen.

Gunnar hatte das Couvert aufgerissen und das Beben der Hände nicht vermeiden können. Dann hatte er die Nachricht wie ein Geheimnis gehütet und sich erst am Sonntag nach dem Frühstück imstande gefühlt, Mascha davon zu erzählen: »In den ersten Ferienwochen wird uns mein Sohn besuchen.«

Sofort sträubte sie das Gefieder. »Ich dachte, wir wollten nach Pommern.«

»Die Reise wird eben verschoben. Oder« – ein Leuchten ging über sein Gesicht – »wir nehmen Niko mit.«

»Das würde ihn sicher langweilen.«

»Woher weißt du das? Du kennst ihn doch gar nicht.«

»Aber ich kenne andere fünfzehnjährige Jungs. Keiner hätte Lust, mit einem ältlichen Paar nach Pommern zu reisen.«

»Und wo sind diese Jungs?«

Gunnar sah sich um, als hielten sie sich hier im Zimmer versteckt.

»Wenn du willst, kann ich sie einladen.«

Schon bei Gunnars Eröffnung, dass er Post von seinem Sohn bekommen habe, hatte Mascha eine diffuse Gefahr gespürt. Sie hatte das Gefühl, einen neuen Konkurrenten zu bekommen.

Ihr Ton bekam eine ironische Schärfe. »Max hat eine Menge Verwandte. Die Verwandten haben Kinder. Allein seine Schwester besitzt drei Stück! Alles Jungen«, fügte sie triumphierend hinzu. Um sich zu beruhigen, begann Gunnar im Zimmer auf und ab zu wandern.

Dann wandte er sich um. »Ich sehe nicht den geringsten Grund zur Aufregung. Wir werden Niko die Entscheidung selbst überlassen. Auf jeden Fall freue ich mich sehr, dass er sich dazu durchgerungen hat, uns endlich zu besuchen.«

Er warf Mascha einen Blick zu. »Und du gibst dir ein wenig Mühe, ja?«

»Vielleicht sollten wir Ebba einladen«, schlug sie vor.

Sie hatte plötzlich die peinliche Vorstellung, sich mit dem Sohn der Vorgängerin allein im Haus zu befinden.

Sie würde sich als Eindringling fühlen, die in diesen Räumen nichts zu suchen hatte, so unsinnig das Gefühl auch war. Schließlich war Vanessa bereits Vergangenheit, als sie die Bühne betreten hatte.

Obwohl sie nicht der Anlass zur Trennung gewesen war, empfand Mascha ein unbestimmtes Gefühl von Schuld.

Niko kam am Sonntag, dem 2. Juli, mit dem Achtzehnuhrzug.

Gunnar war allein zum Bahnhof gefahren, nachdem Mascha sich geweigert hatte, ihn zu begleiten.

»Ich erwarte euch lieber zu Hause.«

Die Vorstellung, als Nachfolgerin seiner Mutter neben dem Vater auf dem Bahnsteig zu stehen, verstärkte das Unbehagen, das ihr Nikos Besuch bereitete.

Sie hatte am Morgen erneut mit Magenschmerzen zu kämpfen gehabt und schmerzlich lächeln müssen, als sie beim Abzählen ihrer Tropfen plötzlich Marleens Worte im Ohr hatte: »Magen: Unverdaute Vorstellungen. Affirmation: Alles ist gut. Therapie: Lachen.« Mascha zweifelte daran, dass die kommenden Tage genügend Anlass zum Lachen bieten würden, um die Schmerzen zu vertreiben.

Glücklicherweise hatte Ebba jedoch für den morgigen Tag ihren Besuch angesagt, um eine ganze Woche zu bleiben. Ihre Gegenwart würde für Ablenkung sorgen, aber der erste Abend musste überstanden werden.

Das Erste, was Mascha auffiel, waren Nikos ungewöhnlich leuchtenden Augen. Sie waren schmal und grün und erinnerten an die Augen einer Katze.

Gunnars Augen lagen tief in den Höhlen und glichen eher zwei dunklen Kratern als irisierenden Edelsteinen.

Niko hatte zweifelsfrei die Augen seiner Mutter geerbt, und Mascha erkannte augenblicklich die Waffe, mit der Vanessa ihre Opfer in ihren Bann zu ziehen pflegte.

Diesen Augen entkam man nicht.

Niko reichte ihr die Hand.

»Tag.«

Gunnar stellte vor. »Mein Sohn Niko. Mascha meine … äh Lebensgefährtin.«

Mascha lächelte verlegen. »Guten Tag, wie schön, dass du uns einmal besuchst.«

Ihr Magen zeigte deutliche Anzeichen von Unmut.

Wie dumm das alles klang: »Lebensgefährtin«, »Wie schön, dass du uns einmal besuchst.«

Lauter Floskeln.

»Gehen wir doch hinein«, sagte Gunnar.

Beim Essen rettete sich Mascha in die Hausfrauenrolle.

Während das Gespräch zwischen Vater und Sohn dahinplätscherte, machte sie sich am Grill zu schaffen, wendete Würstchen und bestreute Tomaten mit Thymian.

Hin und wieder fing sie Nikos Blick auf.

Während er sich mit Gunnar unterhielt, beschäftigte ihn sichtlich die Frage, was sein Vater an der Dame fand, die auf verlegene Weise dienstbeflissen und ansonsten ganz und gar durchschnittlich war.

Überraschenderweise war Niko jedoch gesprächiger, als Jungen in seinem Alter es normalerweise sind.

Mascha war auf die pubertäre Maulfaulheit eingestellt, die Max' zahlreiche Neffen auszeichnete.

Deren Teilnahme an den Familientreffen hatte in der Regel darin bestanden, sich auf die verschiedenen Sofas zu verteilen, durch die TV-Programme zu zappen oder sich ebenso gelangweilt irgendwelchen Computerspielen hinzugeben.

Der Beitrag zum Gespräch hatte sich im Wesentlichen darauf beschränkt, durch gelegentliches Gähnen die Botschaft zu verkünden, dass sie im Begriff standen, vor Langeweile zu krepieren.

Prüfende Blicke hatte Mascha allerdings nicht zu ertragen gehabt. Sie war eben eine der Miezen, mit denen Onkel Max sich die Zeit vertrieb und die viel zu rasch wechselten, als dass es sich gelohnt hätte, sich den Namen zu merken.

Niko war weit davon entfernt, sich im Sessel zu räkeln.

Ähnlich wie seine Tante Ebba liebte er Themen aus den Bereichen Wirtschaft und Ökologie, kehrte jedoch plötzlich auf die Ebene seiner Kindheit zurück, als er das verwitterte Baumhaus in der Rotbuche entdeckte.

»Dass das noch da ist, Papa, weißt du noch …?«

Gunnar lachte. »Dein Geschenk zum achten Geburtstag. Du warst so begeistert, dass du am liebsten die ganze Gesellschaft zum Kaffeetrinken in die Höhe geholt hättest.«

»Vanessa hat es gewagt! Wir hatten eine Art Flaschenzug, mit dem wir Kuchen und Limonade nach oben gezogen haben«, er unterbrach sich. »Ich glaube, ich klettere mal hoch.«

Gunnar äußerte Bedenken. »Lass das lieber, das ist alles morsch.«

»Ich bin vorsichtig.«

Ehe sein Vater es verhindern konnte, kletterte Niko in die Höhe.

»Das Dach ist durch«, klang es bald darauf durch die Äste.

»Aber der Boden ist noch intakt. Die Dielen haben gehalten. Sogar die Bank ist noch da.«

Die Blätter teilten sich, und Nikos Gesicht erschien.

»Es ist ganz toll hier, Papa, komm doch mal rauf.«

Gunnar war nicht ganz wohl, als er sich anschickte, in die Höhe zu klettern, aber der Hinweis, dass von der ganzen Geburtstagsgesellschaft Vanessa die Einzige gewesen sei, die der Einladung des Geburtstagskindes gefolgt war, ließ ihm keine Wahl. Wenn es um Nikos Gunst ging, war sie immer seine Konkurrentin gewesen, und meist hatte sie das Spiel gewonnen.

Mascha verfolgte den Weg, den Gunnars weiße Waden durch das Blättergewirr hindurch nahmen, bis sie sich ihren Blicken entzogen.

Bald darauf hörte sie Vater und Sohn lachen. »Mascha, es ist super hier oben, komm doch auch.«

»Ich räume lieber den Tisch ab.«

Das klang abweisender als nötig.

Energisch machte sich Mascha in der Küche zu schaffen.

Sie räumte die Essensreste in den Kühlschrank und das Geschirr in die Maschine. Unbenutzte Teller wanderten in den Schrank zurück. Nach jeder Aktion knallte sie die Tür unnötig laut ins Schloss. Heftig fuhr sie mit dem Besen über die Fliesen und fegte den Schmutz auf das Kehrblech.

Laut schepperte der Deckel der Mülltonne.

Dazu murmelte sie tonlos vor sich hin.

Wie nannte Niko seine Eltern? Papa und Vanessa.

Seltsame Verhältnisse.

Normalerweise nannten Kinder ihre Eltern Mutti und Vati oder bevorzugten, so wie Max' Neffen es taten, die lässige Variante und nannten die Eltern beim Vornamen.

Aber »Papa« und »Vanessa«?

Die unterschiedliche Bezeichnung warf ein Licht auf die Beziehung des Sohnes zu den Eltern.

Während Gunnar stolz darauf war, Vater zu sein, schätzte Vanessa es offenbar nicht, vor Dritten mit »Mama« tituliert zu werden. Sie war Vanessa und kein Familientier.

Und sie gehörte sich selbst und niemandem sonst.

Einen Augenblick hielt Mascha in ihrem wütenden Tun inne.

Ja, so würde es sich sicher verhalten.

Eine Welle mitleidiger Sympathie flutete Richtung Gunnar.

Er gehörte zu den Männern, die nicht nur mit Stolz Vater waren, sondern sich darüber hinaus dem Sohn mit Begeisterung widmeten. Oder war die Begeisterung vielleicht eine Spur zu großartig?

Erneut ließ Mascha den Putzlappen sinken und starrte vor sich hin. Eine Spur zu großartig …

War da nicht Gefahr im Verzug?

Mit wütendem Eifer nahm sie ihre Tätigkeit wieder auf, schleppte die Gartenstühle in den Schuppen, klappte den Tisch zusammen und machte sich über den verkrusteten Grill her, obwohl diese Arbeit eigentlich in Gunnars Bereich fiel.

Aber man konnte sich abreagieren.

Man konnte beweisen, wozu eine Frau fähig ist, die nicht nur den Geist, sondern auch die Hände tätig werden lassen kann.

Die sich nicht zu schade ist, eine niedrige Arbeit zu verrichten. Die anderen das Vergnügen gönnt, es sich währenddessen in Baumhäusern gemütlich zu machen, die Aussicht zu genießen, zu plaudern und »Vater und Sohn« zu spielen.

Männer mussten doch auch einmal unter sich sein dürfen,

nicht ständig unter Bewachung stehen, so leuchtend die Augen, die sie verfolgten, auch sein mochten …

Arbeit als Therapie gegen Eifersucht.

An diesem Abend stellte Mascha fest, dass es noch eine andere Eifersucht gab, als die, mit der sie in der Zeit mit Max zu kämpfen gehabt hatte: tiefer, dunkler und schwerer zu fassen. Und der man nicht entkam, indem man eine Szene machte oder die Tür knallte.

Sie beschlossen den Abend am Kamin bei einer leichten Bowle, die Gunnar zubereitet hatte.

Wieder musste Mascha feststellen, dass ihm Alkohol, im Kreis der eigenen Familie genossen, offenbar bestens bekam. Nur wenn sie eine Flasche Wein öffnen wollte, kehrte er den Puritaner hervor. Niko lachte: »Rosenbowle, die gab es früher zu Geburtstagen.«

Gunnar hob das Glas. »Deshalb habe ich sie ja gemacht.«

»Prima! Übrigens«, zum ersten Mal wandte Niko sich direkt an Mascha, »die Aussicht im Baumhaus ist fantastisch. Man sieht die ganze Gegend. Sie sollten es auch einmal probieren.«

Aber ehe Mascha antworten konnte, hatte er sich bereits wieder seinem Vater zugewandt. »Sag mal, der kleine Turm auf der Mühle ist doch neu?«

Über Gunnars Gesicht flog ein Schatten. »Ja, die ehemaligen Besitzer sind weg. Stattdessen kam eine Trulla vom Fernsehen: Esther Vlies.«

»Esther Vlies«, wiederholte Niko nachdenklich. »Hab ich, glaub ich, mal kurz kennen gelernt.«

Er lachte. »Ja, jetzt erinnere ich mich. Sie war sehr nett und sorgte für Stimmung. Ich könnte sie eigentlich kurz begrüßen gehen.«

Gunnar füllte erneut die Gläser. »Du bist doch hoffentlich kein Fan von Vorabendserien.«

»Manchmal schon.« Niko grinste. »Ich sehe sie aus beruflichen Gründen.«

Gunnars Kopf schnellte vor. »Aus beruflichen … was???«

»Ich mach da manchmal als Statist mit. Wird schlecht bezahlt, macht aber mehr Spaß als ein Job im Getränkemarkt. Vanessa und ich …«

Ruckartig zog Gunnar das Handgelenk aus der Manschette. »Es ist spät.«

Betont forsch klatschte er in die Hände. »Genug für heute, morgen ist auch noch ein Tag.«

Gunnar erhob sich und griff nach dem Tablett.

Er warf Niko einen Blick zu. »Ebba wird uns übrigens besuchen. Sie freut sich sehr auf dich. Wann hast du sie das letzte Mal gesehen?«

Niko antwortete nicht gleich.

Er drehte sein Glas in der Hand und schaute auf das verlöschende Feuer im Kamin.

»Das ist lange her«, sagte er schließlich. »Ist sie immer noch so neugierig?«

»Findest du sie neugierig?«

»Durchaus.«

Niko warf Mascha einen Blick zu. In der Dämmerung des Raumes leuchteten seine Augen wie Lichter.

»Ebba hat ihren Beruf verfehlt«, setzte er erklärend hinzu.

»Sie wäre der ideale Kriminalkommissar.«

»Kriminalkommissarin, wenn schon«, wurde er von Gunnar verbessert.

»Nein, Kommissar!«, wiederholte Niko.

30

Fleisch fressende Pflanzen

Es *ist schrecklich, auf die hungrige Art geliebt zu werden,* schrieb Mascha am Abend des 5. Juli in ihr Merkheft.

Sie hatte den Satz unter den Aphorismen Oscar Wildes gefunden, und seit einigen Tagen wusste sie, welche Art von Liebe der Dichter gemeint hatte.

Gleich nach der Ankunft war ihr Ebbas Blick aufgefallen, der auf Nikos Gesicht herumirrte, wie auf der Suche nach der Lösung eines Rätsels, und schon bald waren die anfänglich distanzierten Fragen einem angstvollen Forschen gewichen.

Vor allem die mittäglichen Mahlzeiten, an denen Gunnar nicht teilnahm und bei denen ihr Niko nicht entkommen konnte, nutzte Ebba für ihre Verhöre.

Gleich am ersten Tag hatte sie, die Gabel in der Hand balancierend, scheinbar gleichgültig gefragt: »Wie geht es Vanessa?«

»Gut!«

»Ist sie wieder mit Michael zusammen?«

»Ja.«

»Das glaube ich nicht.«

Niko warf ihr einen erstaunten Blick zu. »Wieso?«

Ebbas Stimme gewann an Schärfe. »Zwölf Jahre lang ausbooten lassen und bei Bedarf wieder zur Stelle sein … Ein solcher Schwächling hätte bei Vanessa keine Chance.«

»Kennst du ihn denn?«

»Nein, aber ein Mann ohne Charakter …«

Niko lachte. »Und woran erkennt man Charakter?«

»Zum Beispiel daran, dass sich jemand zurückzieht, wenn er nicht mehr gebraucht wird.«

»So wie du.«

»So wie ich!«

Stille.

Ebba säbelte mit hastigen Bewegungen an ihrem Schinkenbrot herum.

Dann sagte sie: »Aber er wohnt nicht bei euch?«

»Wer?«

»Michael.«

»Nein, wir wohnen ja bei Vivi.«

Ebba legte das Besteck aus der Hand. »Das habe ich nicht gewusst.«

»Nein?«

»Ich dachte …«

»Vivis Haus ist groß genug für uns alle!«

»Und wer ist das?«

»Vanessa, Herman und Tietjen, Tiger, Bernhard der Große, Fritz …«

Ebba runzelte nervös die Stirn. »Geht's auch ein bisschen genauer?«

»Herman und Tietjen sind zwei Nymphensittiche, Tiger ist unsere Hauskatze, Bernhard der Große ist ein Bernhardiner, Fritz ein Terrier, das ist übrigens eine ganz komische Nummer!«

Niko ließ das Besteck sinken und setzte zu einer längeren Schilderung an, der Ebba ungeduldig lauschte. Sie hatte kein Interesse an positiven Milieuschilderungen. Sie wollte hören, dass es Vanessa schlecht gehe, dass sie nach der Trennung von Gunnar ins Elend geraten sei und Hilfe benötige.

Hilfe, die zu leisten nur ein einziger Mensch, nämlich Ebba Giersch, fähig war, als direkte Folge eines mit großer Vorsicht und Sparsamkeit gelebten Lebens.

Stattdessen war sie gezwungen, einer lächerlichen Geschichte zu lauschen, in der ein Terrier namens Fritz die Hauptrolle spielte.

Wie Niko erzählte, hatte Vanessa das Tier einem Zirkus abgekauft, wo es zur Erheiterung des Publikums durch Reifen gesprungen und über ein Seil balanciert war und verdutzten Besuchern die Mütze vom Kopf geschnappt hatte.

»Irgendwann war er aber zu alt für den Job, sodass er öfter zu kurz sprang oder vom Seil rutschte. Aber wir haben schnell gemerkt, dass er echtes Zirkusblut in den Adern hat und gar nicht anders kann, als Kunststücke vorzuführen. Drei Tage ohne Training, und er kriegt Depressionen.«

Niko lachte. »Jetzt muss sich ständig jemand zur Verfügung stellen, der den Reifen hält oder sich die Mütze vom Kopf fegen lässt.«

»Wie nett!« Ebba lächelte gequält, und auch Mascha zeigte wenig Erheiterung.

Säuerlich starrte sie vor sich hin.

Vanessa und dieser alberne Köter schienen hervorragend zueinander zu passen. Vanessa schien sich überhaupt eines höchst amüsanten Lebens zu erfreuen, in dem alles aufs Beste arrangiert war: Vivi für den täglichen Kram, der Liebhaber für die gemütlichen Stunden, ein Zirkushund für die Unterhaltung, und der Exmann, der alles finanziert.

Wieder erschien vor ihrem inneren Auge das Bild der Fleisch fressenden Pflanze, die lockt – und verschlingt.

Niko ließ den Blick durchs Zimmer schweifen. »Hier wäre auch Platz für ein paar Tiere. Eure Asta scheint sich nach Gesellschaft zu sehnen.«

Asta hob den Kopf und klopfte müde mit dem Schwanz auf den Boden. Ihrer Kehle entrang sich ein Seufzer unentrinnbarer Langeweile. Niko warf Mascha einen Blick zu: »Kommt sie hin und wieder mal raus?«

»Jeden Tag.«

»Was hat sie denn?«

»Ich weiß nicht.«

Auch Mascha war aufgefallen, dass Asta ein eher phlegmatisches Gemüt besaß. Sie zeigte selten eine freudige Regung und interessierte sich eigentlich ausschließlich für ihren Fressnapf. In letzter Zeit hatte sie es sogar aufgegeben, Gunnar beim Heimkommen zu begrüßen, sondern beschränkte sich darauf, müde den Kopf zu heben und ihn mit allen Zeichen resignierter Enttäuschung zurück auf die Pfoten sinken zu lassen.

»Gebt mir Asta eine Weile mit«, sagte Niko, »ich bring sie wieder auf Trab.«

Er grinste. »Wahrscheinlich lacht ihr zu selten mit ihr.«

Mascha mochte nicht zugeben, dass im Hause Giersch ganz allgemein zu selten gelacht wurde, und nicht nur Asta, sondern auch sie selbst unter mangelnder Ansprache litt.

»Bei uns könnte sie jedenfalls nicht ewig den Bettvorleger spielen«, spann Niko das Thema weiter aus, »weil immer etwas los ist.«

»Wird bei euch eigentlich auch gearbeitet?«, fragte Ebba spitz.

Niko belegte ein weiteres Brot mit Käse.

»Dauernd«, sagte er kauend. »Vanessa hat Kontakte zum Fernsehen und schreibt Filmdialoge. Sie hat die Connections durch eine Drehbuchautorin.«

Er zwinkerte Ebba zu. »Wird top bezahlt, Tante.«

»Und so was hat sie nötig?«, fragte Ebba aufgebracht.

»Filmdialoge«, ihre Stimme wurde schrill. »Hoffentlich nicht für drittklassige Soaps!«

Niko lachte. »Von irgendetwas müssen wir schließlich leben.«

»Die Summe, die dein Vater zahlt, ist doch hoch genug«, erwiderte Ebba empört, »und bei freier Miete …«

Niko stützte den Kopf in die Hand.

»Papa zahlt gar nichts«, sagte er ruhig.

Ebbas Augen schlossen sich zu zwei schmalen Schlitzen.

»Laut Gerichtsbeschluss ...«

»Vanessa glaubt, es sei erfolgreicher, im Garten nach Öl zu graben, als in Gunnars Taschen nach Geld. Da hast du deinen Gerichtsbeschluss.«

Sein heller Blick senkte sich in Ebbas Augen. »Das war ja wohl schon früher so, oder? Außerdem«, er lächelte, »verdient Vanessa vielleicht mehr als er.«

Mascha verfolgte diesen Dialog mit wachsender Spannung.

Gunnar hatte stets behauptet, der zwingende Grund ihres sparsamen Lebens läge darin, dass seine Exgattin ihn nicht nur mit Untreue beleidigt, sondern darüber hinaus finanziell ruiniert habe. Die Summe des Geldes, mit der er ihren lasterhaften Lebenswandel bestreiten müsse, ernähre leicht eine mehrköpfige Familie.

»Wenn es mal eng wird«, schloss Niko das Thema ab, »wären ja noch Michael und Vivi da, aber bis jetzt hat es immer gereicht.«

Er nickte Mascha beruhigend zu, als ob er sagen wollte: »Kein Grund zur Panik! Nicht anzunehmen, dass jemand aus der Exfamilie auftaucht und Ansprüche stellt. Lass es dir weiterhin gut gehen.«

»Habt ihr eigentlich immer noch keine Katze?«, wechselte er übergangslos das Thema.

»Vanessa wollte immer Katzen haben«, wandte sich Ebba an Mascha. »Aber mein Bruder mag sie nicht.«

Sie lächelte. »Das lautlose Anschleichen und plötzliche Auftauchen ist ihm zuwider.«

Und der schmaläugige Mörderblick, setzte Mascha in Gedanken hinzu.

Die Unterhaltung hatte eine unangenehme Wendung genommen.

Mascha erhob sich und griff nach dem Tablett.

Klirrend stellte sie die Teller zusammen, wobei sie den endlosen innerlichen Monolog wieder aufnahm, den sie sich im Zusammenleben mit Gunnar angewöhnt hatte.

Was dachte Vanessa sich eigentlich? Dass ihre Nachfolgerin im Verein mit Gunnar den ihr zustehenden Unterhalt unter die Leute brachte? In Champagner badete und die Puppen tanzen ließ? Während sie, die eigentliche Gattin, bis zum Morgengrauen Dialoge schrieb, um sich und das gemeinsame Kind zu ernähren?

Ach nein, die Nächte verbrachte Vanessa ja mit Michael, oder …?

Aggressiv transportierte Mascha das beladene Tablett durch den Korridor. Ein Lichtstrahl fiel auf die Karten mit den quergeteilten Heuschrecken und ließ die Flügel der aufgespießten Schmetterlinge leuchten, aber Mascha hatte schon lange keinen Blick mehr dafür.

Was Vanessa betraf, so würde sie sich wohl entscheiden müssen. Entweder für die sozialkritische Variante oder für die lüsterne. Entweder die abgearbeiteten Hände oder der wiegende Hintern über Stilettos. Im Augenblick schien die Wahrheit irgendwo in der Mitte zu liegen, aber zu fassen war sie nicht.

Mascha gab der Küchentür einen Tritt und balancierte das Tablett auf die Anrichte.

Ein leeres Glas in der Hand, war Ebba ihr gefolgt. Gemeinsam stapelten sie das Geschirr in die Spülmaschine.

»In erster Linie hatte sie viel Stolz«, sagte Ebba in Maschas Gedanken hinein.

Sie gab der Klappe einen Stoß, und mit einem schmatzenden Geräusch fiel sie ins Schloss.

Dann richtete sie sich auf und warf Mascha einen Blick zu.

»Sie war so anders als du.«

Darauf näher einzugehen, erübrigte sich.

Dafür beschäftigte Mascha eine andere Frage: »Wer ist eigentlich Vivi?«

»Vanessas Mutter. Sie tritt heute noch dann und wann in kleineren Rollen auf.«

Also die Schauspielerin. Die Wurzel des Übels.

»War sie früher öfter mal hier?«

Ebba lachte. »Nie! Wir wären ihr viel zu langweilig gewesen. Dass sie sich eines Tages doch noch als Familienmutter betätigen würde, hätte ich nie für möglich gehalten.«

Mascha zuckte die Schultern. »Vielleicht macht ihr die Einsamkeit des Alters zu schaffen. Da nimmt man, was man kriegt.«

Sie blinzelte in den Garten hinaus. Der Splitter im Auge war deutlich zu spüren.

Auch Ebba blickte eine Weile schweigend aus dem Fenster.

»Na, ich weiß nicht«, sagte sie dann. »Ich hab die Erfahrung gemacht, dass Menschen sich nicht ändern. Sie bleiben stets, was sie sind.«

»Vielleicht gefällt Vanessas Mutter die besondere Art von Haushalt«, sagte Mascha spitz. »Ein ewiges Kommen und Gehen, und ein Köter, der durch Reifen springt …«

»Das trifft es schon eher«, sagte Ebba.

Am Ende der ersten Woche beschloss Niko, seinen Aufenthalt im Hause Giersch zu verlängern.

»Gemütlich hier, ich bleib noch ein paar Tage«, teilte er seinen Gastgebern mit.

Gunnar nahm den Entschluss in freudiger Demut zur Kenntnis.

Nachdem er die Prüfung der ersten Ferienwoche unerwartet gut bestanden hatte, wagte er einen weiteren Vorstoß.

»Wie wär's«, fragte er betont lässig, »wenn du mit uns nach Pommern führest? Wir wollen in zwei Wochen los, und es wird bestimmt interessant.«

»Wie lange wollt ihr denn bleiben?«, fragte Niko gedehnt.

»Drei bis vier Wochen.«

»Ach du lieber Gott.« Das klang ehrlich erschrocken.

»Drei Wochen«, kam ihm Gunnar eifrig entgegen.

Niko schüttelte den Kopf.

»Zwei …«

Niko hob abwehrend die Hände, und Gunnar ließ resigniert die Schultern sinken.

Abgelehnt!

»Wenn sie Zeit hat, fliege ich mit Vanessa nach Norwegen«, sagte Niko schließlich.

»Und was macht ihr da?« Ebba mühte sich vergeblich, die stets auf der Lauer liegende Gier nach Neuigkeiten über Vanessa zu verbergen.

Niko zuckte die Achseln. »Vivi hat dort ein Haus, und Vanessa ist gern da.«

Unbefriedigt musterte Ebba ihren Neffen. »Und was heißt, wenn sie Zeit hat?«

Erneut zuckte Niko die Achseln. »Bei Drehbuchautoren weiß man nie, meist kommt was dazwischen.«

»Aha.«

Auch Gunnar senkte die Augen.

Das Resümee des Gesprächs war eindeutig.

Eher ein Risiko mit Vanessa als eine sichere Reise mit ihm.

Das Risiko barg immerhin die Hoffnung auf Spiel und Spaß, dagegen Pommern mit Gunnar und Lebensgefährtin …

»Na, vielleicht ein anderes Mal.« Gunnar brachte ein schiefes Lächeln zustande, das die Enttäuschung kaum verbergen konnte, und Mascha spürte das bekannte Brennen in der Magengegend.

Es war unübersehbar, wie wenig ihn ihre erste gemeinsame Reise reizte.

Wenn Niko auch wenig Interesse zeigte, den Kontakt zu seinem Vater über den häuslichen Bereich hinaus zu vertiefen, so nahm er sein ehemaliges Elternhaus voll in Besitz.

Nach dem Aufstehen setzte er den CD-Player in Betrieb, telefonierte endlos mit irgendwelchen Kumpels, surfte so ausdauernd durch das Internet, dass Gunnar empfindlich in der Arbeit gestört wurde, und gab Ebba Anweisung, was den Speisezettel betraf.

»Am besten täglich Steak mit irgendwas.«

Entgegen Maschas Hoffnungen zeigten Ebba als auch Gunnar keine Ermüdungserscheinungen, seinen Wünschen Folge zu leisten.

Zu Beginn der zweiten Woche fühlte Mascha sich im Haus so deplatziert, dass sie an Flucht dachte.

Sie musste akzeptieren, dass dies Nikos Zuhause war und dass nicht er der Eindringling war, sondern sie.

Sie musste akzeptieren, dass Gunnar rasch den Kopf zur Tür hereinsteckte und wieder zurückzog, nachdem er festgestellt hatte, dass nur sie sich im Zimmer befand.

Und sie musste akzeptieren, dass es kein Zufall war, wenn Ebba ihr in der Küche die Arbeit aus der Hand nahm und es überhaupt schwer ertrug, sie mit häuslichen Gegenständen hantieren zu sehen. Den tieferen Grund dieses Verhaltens entdeckte Mascha an jenem Morgen, als Ebba sie daran hinderte, einen Keramikkrug mit Wasser zu füllen.

»Vanessa hat für Rosen immer die Glasvase genommen«, hatte sie erklärt, den Krug zurückgestellt und die Blumen selbst arrangiert. Von diesem Moment an hatten die Gegenstände im Haus ein Eigenleben bekommen.

Es war, als ob sie sich Blicke zuwarfen und sich stumm darüber beklagten, dass Mascha an Vanessas Stelle getreten war, dass alles falsch lief und sogar der Kontakt mit Maschas Händen Schmerzen verursachte.

Am Abend jenes Tages, an dem es ihr plötzlich nicht mehr möglich gewesen war, ein paar Kartoffeln zu schälen, weil sie wieder einmal das Messer benutzt hatte, das Vanessa niemals gebraucht hatte (und das Ebba ihr beleidigt aus der Hand nahm), schienen ihr sogar ein Besuch bei Vilma oder eine Wochenendtour mit Chris machbar.

Sie hatte das dringende Bedürfnis, der Übermacht von Niko, Ebba und Vanessa die eigene Familie entgegenzusetzen. Aber Vilma war zu einem Kuraufenthalt aufgebrochen, und Chris legte sofort den Finger in die Wunde.

»Nenn mir den Grund deiner Lust auf ein Wiedersehen«, sagte sie.

»Oder lass mich raten: Die Vorgängerin ist zurückgekehrt.«

»Nur ihr Sohn.« Mascha lachte gequält.

»Und Vater und Filius veranstalten abendliche Lagerfeuer, führen Männergespräche und rauchen die Friedenspfeife. Ergo: Mascha Thorwald ist im Weg.«

»Rede keinen Blödsinn«, sagte Mascha. »Warum musst du die einfachsten Dinge verkomplizieren?«

Während sie sprach, fiel ihr Blick aus dem Fenster in den Garten. Auf der Wäscheleine flatterten Gunnars Socken im Verein mit Nikos Polohemden.

Und dazwischen wehte ein gelb getupfter Badeanzug …

»Na, irgendeine Berechnung ist doch dabei«, sagte Chris trocken.

»Wenn deine Sehnsucht echt ist, kannst du uns im Sommer nach Dänemark begleiten. Wir mieten uns ein Häuschen.«

»Im Sommer habe ich keine Zeit.«

Chris lachte. »Hab's mir fast gedacht. Der Schuh drückt heute und nicht erst in sechs Wochen. Dann besuch uns doch einfach mal auf einen Kaffee. Vielleicht genügt das schon.«

Ganz bestimmt nicht, dachte Mascha.

»Gute Idee«, sagte sie laut und legte auf.

Auch Sonja zeigte sich eher erstaunt als erfreut. »Mascha, wie schön, von dir zu hören. Ich glaubte, du hättest uns vergessen.«

»Es ist eben immer etwas los«, sagte Mascha lahm.

Sonja lachte. »Da hast du Recht. Max hat ein altes Landhaus in der Provence gekauft, und zur Zeit fährt er dauernd hin und her, um den Umbau zu beaufsichtigen. Im Sommer soll es fertig sein.«

Sie hielt inne. »Ihr seid natürlich herzlich eingeladen, uns einmal zu besuchen«, fügte sie zögernd hinzu.

Sekundenlang starrte Mascha auf den Apparat. Wer käme noch in Frage?

Marleen!

Aber Marleen zu irgendeiner Tour zu überreden, erübrigte sich. Als Geschäftsfrau konnte sie sich nicht von einem Tag auf den anderen loseisen.

Außerdem hatte sie sich allzu lange nicht mehr bei ihr blicken lassen.

Und allein?

Was sprach dagegen, den Koffer zu packen und sich für einige Tage abzuseilen? Ein bisschen Entspannung und Erholung suchen von der doppelten Qual, stets im Weg und gleichzeitig auf schemenhafte Weise unsichtbar zu sein?

Am Abend setzte sie sich an ihren Schreibtisch und plante die Reise in allen Einzelheiten, dunkel ahnend, dass sie niemals fahren würde.

Sie blätterte in Prospekten und suchte die Adressen jener Hotels, in denen sie früher einmal gewesen war, während aus der Dämmerung des Gartens leise Stimmen zu ihr heraufwisperten.

Sie hörte Niko mit Gunnar lachen und dazwischen die helle Stimme Vanessas.

Am Ende der zweiten Woche bereitete Niko endlich seine Abreise vor. »Der Bruder eines Kumpels kommt mit dem Kombi vorbei und holt alles ab.«

Mascha, die ob der Eröffnung, dass er endlich fahren werde, gerade tief durchatmen wollte, traute ihren Ohren nicht.

»Was, alles?«

»Na, die Sachen, die mir und Vanessa gehören. Bücher, Tonbänder, die Maigrets, das Lexikon der Gegenwart ...«

Es war eines der wenigen Male, dass er sich ihr direkt zuwandte.

»Nimm, was du haben willst«, mischte Ebba sich ein. »Du brauchst nicht zu fragen.«

Niko sichtete die Bücherreihen und packte ganze Stapel aus dem Regal in Kartons.

»Dürfte ich das vielleicht erst einmal sehen?«

Ohne dass es ihr bewusst war, imitierte Mascha Gunnars Tonfall, wenn er sich in Gutsherrenmanier parkenden Autos und knutschenden Paaren näherte.

Ebba ergriff sofort Nikos Partei.

»Es sind Bücher von Vanessa«, sagte sie schrill. »Gunnars Bücher sind oben im Atelier, und du«, sie bebte vor Zorn, »liest doch wohl eher selten.«

Ihr grauer Blick fiel auf den Stapel der Bände über Mecklenburg-Vorpommern, die, von einer dünnen Staubschicht bedeckt, noch immer im Regal lagen.

Mascha floh ins Bad, ließ Wasser über den Puls laufen, ging dann hinaus und schob den Liegestuhl in die hintere Ecke des Gartens. Dort wurde sie von Ebba aufgestöbert.

»Ich wollte nur fragen, was du für heute zum Abendessen geplant hast, damit ich es schon mal vorbereiten kann.«

Mascha hatte nicht zugeben wollen, dass das abendliche Tafeln im Hause Giersch eine untergeordnete Rolle spielte, dass sie sich meist mit einem Quarkbrot und einem Glas Tee zufrieden gaben und auch der Mittagstisch nicht allzu üppig gedeckt war.

So musste sie zu allem Übel auch noch Ebbas Mitleid für Gunnar ertragen.

»Früher ist er diesbezüglich sehr verwöhnt worden.«

»Ich dachte, Vanessa kochte nicht gern«, sagte Mascha aufgebracht.

Ebba zog die Brauen hoch. »Wer hat denn das behauptet?«

»Gunnar.«

»Das hast du missverstanden.«

Sie lächelte in glücklicher Erinnerung. »Wenn es etwas auszusetzen gab, dann allenfalls, dass der Etat manchmal ein bisschen überzogen wurde. Aber wenn er dann den ersten Bissen auf der Gabel hatte, war alles verziehen.«

»Vanessa kocht super«, bestätigte Niko. »Vivi übrigens auch.« Er lachte. »Allerdings nur, wenn sie Lust hat.«

»Und das ist sicher selten der Fall.«

»Oft!«

In seinen grünen Augen funkelte der Spott. »Aber ich finde es erstaunlich, dass Papa jetzt auch manchmal den Koch spielt.«

Mascha warf ihm einen erstaunten Blick zu.

»Wieso?«

»Na, immerhin hat er schon zweimal gegrillt, und das Ansetzen von Rosenbowlen gehörte früher auch nicht in sein Ressort.«

»Not macht Tugend!«, sagte Ebba und warf Niko einen bedeutungsvollen Blick zu.

Die Dinge, die Niko für sich beanspruchte und mitzunehmen gedacht hatte, waren schließlich zu einem stattlichen Stapel herangewachsen. Weder Gunnar noch Ebba hinderten ihn daran, sich auch die Sternkartensammlung und die Bibel aus dem achtzehnten Jahrhundert unter den Nagel zu reißen.

Gunnar begleitete ihn sogar persönlich in den Keller und bat ihn, sich umzusehen, ob er an einem der hier gelagerten Gegenstände Gefallen finde.

Unschlüssig stöberte Niko in dem Schrank herum und förderte eine alte Taucherausrüstung und zwei Tennisschläger zu Tage. Schließlich entrollte er das Plakat mit der Taube.

»Das passt gut in mein Zimmer.«

Mascha presste die angestaute Luft durch die Zähne.

»Ich hätte nicht geglaubt, dass ein Junge von heute an einem solchen Kitsch Gefallen findet.«

Wieder imitierte sie unbewusst Gunnars Tonfall.

Niko lachte ihr ins Gesicht.

Seine Augen funkelten grün. »Ich bin eben ein bisschen gestrig«, erklärte er. »Deshalb melde ich mich auch am liebsten für die Mantel- und Degenrollen. Wegen der Kostüme und« – er stellte sich in Positur – »wegen der Drrramatik!«

Alles wurde schließlich im oberen Flur gesammelt und zum Transport aufgestapelt. Am Abend zuvor schlich sich Mascha unbemerkt in die Diele, entwendete das Plakat mit der Taube und versteckte es in dem geheimen Schrankwinkel in ihrem Zimmer.

Während der Aktion hatte sie einen gallebitteren Geschmack im Mund.

Großartig, dass sie ihre persönlichen Besitztümer vor den gierigen Händen dieses Burschen in Sicherheit bringen musste.

Bestimmt hatte Vanessa ihn mit dem Auftrag auf den Weg geschickt, den Aufenthalt gut zu nutzen, Gunnar und Ebba ein wenig zu umgarnen und begehrte Gegenstände mitzubringen. Kaum anzunehmen, dass es Nikos persönlichem Wunsch entsprach, sich die alte Bibel und das verstaubte Mikroskop anzueignen.

Ehe Mascha an diesem Abend einschlief, erschienen vor ihrem innerem Auge Vanessas wollüstige Lippen, die sich öffneten, um alles einzusaugen, das irgendeinen Wert zu haben schien. Insofern unterschied sie sich von jener Fleisch fressenden Pflanze, mit der Mascha sie bisher verglichen hatte. Vanessa fraß alles.

Als Niko abgefahren war, schien das Haus aufzuatmen, als sei es von einer Bürde befreit.

Ebba war in sich gekehrt, und Mascha wagte nicht die Frage zu stellen, ob auch sie daran dächte, in absehbarer Zeit nach Hause zurückzukehren.

In ihrem jetzigen Leben schien es nichts zu geben, nach dem zu sehnen sich lohnte.

»Heute Nacht habe ich geträumt, eine riesige Sanddüne habe sich genähert, um Haus und Garten unter sich zu begraben«, erzählte Ebba beim Frühstück.

»Das Gespenstische war, dass die Düne in Zeitlupentempo kam und man dennoch genau wusste, dass es kein Entrinnen gab.«

»Und ich habe geträumt, Niko sei mit einem riesigen Lastwagen zurückgekehrt, um nach und nach das ganze Haus leer zu räumen!« Mascha bestrich ein weiteres Brot mit Honig und biss herzhaft hinein.

»Schade, dass der Traum danach zu Ende war«, fügte sie hinzu. »Ich hätte gern eine Fortsetzung gehabt, bei der ich vor dem Thorwaldschen Anwesen vorfahre und mich meinerseits bediene.« Sie schenkte sich eine weitere Tasse Tee ein und sah Ebba viel sagend an. »Komisch, dass ich auf einen solchen Gedanken nie gekommen bin.«

»Ja du«, sagte Ebba gedehnt. »Dein Anteil an dem Haus, das du verlassen musstest, wird vermutlich so groß nicht gewesen sein.« Sie richtete ihre grauen Augen auf Maschas Gesicht und blickte dann versonnen aus dem Fenster. »Manche Menschen hinterlassen etwas«, sagte sie schließlich wie zu sich selbst.

»Einen Schatten, eine Atmosphäre, eine Sehnsucht.«

Ihr Blick kehrte zu Mascha zurück.

»Andere nicht!«, fügte sie dann hinzu.

Drei Tage, nachdem Niko abgefahren war, reiste auch Ebba ab. Bei einem ersten Rundgang durch das von einem Albtraum befreite Haus entdeckte Mascha, dass auch der Teppich mit den afrikanischen Motiven nicht mehr an seinem Platz war.

31

Moskitostiche

Vanessa hat die Alleen geliebt, dachte Gunnar, als sie die schnurgerade Straße entlangfuhren.

Die Blätter der alten Kastanien bildeten ein dichtes Dach, und am Ende des grünen Tunnels blitzte der See.

»Mecklenburg-Vorpommern ist ein armes Land«, las Mascha in einem der Bücher, die Gunnar ihr vor einem halben Jahr herausgesucht hatte.

»Es hat nur einen geringen Anteil industrieller Arbeitsplätze, die Arbeitslosenrate zählt zu den höchsten im Land.

Aber es ist auch das ländlichste aller Bundesländer, mit der schönsten und abwechslungsreichsten Küste, unberührten Landstrichen und tiefen Wäldern unter einem weiten Himmel.« Sie ließ das Buch sinken.

»Jetzt bin ich froh, dass wir hergefahren sind«, sagte sie und reckte sich wohlig. »Schau, diese Kastanien, die hätte man anderswo längst abgeholzt.«

Der Satz richtete in Gunnars Hirn ein Durcheinander an.

In seiner Fantasie saß nicht Mascha, sondern Vanessa neben ihm. Mit ihr war er zuletzt hier gewesen, und mit ihr hatte er über den Punkt gestritten, ob die Romantik alter Alleebäume höher zu bewerten sei als die Gefahr tödlicher Unfälle.

Vanessa war natürlich für die Romantik gewesen und hatte die Ansicht vertreten, dass man die Erde dem Auto nicht vollends untertan machen dürfe, was Gunnars eigene Sicht der Dinge bestätigte.

Dennoch hatte er heftig widersprochen.

»Mecklenburg-Vorpommern ist sehr rückschrittlich. Es braucht Anschluss an andere Länder, schnellen, unproblematischen Anschluss. Der Transport von Gütern darf nicht an den Träumen einiger Spinner scheitern, die einmal im Jahr durch eine Allee bummeln wollen.«

Mascha zuckte zusammen. »So hatte ich es nicht gemeint. Ich meinte die Schönheit dieser Straßen an sich.«

Sie warf Gunnar einen verunsicherten Blick zu. Er hatte die Lippen aufeinander gepresst und sah stur geradeaus.

»Werden wir eigentlich erwartet?«, wechselte sie das Thema.

Die letzten Tage waren so hektisch gewesen, dass sie kaum dazu gekommen waren, über die Reise zu sprechen. Gunnar hatte lediglich gesagt, er habe sich um das Quartier bereits gekümmert, da ihr eigenes Interesse an der Reise ja leider zu wünschen übrig lasse. Es handelte sich um ein kleineres Haus, einsam am See gelegen mit Liegewiese und Steg. Das Dorf selbst sei nicht weit von Neustrelitz entfernt und liege inmitten herrlicher Seen und Wälder. Gunnar reagierte nicht auf ihre Frage.

Mascha schälte eine Banane und reichte sie ihm.

Dann wagte sie einen neuen Vorstoß. »Woher kennst du die Leute denn?«

Er warf ihr einen kurzen Blick zu.

»Wir waren gleich nach der Wende einmal hier.«

»Wir?«

Er warf ihr einen raschen Blick zu: keine weiteren Fragen bitte.

Das Haus war nur über einen nicht asphaltierten Fahrweg erreichbar.

Wie Gunnar erzählt hatte, lag es einsam an der dem Dorf gegenüberliegenden Seeseite, hatte einen spitzen Giebel, eine Seeterrasse und einen Gemüsegarten.

Innen gab es einen Frühstücks- und eineen Aufenthaltsraum,

zwei Bäder und vier Gästezimmer. Im oberen Stock lag die Teeküche. Bewirtschaftet wurde es von Herrn und Frau Benne, frischen Mecklenburgern, die im Dorf wohnten, gern lachten und täglich zur Frühstückszeit erschienen.

Bei ihrer Ankunft stand das Ehepaar zur Begrüßung bereit.

Herr Benne begrüßte Gunnar wie einen alten Freund, indem er ihm strahlend die Schulter klopfte, während Frau Bennes dunkle Äuglein neugierig über Maschas Gesicht huschten.

Herr Benne rieb sich die Hände.

»Wir haben wieder Zimmer drei für Sie hergerichtet. Ist noch alles so, wie's war.«

Beim Lachen zeigte er herrliche gesunde breite Zähne.

»Und im Kühlschrank steht eine Vesper bereit. Mecklenburgische Wurst und Speck, Gurken und Tomatensalat. Und ein paar Flaschen Bier. Das hat Ihnen doch geschmeckt, oder?«

Zu Maschas Erstaunen wurde diese Frage eifrig bejaht.

»Und wie!«

»Bis zum Wochenende haben Sie das Haus ganz für sich«, übernahm Frau Benne das Wort. »Dann kommt ein Ehepaar aus Berlin. Hier« – sie öffnete eine Tür und bat Mascha, einzutreten – »ist der Aufenthaltsraum mit Bibliothek und Fernsehen. Gefrühstückt wird nebenan, aber das« – ihre hurtigen Äuglein glitten zu Gunnar hinüber – »wird Ihr – äh – Bekannter ja wissen.«

Mascha würgte das unsympathische Wort tapfer hinunter und sah sich um.

Der Aufenthaltsraum strahlte Ruhe und Gemütlichkeit aus. Es gab deckenhohe Bücherregale, einen runden Tisch und am Fenster einen tiefen Ohrensessel.

Auf dem Sofa lagen zwei Kissen mit Gobelinstickerei. Sie zeigten ein alt-englisches Rosenmotiv.

»Das Boot liegt unten am Steg«, fuhr Herr Benne in seinen Ausführungen fort. »Die Räder stehen im Schuppen, ebenso Klapptisch und Stühle.«

Er reichte ihnen die Hand. »Ich hoffe, dass Sie sich wieder wohl fühlen werden.«

Er warf Gunnar einen raschen Blick zu. »Wir sehen uns morgen.«

Auch Frau Benne verabschiedete sich. »Also dann bis morgen früh bei Kaffee und frischen Brötchen.«

Die Koffer standen im oberen Flur.

Hier gab es gewebte Läufer, eine Eichentruhe und fotografierte Dorfansichten an den Wänden.

Das Bad war hell, weiß gekachelt und geräumig.

Auch die kleine Teeküche war gut ausgestattet. Es gab Teller und Tassen in offenen Regalen und Geranien in den Fensterkästen. Mascha sah sich um. »Schön!«

Gunnar strebte zielsicher auf die Letzte der Türen zu und öffnete sie.

Ein heller Vorhang bauschte sich im Wind.

Das breite Bett war mit einer gesteppten Decke bedeckt.

Alle Möbel waren weiß lackiert. Vor dem Fenster standen ein kleiner Tisch und zwei Stühle. Von hier hatte man einen weiten Blick über den See.

Gunnar warf Mascha einen Blick zu. »Gefällt es dir?«

»Sehr!«

Das Haus strahlte Sauberkeit und Ruhe aus.

Es hatte etwas von der Sommerfrische längst vergangener Zeiten: Himbeeren und dicke Milch, Sonne auf gebohnerten Dielen und Duft nach Wasser, Wald und Gras.

»Gefällt mir alles sehr«, sagte sie noch einmal.

Er kam zu ihr und nahm ihr Gesicht in beide Hände.

»Dann habe ich eine Bitte. Biedere dich nicht wieder so sehr bei den Hausleuten an. Es ist nicht nur unnötig, es ist peinlich.«

Sie war verwirrt.

Wieso anbiedern? Und wieso ›wieder‹?

»Ich habe mich doch nur bedankt«, sagte sie.

Er runzelte die Stirn und probierte ein schiefes Lächeln.

Dann drohte er scherzhaft mit dem Finger. »Wehret den Anfängen.«

»Ich verstehe dich nicht.«

»Du verstehst sehr wohl«, sagte er.

Und mit sanfter Stimme fügte er hinzu: »Gib dir ein wenig Mühe.«

Als es dämmerte, stiegen sie die Stufen hinunter zum See.

Die Zweige der Kopfweiden strichen über das Wasser. Enten schnatterten leise im Schilf.

»Schön«, sagte sie und griff nach seiner Hand.

»Morgen Abend rudern wir auf die andere Seite!«

Er legte ihr den Arm um die Schultern. »Da gibt es ein kleines Fischlokal. Alles sitzt dort an einem Tisch, wie eine große Familie. Es war immer sehr lustig. Meist sind wir bis zuletzt geblieben und erst im Morgengrauen zurückgerudert.«

In das wohlige Gefühl, das sie seit ihrer Ankunft umfangen hatte, mischte sich ein plötzliches Unbehagen. Ein Gefühl zwischen Unsicherheit und Eifersucht.

»Das war sicher sehr schön«, sagte sie lahm.

Im Gegensatz zu ihrem heimischen Schlafzimmer, dessen Askese sie nie so recht mit dem Bild Vanessas hatte in Verbindung bringen können, spürte Mascha die Vorgängerin heute Nacht sehr deutlich. Gleichzeitig war ihr bewusst, dass sie zum ersten Mal mit Gunnar in einem gemeinsamen Bett schlief, und obwohl sie nicht davon ausging, dass er noch wach war, griff sie schüchtern zu ihm hinüber.

Aber Gunnar schlief nicht.

Er lag auf dem Rücken und starrte in die Dunkelheit.

Wie damals bauschte sich der Vorhang vor dem Fenster, und über die Wand zitterte das Licht der Straßenlaterne.

Wie damals hörte er die Kette des Kahns, die sich an den Bohlen des Stegs rieb, und das leise Plätschern der Wellen.

»Wir sind ganz allein im Haus«, flüsterte Mascha ihm zu.

»Ja«, sagte er.

Er griff nach ihrer Hand und hielt sie fest.

Aber Maschas Hand war weich und nicht so langgliedrig wie die andere und fühlte sich ein wenig feucht an.

Er ließ sie los.

»Es war ein langer Tag«, sagte er und drehte sich auf die andere Seite.

Vom Fenster her fiel ein schmaler Schatten auf seinen Rücken.

Ein Nachtvogel schrie.

Auch am nächsten Morgen huschten Frau Bennes neugierige Äuglein über Maschas Gesicht, ehe sie sich Gunnar zuwandte.

»Gut geschlafen? Hier ist noch alles wie immer, oder?«

Er lachte. »Gott sei Dank!«

Gut gelaunt servierte sie das Frühstück.

Brötchen, Butter, Schinken, Käse, Eier, eine große Kanne Kaffee. Während sie hin und her lief, stand Herr Benne breit gegen den Schrank gelehnt und gab das Neueste aus der Region zum Besten. »Heute Nacht waren wieder Jugendliche im Wald. Ich habe gehört, wie sie mit Mopeds die Wege rauf und runter knatterten und hab den Schein ihres Lagerfeuers gesehen. Irgendwann werden die noch die ganze Gegend niederfackeln. Seit der Wende ist hier ja nix mehr los«, wandte er sich an Mascha. »Früher, da war das hier 'ne richtige Feriengegend, alles voll besetzt, aber jetzt fliegt man ja lieber nach Mallorca.«

Er lachte sein gutmütiges Lachen.

Mascha mochte nicht direkt zugeben, dass es gerade die Stille war, die sie faszinierte.

»Mich stört die Ruhe nicht«, sagte sie.

»Na, ein bisschen Wasserski und eine Segelschule könnte nicht schaden. Und große Parkplätze für Busse. Was wir brauchen, sind Reisegruppen und gute Werbung.«

»Es ist doch schön so, wie es ist.«

Herr Benne lachte wieder sein tiefes Lachen. »Für vierzehn Sommertage ja, aber kommen sie mal im November. Was glauben Sie, wie schnell Sie sich nach asphaltierten Straßen und ein bisschen mehr Leben sehnen.«

Er unterbrach sich. »Was werden Sie heute tun?«

Gunnar reckte sich.

»Ach, wir rudern erst mal rüber zum Dorf, mal sehen, was sich alles verändert hat, und dann vielleicht zum schmalen Luzin. Geht die Fähre noch?«

»Ja, aber nicht mehr lange. Man hat nur noch keine andere Lösung gefunden, um rüber zu kommen. Vielleicht wird der Betrieb aber auch eingestellt.«

Er lachte. »Dann fährt man eben mit dem Auto.«

»Und Carwitz? Das kleine Café …?«

»Vergrößert«, unterbrach Herr Benne stolz. »Genauso wie die Fischbude drüben am See. Die haben sich rausgemacht …«

»Die Bude mit dem großen Familientisch?«

»Der ist weg. Stattdessen gibt's jetzt eine pikfeine Einrichtung. Zehn kleine Tische und passende Stühle. Der Hermann hat alles von der Brauerei gestellt gekriegt.«

»Und das Essen?«

Er lachte. »Das schmeckt noch genauso gut. Das Geschäft läuft wie geschmiert. Aber ich war lange nicht mehr da«, fügte er hinzu.

»Für uns ist es zu teuer«, rief Frau Benne aus der Küche heraus. »Wir grillen uns die Forellen im Garten. So wie früher.«

Sie schenkte Mascha ein Lächeln. »Kommen Sie am Samstag zu uns.« Und zu Gunnar gewandt, fügte sie hinzu: »Da haben Sie wieder einen Familientisch. Wir decken unter der Pergola.«

Als sie wenig später über den See ruderten, hatte Mascha den nächtlichen Spuk vergessen.

Es war zehn Jahre her, dass Gunnar und Vanessa hier gewesen waren, warum sollte es nicht gelingen, die Gegend neu zu entdecken? Die Chancen standen gut.

Gunnar hatte sich am Morgen beim Rasieren geschnitten, während Mascha auf dem Badewannenrand gesessen und ihm zugeschaut hatte. Aber anstatt über das Missgeschick verärgert zu sein, hatte er gelacht und Mascha mit dem Rasierpinsel ein Schaumkrönchen auf die Nasenspitze gesetzt.

»Die Anwesenheit schöner Frauen verwirrt mich.«

Jetzt beobachtete sie das Spiel seiner Muskeln unter dem leichten Stoff des Hemds und beglückwünschte sich im Stillen, so tapfer durchgehalten zu haben. Von Kleinigkeiten abgesehen, war Gunnar Giersch nicht übel.

Zumindest nicht übler als die Männer anderer Frauen, ganz zu schweigen von denjenigen, denen Marleen und Hille auf den Leim gegangen waren. Männer, die aufgetaucht und sich bedient hatten, ehe sie sich in Nichts aufgelöst hatten.

Chris hatte dieses Verhalten einmal »das Supermarktsyndrom« genannt: eintreten, wählen, zahlen, gehen.

Ganz abgesehen von einem Typ wie Pete Pettow, der sich bedient hatte, ohne zu zahlen.

Auch Gunnar fühlte sich wohl an diesem Morgen.

Kräftig teilten die Ruder das Wasser.

Seine Muskelkraft hatte nicht nachgelassen, obwohl er kaum Sport trieb und das bisschen Gartenpflege natürlich nicht ausreichte, um fit zu bleiben.

Und doch hatte er den schweren, ungelenken Kahn ebenso gut im Griff wie damals. Das Dorf rückte in erfreulicher Geschwindigkeit näher. Sein Blick wanderte hinüber zu Mascha.

Den Strohhut, der noch immer zum allgemeinen Gebrauch

durch die Gäste im Flur hing, hatte sie ins Genick geschoben, er beschattete ihr Gesicht nur unvollkommen. Sie hatte die Augen halb geschlossen und blinzelte in die Sonne. Der Mund mit dem verschmierten Lippenstift war unschön verzogen.

Vanessa hatte den Hut automatisch in die richtige Position gebracht, die Krempe tief in die Stirn gezogen und den Arm lässig auf den Bootsrand gelegt.

Wie ein Aquarell hatte sie sich von dem flirrenden Wasser abgehoben, wogegen Mascha eher wie eine Karikatur ihrer selbst wirkte.

»Mascha Hahn im Kahn.«

Aber Vanessas Gespür für Wirkung war eben auch das Problem gewesen.

Sie hatte Talent, sich in Szene zu setzen, aber man hatte nie genau wissen können, wann die Vorstellung beendet war und der Vorhang fiel.

Wenig später beobachtete Gunnar Maschas von Mücken zerstochene Beine, die sich ungelenk über den Bootsrand quälten.

Sie angelte mit den Füßen nach den Sandalen und schlüpfte hinein. Die ungünstig geschnittenen, dreiviertellangen Hosen ließen weiße Waden frei.

Was hatte sie eigentlich angehabt, als sie sich zum ersten Mal getroffen hatten? Sicher war sie attraktiver gekleidet gewesen als heute. Die Damen ließen sich eben gern gehen, wenn das Geschäft gemacht war, das heißt, wenn sie den Mann an der Angel hatten.

Das hatte auch für Vanessa gegolten. Ohne Publikum, nur so für den Hausgebrauch, war sie Anstrengungen gern aus dem Weg gegangen.

Sie vertäuten das Boot am Steg und machten sich auf den Weg durch das Dorf.

Gunnar hielt sich mit laut geäußerten Erinnerungen zurück, auch wenn es schwer fiel, all die Veränderungen unerwähnt zu lassen, die ihm auf Schritt und Tritt begegneten.

Wo ihn vor zehn Jahren hohe Bäume und eine kleine Jausenstation entzückt hatten, glänzte heute der allgegenwärtige weiße Plastikstuhl, beschattet von rotweißen Schirmen mit Coca-Cola-Werbung.

Der sandige Uferweg war asphaltiert, der Supermarkt um die Hälfte vergrößert.

Aber er hatte gestern Abend bemerkt, wie verlegen Mascha auf die Schilderung der nächtlichen Ruderpartie reagiert hatte, und musste sich eingestehen, dass auch er nicht gern an einen Ort geführt werden würde, an dem Mascha und Max Thorwald fröhliche Stunden verlebt hatten.

Wir hätten einen anderen Urlaubsort aussuchen sollen, dachte er. Einen neutralen, den wir gemeinsam erobern könnten.

Aber ihm fehlte jede Lust, gemeinsam mit Mascha etwas zu erobern. Denn was hätte das sein können?

Vanessa war neugierig gewesen, hoch motiviert und niemals ängstlich. Sie liebte Burgruinen, verlassene Häuser, Einsamkeit, Geheimnisse, Gefahren und die Nacht.

Mascha dagegen war der Typ, der sich einer Reisegruppe anschloss, Sehenswürdigkeiten abhakte und Vorträge hörte, um sie sofort wieder zu vergessen.

Dafür war sie zuverlässig und angenehm introvertiert.

Es war nicht zu befürchten, dass sie auf Schritt und Tritt Bekanntschaften schloss und die Reisekasse strapazierte.

In der Erinnerung der Bennes würde sie keinen Eindruck hinterlassen.

Anstatt zum schmalen Luzin zu fahren, kehrten sie um die Mittagszeit zu ihrem Quartier zurück.

Ein rascher Blick auf die Speisekarten hatte Gunnar darüber

belehrt, dass die Preise zwar noch kein Westniveau erreicht, aber doch stark angezogen hatten.

Diese Erkenntnis hatte seine Laune getrübt.

Nicht zuletzt die moderaten Preise des Ortes waren der Grund seiner Sehnsucht nach einem Wiedersehen gewesen.

Aber der Sehnsucht folgte die Enttäuschung meist auf dem Fuße. Das wenigstens würde sich niemals ändern.

»Wir essen heute mal zu Hause«, sagte er betont munter, »wofür ist schließlich die Teeküche da?«

Mascha wäre gern in eines der Lokale am See gegangen, aber sie sagte nichts.

Den Nachmittag verbrachten sie am Strand in der Nähe des Hauses. Er reichte flach ins Wasser hinein, war sauber und kaum besucht. Gunnar schwamm weit in den See hinaus.

Mit Vanessa hatte er sich Wettkämpfe geliefert, aus denen sie oft als Siegerin hervorgegangen war. Aber wenn beim letzten Mal nicht zufällig ein Boot in der Nähe gewesen wäre, hätte es schlimm ausgehen können. Vanessa hatte ihre Kräfte nicht einschätzen können und dass sie die jeweilige Verfassung stets für dauerhaft hielt, war einer ihrer größten Irrtümer gewesen.

Als er endlich zurückschwamm, sah er, dass Mascha ihm nicht gefolgt war. Sie stand im knietiefen Wasser und benetzte sich den Oberkörper vorsichtig mit Wasser.

Nach dem Baden breiteten sie die Handtücher aus und legten sich Seite an Seite in die Sonne.

»Wie hat sich Vanessa eigentlich mit den Bennes verstanden?«, fragte Mascha plötzlich. »Ich meine, sie sind nett, aber doch eher einfach.«

»Vanessa liebte gerade die einfachen Leute«, antwortete Gunnar. »Umso leichter ließen sie sich fangen.«

»Aber mit den Bennes …«

»Ich weiß es nicht mehr«, unterbrach er sie gereizt. »Gott, Mascha, es ist so lange her.«

»Nett, dass sie uns eingeladen haben«, lenkte Mascha ein.

»Sie geben sich so viel Mühe, weit über das übliche Maß hinaus.«

Sie richtete sich auf. »Mir wird heiß. Ich gehe ein bisschen ins Zimmer.«

Er sah ihr nach, wie sie den Strand entlangging und den Pfad zum Haus einschlug.

Sie sollte besser keinen Bikini tragen, dachte er.

32

Grillen

Gegen Abend verdunkelte sich der Himmel, und kurz danach rauschte der Regen nieder.

Gunnar ging in die Küche und bereitete das Abendessen vor: Eier mit Speck, Brot, Käse und Tomatensalat.

Im Salon schloss Mascha die Fensterläden und zündete die Kerzen an. Die Lampe mit dem gefältelten Schirm tauchte den Tisch in warmes Licht.

Es wurde eine gemütliche Mahlzeit.

Um die Atmosphäre nicht zu gefährden, suchte Mascha nach einem unverfänglichen Thema und hatte das Glück, das Richtige zu finden: »Wie ist diese Landschaft eigentlich entstanden?«

Erfreut legte Gunnar Messer und Gabel nieder und räusperte sich die Kehle frei.

Wenn er seine Lebensaufgabe nicht im Zeichnen von Insektenteilen gefunden hätte, wäre er mit Leidenschaft Dozent geworden.

Einen bis in alle Einzelheiten studierten Gegenstand vor einer lauschenden Anhängerschaft ausbreiten zu dürfen, gehörte noch immer zu den lohnendsten Beschäftigungen.

»Die Feldberger Seenlandschaft«, begann er, »ist von der Eiszeit geprägt. Es handelt sich um eine hügelige Endmoränenlandschaft, die einer Vielzahl von Tier- und Pflanzenarten Heimat bietet.«

Mascha mühte sich, den Blickkontakt zu halten und ihr Desinteresse nicht allzu deutlich zu zeigen, während Gunnars monotone Stimme den Raum füllte.

»… die Residenzstadt Neustrelitz, von Herzog Adolf Friedrich III. im Jahre 1733 gegründet …«

Plötzlich unterbrach er sich. »Sag mal, interessiert dich das überhaupt?«

Mascha nickte eifrig mit dem Kopf.

»Aber ja.«

Gunnar warf ihr einen beinahe liebevollen Blick zu.

»Wie schön, Vanessa konnte es nicht ausstehen, wenn jemand das Wort ergriff. Sie liebte nur ihre eigene Stimme, diese allerdings ausgiebig und jederzeit.«

Er sah auf die Uhr. »Zeit für die Nachrichten.«

Er schaltete den Fernseher ein.

Aber die Nachrichten interessierten Mascha ebenso wenig wie die Gründung von Neustrelitz.

Der Kanzler war auf Staatsbesuch, irgendwo hatte ein Lager gebrannt. Eine Demo in Berlin. Der Wetterbericht versprach baldige Aufhellung.

»Und nun freuen Sie sich auf die neue Folge der Serie *Rheinschloss*. Wir wünschen gute Unterhaltung.«

Gleich darauf flimmerte Esther Vlies über den Bildschirm.

Mit ausgebreiteten Armen flog sie eine Freitreppe hinunter.

»Gino, wie schön, dass du da bist.«

Großaufnahme Gino.

»Ich bin so froh, Linda.«

Großaufnahme Linda.

»Wann bist du gekommen?«

»Mit dem Acht-Uhr-Schiff. Es war das Letzte, das fuhr.«

Mascha lehnte sich wohlig zurück.

Wie angenehm, Bilder aus einer Welt zu sehen, in der Reisende in blauer Dämmerung per Schiff eintrafen. Gino schien überdies der einzige Fahrgast zu sein, der an diesem Abend an Land ging. Oder war er der Besitzer des Schiffes?

Jetzt nahm er Linda in den Arm.

Großaufnahme Linda und Gino.

Lindas glückliche Augen. »Komm erst mal herein.«

Zwei makellose Rückenansichten, Seite an Seite die Freitreppe hinauf und auf das hell erleuchtete Portal zuschreitend.

Großaufnahme Schloss.

Gunnar erhob sich und stellte die Teller zusammen.

Er warf Mascha einen Blick zu. »Willst du das ansehen?«

Mascha lachte. »Ehrlich gesagt, ja.«

»Warum?«

»Es ist so entspannend. Außerdem möchte ich Esther Vlies endlich einmal in Ruhe betrachten. Ich hatte ja nie Gelegenheit, sie aus der Nähe zu sehen.«

Gunnar verzog das Gesicht. »Beschrei es nicht. Noch ist die Gefahr ihrer Rückkehr nicht gebannt.«

Er trug das Tablett in die Küche, und Mascha stand auf und legte sich auf das Sofa. Sie schob sich eines der gestickten Kissen unter den Nacken und gab sich mit Genuss der Liebesromanze hin. Wie viel mochte Esther Vlies an diesem Film verdient haben?

Und was verdiente Vanessa an den Dialogen, die an Banalität kaum zu unterbieten waren?

Im Gegensatz zu Gunnars langatmigen Ausführungen, meisterten Gino und Linda ihre Beziehung im Drei-Worte-Takt.

»Komm bald wieder.«

»Aber ganz bestimmt.«

Ob Vanessa vielleicht reicher war, als sie zugab?

Nach einer Stunde schmiegte sich Linda ein letztes Mal an Ginos Brust.

Der Abschiedsschmerz befähigte sie zu einer längeren Aussage. »Mich interessiert dein Geld nicht.«

Er lächelte. »Sondern?«

Aber Linda hatte sich mit der soeben gemachten Aussage offenbar überfordert. Anstelle einer Antwort sah sie ihm nur in die Augen. Ihre Lider hingen ermattet auf Halbmast.

Die Lampe über dem Tisch flackerte.

Draußen rauschte der Regen.

Als Gunnar ins Zimmer zurückkehrte, schaltete Mascha den Apparat aus.

Er warf ihr ein bittendes Lächeln zu. »Möchtest du jetzt noch etwas über Neustrelitz hören?«

Auch ihr gelang ein Lächeln. »Könnten wir die weitere Ausführung des Themas nicht ins Bett verlegen?«

Den Rest des Abends verbrachten sie lesend Seite an Seite.

Mascha beschäftigte sich mit der Geschichte des Landes, und Gunnar vertiefte seine Kenntnisse über die Stadtgründung von Neustrelitz. Er grunzte vor Behagen.

Schließlich war er seine Kenntnisse über Adolf Friedrich III. losgeworden, und Mascha hatte ihn kein einziges Mal unterbrochen. Für eine Frau, die den Gedanken ihres Mannes mit einem solch großen Interesse lauschte, konnte man auch einmal das Abendessen zubereiten.

Das hatte er für Vanessa nur zweimal getan: Einmal, als sie mit einem gebrochenen Bein im Bett lag, und einmal kurz vor Ebbas Auszug, als beide Damen in Streik getreten waren.

Aber heute Abend hatte alles gestimmt.

Recht geschickt versuchte er das Schleifchen, mit dem Maschas Nachthemd am Hals zusammengebunden war, aufzuzupfen und streifte ihr das Hemd über die Schulter.

Ihr Busen hatte ihm immer gefallen. Er entzog sich nicht, wie es bei Vanessa zuweilen geschehen war, er stand zur Verfügung.

Über Mascha hinweg warf Gunnar einen Blick zum Fenster.

Der weiße Vorhang hing glatt herab.

Vanessa war anderswo.

Früh am Morgen wanderten sie am Ufer entlang hinüber zum schmalen Luzin, mieteten ein Boot und paddelten auf den See hinaus.

Obwohl es ihr erster Versuch war, gelang es Mascha, mit Gunnar in den gleichen Rhythmus zu kommen. Die Harmonie der Nacht schimmerte in den Tag hinein.

Schließlich legten sie die Paddel nieder und ließen sich ein wenig treiben. Behaglich blinzelte Mascha über die flirrende Wasserfläche und sah dem Liebesspiel der Libellen zu.

»Ich glaube, hier könnte ich bleiben«, sagte sie und ließ die Augen über die bewaldeten Ufer schweifen.

»Ein Häuschen, ein Gärtchen, ein Steg, ein Boot …«

Gunnar lachte. »Das denkt man immer, wenn es einem irgendwo gefällt. Und weißt du, warum?«

Sie wandte sich zu ihm um. »Nein?«

»Weil man endlich einmal von allem Druck befreit ist. Der Tag gehört dir allein. Zeit genug zum Träumen.«

Sie lachte. »Vielleicht. Aber in meinen Urlauben mit Max hatte ich diese Gedanken nie. Um nichts in der Welt hätte ich in St. Tropez oder in Cannes ein Haus haben mögen. Hier dagegen …«

Da Gunnar nicht weiter auf das Thema einging, schloss sie die Augen und gab sich ihren Träumen hin.

Natürlich war es illusorisch, ein eigenes Haus am See zu haben, und natürlich zu aufwändig und zu weit entfernt.

Aber was sprach dagegen, sich im Haus Benne eine zweite Heimat zu schaffen? Die Pension schien unterbelegt und ein Geheimtipp zu sein. Sicher konnte man sich von heute auf morgen anmelden, zum Beispiel, um Niko zu entgehen oder wenn Ebba ihren Besuch ansagte. Dann würde sie künftig Frau Benne anrufen. »Ich komme morgen für eine Woche.«

Sie würde die Gegend erkunden, Rad fahren oder mit dem Kahn ein Stück auf den See hinausrudern.

Vielleicht könnte sie sogar schwimmen lernen.

Nach dem Erfolg, den sie heute Nacht zu verzeichnen hatte, schien alles möglich.

»In Carwitz befindet sich der ehemalige Landsitz von Hans Fallada«, sagte Gunnar in ihre Gedanken hinein. »Wie so viele hat er eine Idylle gesucht, um in Ruhe schreiben zu können. Aber er war der Stille nicht gewachsen. Schließlich hat er alles verlassen und ist zurück nach Berlin.«

Mascha lächelte versonnen. »Das würde mir nicht passieren.«

Gunnar lachte. »Das denken alle.«

Dann wechselte er das Thema. »Hast du übrigens mitgekriegt, dass Frau Benne uns heute Abend abholt?«

Mascha schrak auf. »Warum?«

»Heute ist doch der Grillabend«, erinnerte er sie.

»Den hab ich vergessen.« Nur mit Mühe konnte Mascha ihre Enttäuschung verbergen.

Nach der letzten Nacht hatte sie den heutigen Abend als Romanze geplant: abendlicher Spaziergang, Picknick am See, Bootsfahrt im Mondlicht.

»Wir müssen ja nicht so lange bleiben.« Gunnars Lächeln zeigte, dass er ihre Gedanken gelesen hatte.

Er nickte ihr beinahe zärtlich zu. »Mach dich schön.«

Mach dich schön.

Zu Hause zerrte Mascha ihre gesamte Urlaubsgarderobe aus dem Schrank. Unzufrieden musterte sie die einzelnen Stücke und warf sie auf das Bett.

Sie hätte sich für den Urlaub etwas Neues zulegen sollen, aber im Hause Giersch wurde Kleidung wenig Beachtung geschenkt, und wie üblich hatte das Geld gefehlt.

Für Pommern wird es reichen, hatte sie gedacht, als sie die wenig attraktive Garderobe einpackte.

Sie griff sich den Bügel, auf dem das schwarze Leinenhemd

hing, und hielt es sich probehalber vor. Das Hemd war zu eng und machte außerdem blass, aber darunter schimmerte es bunt.

Sie angelte das versteckte Kleidungsstück hervor und lachte: Es war die Bluse, die sie genäht und für einen besonderen Anlass aufgehoben hatte.

Sie zog sie probehalber an.

Zu gebräunter Haut schimmerte die Seide noch schöner, als sie sie in Erinnerung hatte. Dazu würden die enge schwarze Hose und hochhackige Pumps passen. Vielleicht sollte sie das Haar hoch stecken und die Enden mit der Brennschere locken, die sie im Bad gefunden hatte?

Und dazu ein langer Ohrring und ein bisschen Make-up?

Perfekt.

Der Testdurchlauf gelang.

Als sie die Küche betrat, riss Frau Benne die Augen auf.

»Mascha, so was sollten Sie öfter tragen. Woher haben Sie den wundervollen Stoff?«

Mascha reckte stolz den Hals. »Selbst bemalt und genäht!«

»Sie sind sehr begabt«, sagte die Wirtin anerkennend.

Über Maschas Gesicht flog eine zarte Röte. Es geschah zum ersten Mal, dass Frau Benne sie der Beachtung für würdig fand.

Bisher hatte sie sich darauf beschränkt, sie rasch und mitleidig zu mustern. Gunnars neue »Bekannte« schien nichts Bemerkenswertes an sich zu haben.

Frau Benne kam näher und strich mit der Hand über die Seide.

»Vanessa hat eine ganz ähnliche Bluse gehabt. Sie hatte überhaupt viel Geschick. Haben Sie die Kissen gesehen, die sie mir gestickt hat? Die auf dem Sofa?«

»Ja.«

»Sie waren eigentlich für zu Hause gedacht, aber da sieht sie ja keiner, und hier passen sie besser.«

Mascha schluckte. »Sie sind wirklich sehr schön.«

»Vanessa hat mir auch eine Weste gestickt«, fuhr Frau Benne eifrig fort, »meist hat sie abends daran gearbeitet und natürlich an Regentagen. Ich werde sie Ihnen demnächst einmal zeigen. Natürlich nur, wenn es Sie interessiert«, fügte sie hinzu.

»Aber ja.«

Mascha wandte sich ab und sah nachdenklich zum Fenster hinaus.

»Meist abends … an Regentagen …«

Das musste ein langer Urlaub gewesen sein … In zwei Wochen war eine solche Arbeit nicht zu bewältigen.

Durch das Fenster sah sie Gunnar zurückkehren.

Er war ins Dorf gefahren, um ein Gastgeschenk für die Bennes zu kaufen.

Stolz sah Mascha ihn aus dem Auto steigen.

Die helle Leinenhose und das weiße Hemd standen ihm gut.

Er war schlank. Mit dem gebräunten Gesicht wirkte er jung und sportlich.

Verwundert stellte Mascha fest, dass Gunnar Giersch gut aussah. Zusammen bildeten sie ein attraktives Paar.

Mascha und Gunnar Giersch, dachte sie heute zum ersten Mal. Sie verließ den Platz am Fenster und lief hinaus in den Hof. Dort stellte sie sich in Positur. »Bin ich schön?«

Ungläubig starrte er sie an. »Was hast du denn da an?«

Sie warf ihm einen erstaunten Blick zu. »Wieso?«

Verärgert kam er auf sie zu. »Zieh das aus!«

Sie glaubte, nicht recht gehört zu haben. »Frau Benne hat mich gerade noch bewundert.«

»Du solltest dich für mich anziehen«, fuhr er sie an. »Und ich mag diesen Firlefanz nicht. Kreativkurs der Volkshochschule. Beschäftigungstherapie für gelangweilte Frauen.«

Sprachlos starrte Mascha ihn an.

Sie entdecke dasselbe böse Funkeln in seinen Augen, das sie

so erschreckt hatte, als er ihr zum ersten Mal von Vanessa erzählte. Noch heute hörte sie seine gereizte Stimme: »Weißt du, was sie abends machte? Sie saß stickend vor dem Fernseher.«

»Ich habe den Stoff selbst bemalt.«

Vergeblich mühte sie sich, ihrer Stimme Festigkeit zu verleihen. Er griff nach ihrem Arm. »Lüg mich nicht an. Du hast ihn in dem Koffer gefunden, den Vanessa zurückgelassen hat. Gib's zu.«

Sie schwieg.

»Dass du dich nicht schämst!«

Sie fühlte, wie ihr die Tränen in die Augen traten. »Ich finde nichts dabei, wenn …«

»Du findest nichts dabei«, schrie er außer sich. »Und wenn ich hier in einer abgelegten Jacke von Max herumliefe, fändest du dann auch nichts dabei? Hast du denn keinen Funken Taktgefühl?«

Er zwang seine Stimme zur Ruhe. »Ich bitte dich, etwas anderes anzuziehen.«

»Nein.«

»Nein?«

Er griff roh nach ihrem Arm und zerrte sie die Treppe hinauf.

Aus dem wüsten Haufen von Kleidungsstücken, der immer noch auf dem Bett lag, zerrte er ein dunkelblaues Shirt hervor.

»Zieh das an. Und nimm den lächerlichen Ohrring ab, du siehst aus wie ein Flittchen. Und diese affigen Locken … In zehn Minuten möchte ich dich normal gekleidet und ordentlich frisiert sehen.«

Die Halsschlagader an seinem Hals war geschwollen.

Schweigend starrten sie einander an.

»Du musst ewig in der Vergangenheit anderer herumstochern, wie?«, stellte er schließlich verbittert fest. »Und soll ich dir sagen, warum? Weil du keine eigene hast.«

Er atmete tief durch. »Es kommen sicher Leute, die uns … die mich von früher kennen. Ich möchte vermeiden, dass sie Vergleiche ziehen.«

»Vergleiche?« Sie sah ihn fragend an.

»Vergleiche, die du verlieren würdest.«

Er ging auf den Flur hinaus und beugte sich über das Treppengeländer. »Frau Benne, entschuldigen Sie den unschönen Auftritt. In zehn Minuten können wir fahren.«

Aber Frau Benne war bereits fort.

Durch den Streit hatten sie sich verspätet.

Die Wirtin begrüßte sie mit einem harmlosen Lächeln, als ob sie von dem Auftritt nicht das Geringste mitbekommen hätte.

Das Lächeln von Herrn Benne war weniger harmlos.

Er grinste breit. »Gehen Sie durch in den Garten, die anderen sind schon da.«

Der Garten an der Rückseite des spitzgiebligen Häuschens war zur Feier des Tages mit Fackeln beleuchtet. In den Bäumen hingen Lichterketten.

Die Gäste hatten sich an dem Tisch unter der Pergola versammelt. Die erste Lage Würstchen war bereits vertilgt. Man wartete auf die zweite und vertrieb sich die Pause mit Gelächter und dem Austausch von Erinnerungen.

Auf den ersten Blick stellte Mascha fest, dass Gunnar Recht gehabt hatte. Keine der anwesenden Frauen hatte sich aufgemotzt. Alle waren lässig gekleidet und ungeschminkt. Keine hatte das Haar zu Locken gedreht oder schlenkerte mit einem Ohrring herum.

In dem blauen Shirt und den einfachen Jeans war sie genau richtig angezogen.

Mascha und Gunnars Auftritt blieb unbemerkt. Niemand drehte sich nach den neu Hinzugekommenen um.

»Am besten gefiel mir, dass sie sich nie aufgeplustert hat«, sagte eine der Anwesenden gerade. »Man hätte denken können, sie sei eine von uns. Sehr ungewöhnlich für eine Frau aus dem Westen.«

»Als Schauspielerin hatte sie eben ein Gefühl für die jeweils richtige Kostümierung!« Gunnar näherte sich lächelnd dem Tisch und klopfte mit der Hand auf die Platte. »Guten Abend.«

Er legte den Arm um Maschas Schultern. »Ich möchte euch Mascha vorstellen, meine ...«, das winzige Zögern blieb unbemerkt, »meine Lebenspartnerin.«

Die Augen der Anwesenden huschten neugierig über Mascha hinweg, man kehrte jedoch sofort zum Gegenstand der Unterhaltung zurück. »Schauspielerin! Ich hab gleich gemerkt, dass sie was Besonderes war.«

Herr Benne belud die Teller ein weiteres Mal.

Launig stieg er ins Thema ein. »Vanessa schreibt Drehbücher, aber in erster Linie sorgte sie stets für Heiterkeit. Was haben wir immer gelacht. Schon zum Frühstück lieferte sie das reinste Kabarett.«

Auch Frau Benne war inzwischen herangekommen. »Erinnerst du dich noch an die Kahnpartie?«

Sie wandte sich an die Tischrunde. »Einmal sind wir nachts über den schmalen Luzin gerudert, und Vanessa hat einen Gondoliere gemimt und stehend die Wälder angeschmettert, bis wir alle gekentert sind.«

»Und das Picknick an der Zufahrtsstraße ...«

»Und der Ärger, den wir mit den Leuten hatten, die einfach im Garten zelteten und nicht wieder gehen wollten, bis ...«

Gunnar war der Einzige, der nicht in das allgemeine Gelächter einstimmte. Er konnte Anekdoten sowieso nicht leiden, und Anekdoten über Exgattinnen wären eher in Max' Ressort gefallen. Erst die Exgattin, dann der Blondinenwitz.

»Rolli träumt noch heute von ihr«, schloss Elvira das Thema ab. »Er hat es nicht wahrhaben wollen, dass er nicht die geringste Chance hatte.«

»Ihnen hat sie wohl weniger gefallen«, stellte Mascha fest.

Sie hatte bemerkt, dass Elvira als Einzige nicht in das allgemeine Gelächter eingestimmt hatte.

Elvira schob sich einen Bissen Brot in den Mund und kaute nachdenklich darauf herum.

»Ich habe sie nicht einschätzen können«, sagte sie dann.

Es war eine warme Nacht.

Mascha und Gunnar beschlossen, das Auto stehen zu lassen und zu Fuß nach Hause zu gehen. Gunnar griff nach Maschas Hand. Im Dunkeln war auf seinem Gesicht ein schwaches Lächeln zu erkennen.

»Na, warst du nicht genau richtig angezogen?«

»In meiner Kostümierung hätte ich mich in der Tat unwohl gefühlt«, gab sie zu.

»Es tut mir Leid, dass der Abend eine Hommage an Vanessa wurde«, sagte er. »Damit hatte ich nicht gerechnet.«

»Wer kommt schon darauf, dass Leute sich nach zehn Jahren noch an jede Einzelheit erinnern.«

»Zehn Jahre?«

Er lachte bitter. »Vanessa war nach unserer Trennung fast in jedem Jahr hier. Das Haus ist inzwischen ihr Stammquartier.«

»Woher weißt du das?«

»Frau Benne hat es mir erzählt. Alles reißt sich diese Natter unter den Nagel«, schrie er in plötzlich aufloderndem Zorn. »Dieses harmlose Ehepaar hat sie genauso um den Finger gewickelt wie alle anderen auch. Sie fallen reihenweise auf sie herein.«

Fluchtort ade, dachte Mascha.

Und zum ersten Mal begriff sie, dass sie, solange sie mit Gunnar zusammenlebte, Vanessa nicht entkommen würde.

Diese Frau war in Mecklenburg ebenso gegenwärtig wie zu Hause. Sie ankerte bei Ebba, Niko, den Bennes und allen hiesigen Freunden.

Und wenn ich nicht aufpasse, dachte Mascha, kommt sie irgendwann auf den Gedanken, dass das Leben mit Gunnar gar nicht so schlecht gewesen war, und holt ihn sich zurück. So wie sie diesen Michael zurückgeholt hat.

Ob auch Gunnar wieder auf sie hereinfallen würde?

Sie dachte an das langweilige Leben, das er mit ihr zu führen gezwungen war, und die Antwort auf die Frage ergab sich von selbst.

»Irgendwann beginnt man sogar ihren Namen zu fürchten«, sagte sie leise.

Gunnar warf ihr einen raschem Blick zu. »Kann sein«, erwiderte er.

Am nächsten Morgen stopfte Mascha die Seidenbluse in eine Plastiktüte, um diese in den Müllcontainer am Marktplatz zu werfen.

Einen Augenblick lang kämpfte sie mit sich, ob sie das kostbare Kleidungsstück nicht besser in den Rotkreuz-Container werfen sollte, der neben der Kirche stand, aber dann kroch ihr ein ungutes Gefühl die Kehle hinauf.

Was, wenn ihr die Bluse wenige Tage später auf der Straße begegnete? Wenn das Kleidungsstück ihr sozusagen nachkäme? Wenn eine der Frauen von gestern Abend … oder Frau Benne selbst? »Ich bin ja verrückt«, dachte sie. »Das grenzt bereits an Verfolgungswahn.«

Dann ließ sie die Tüte in eines der Boote gleiten, die am Ufer festgemacht waren.

Irgendjemand würde sie finden …

33

Wahr sind die Abschiede

Gemeinsame Feinde fördern die Freundschaft.

Nach der Entdeckung, dass Vanessa alljährlich einige Wochen bei den Bennes verbrachte und den ganzen Ort für sich vereinnahmt hatte, war es Mascha und Gunnar endlich gelungen, das zu finden, was sie bisher vergeblich gesucht hatten: ein gemeinsames Ziel.

In vollendeter Harmonie traten sie die Heimfahrt an.

Beschwingt fuhren sie unter dem Blätterdach der alten Kastanien dahin und waren sich endlich einmal richtig einig: Sie mussten etwas finden, um Vanessa unschädlich zu machen, ohne, Gunnar lachte, »direkt zum Mörder zu werden.«

»Ich habe immer wieder vorgeschlagen, die Vergangenheit ruhen zu lassen«, teilte er Mascha mit. »Schließlich kann man Menschen auch totschweigen.«

Zum Zeichen, dass er nicht beabsichtigte, erneut die Waffen zu schmieden, schenkte er ihr ein begütigendes Lächeln.

»Wenn du dich daran gehalten hättest, wären wir sie längst los. So, wie wir Max losgeworden sind«, fügte er hinzu.

Das war natürlich nur zur Hälfte richtig, und sie wussten es beide. Max hatte in einem vollkommen fremden Haus und an Plätzen, an denen er sich nie aufgehalten hatte, keine Chance zur ewigen Auferstehung.

Keiner seiner Anzüge lauerte in dunklen Schrankecken darauf, entdeckt zu werden, kein Gefrierfleisch war von seiner Hand etikettiert worden.

Und wenn sie anstatt nach Mecklenburg ins Palace von Nizza

gefahren wären? Wenn sie in der alten Suite genächtigt und zufällig Bekannte getroffen hätten …

Nein!

Max hätte auch dann keine Macht über sie gehabt.

Er gehörte zu den im Grunde Harmlosen, mit denen man sich eine Weile vergnügt und die man dann vergisst, wogegen Vanessa die Gabe besaß, sich zu einem Trauma zu entwickeln, das man nicht mehr los wurde …

Eine Weile fuhren sie schweigend dahin.

Dann stellte Mascha die Frage, die sie schon lange hatte stellen wollen: »Warum ist Ebba damals eigentlich ausgezogen?«

Sie warf Gunnar einen Blick zu, aber er antwortete nicht. Stur hielt er den Blick auf die Straße gerichtet.

Mascha wagte einen weiteren Vorstoß. »Ich hatte den Eindruck, dass sie Vanessa noch heute vermisst. Man spürt nichts von der üblichen Rivalität der unverheirateten Schwester gegen die Schwägerin.«

»Für Vanessa war Ebba eine Herausforderung«, antwortete er schließlich, »denn natürlich reagierte Ebba mit Eifersucht. Mutter war gestorben, und abgesehen von diesem komischen Engländer hat sie nie eine Beziehung gehabt. Also verteidigte sie das Wenige, das ihr geblieben war.«

»Und was war das?«

»Das Haus und mich.«

»Und dann?«

»Dann geschah etwas Unerwartetes. Vanessa nahm den Kampf auf. Aber nicht, indem sie Partei gegen Ebba ergriff, sondern indem sie sie in den Mittelpunkt stellte. Ebba muss sich wie von der Sonne angestrahlt gefühlt haben, sie blühte auf. Und dann wurde ja auch das Haus endlich zu einem richtigen Heim, weil Vanessa viele ihrer Möbel und persönlichen Gegenstände mitbrachte. Sie führte auch neue Sitten ein. Es wurde nicht mehr in der Küche, sondern im Wohnzimmer gegessen, und immer standen frische Blumen auf den Tischen.«

»Und dann ist Ebba ausgezogen«, brachte Mascha das Gespräch wieder auf Kurs. »Warum?«

»Ich weiß es nicht«, sagte Gunnar gereizt. »Vielleicht fragst du sie einmal selbst.«

»Ich hatte den Eindruck«, bohrte Mascha weiter, »dass Vanessa immer noch im Mittelpunkt von Ebbas Leben steht. Allein die Art, in der sie Niko aushorcht, ihr Interesse an jedem Detail, ein paar Mal hat sie Niko sogar mit Ness angesprochen …«

»Ich weiß.« In seiner Stimme klang Ungeduld.

»Warum hat Ebba sie denn später nie besucht?«

»Mein Gott«, rief er unbeherrscht, »vielleicht hat sie gespürt, dass ihre Zeit abgelaufen war. Wenn Vanessa keine Verwendung mehr für jemanden hat, wird er eben abgehängt. Sie braucht ja auch Platz für neue Fans. Zum Beispiel mussten die Bennes verzaubert werden und deren Freunde …«

Er warf ihr einen Blick zu. »Mascha, ich frage dich jetzt ganz ernsthaft, wäre es dir möglich, ein für alle Mal von dem Thema loszukommen? Meiner Meinung nach hat dein Interesse an Vanessa schon Suchtcharakter.«

Sie schwieg und dachte, dass er Recht haben könnte.

»Bei dir hat sie es besonders leicht«, fuhr er fort. »Sie muss nicht einmal in Erscheinung treten und ist doch ständig präsent. Und eines Tages, ich werde dich an dieses Gespräch erinnern, wird sie es geschafft haben, dass wir uns trennen.«

Sie griff erschrocken nach seinem Arm. »Nie wieder, ich verspreche es.«

»Warten wir's ab«, sagte er. »Keine drei Stunden und …«

»Warten wir's ab«, sagte sie.

»Wollen wir heute Abend im Garten essen?«

Kurz vor Ladenschluss hielten sie an einem Supermarkt.

»Kochen oder Grillen?«

»Lass uns den Grill anwerfen, wir nehmen ein paar Lammkoteletts und Nürnberger Würstchen mit. Und Tomaten und Baguette.«

»Wein?«, fragte sie zögernd.

Bei den Bennes hatte Gunnar das angebotene Bier nie ausgeschlagen.

Er lachte. »Zur Feier unseres Gelöbnisses von einem bestimmten Thema für immer abzulassen: Roten.«

Eine beinahe fröhliche Festtagsstimmung kam auf.

Mascha sah auf die Uhr. »In einer halben Stunde sind wir da. Wir lassen die Koffer erst einmal stehen und werden sofort den Tisch decken. Du kümmerst dich um den Grill, und ich mach den Salat zurecht. Dann setzen wir uns auf die Terrasse und lassen den Urlaub noch einmal Revue passieren. Vielleicht schaffen wir es«, sie lächelte, »ein gewisses Thema auszuklammern.«

»Das liegt an dir«, sagte er.

Als sie in die Allee einbogen, sahen sie als Erstes das Auto. Es stand direkt vor dem Haus und ähnelte jenem abenteuerlichen Gefährt, in dem Niko vor einigen Wochen den halben Hausstand abtransportiert hatte.

Wortfetzen drangen durch den Sichtschutzzaun.

Den Grill brauchten sie nicht erst aus der Garage zu holen, er war bereits in Betrieb.

Das Lachen erstarb, als sie die Terrasse betraten. Niemand hatte mit ihrer heutigen Rückkehr gerechnet. Niko, zwei seiner Freunde und Ebba waren eher erstaunt als erfreut.

Nur Niko zeigte einen Anflug von Verlegenheit. »Ebba meinte, ihr hättet nichts dagegen.«

Gunnar stellte die Reisetasche ab. »Möchtest du uns vielleicht zunächst einmal vorstellen?«

Seine Stimme klang frostig.

Lässig wies Niko auf seine Freunde, die sich in den Liege-stühlen räkelten. »Mike und Patrick. Sie waren letztes Jahr mit in Norwegen.«

»Und in Mecklenburg-Vorpommern waren sie noch nicht?« Gunnar konnte das Zittern in der Stimme kaum verbergen.

»Ich war zweimal mit Ness bei den Bennes, falls du das meinst.«

Niko lächelte ironisch. »Aber es war mir zu langweilig. Kein Grund zur Eifersucht.«

»Vielleicht treffen wir uns dann demnächst alle in Norwe-gen.«

Gunnar grinste ebenso ironisch wie er. »Mascha und ich pla-nen einen Überraschungsbesuch bei euch. Hallo Ebba«, wandte er sich an seine Schwester. »Gibt es für diesen Überfall eine Er-klärung?«

»Vanessa hat angerufen und fragen lassen, ob die Jungs eine Woche hierher kommen dürfen. Sie ist noch mit einem Film be-schäftigt. Ich hab natürlich Ja gesagt.«

Gunnar warf ihr einen eisigen Blick zu. »Du hast natürlich Ja gesagt. Da muss nicht erst lange gefragt werden.«

Sie sträubte das Gefieder. »Wie hätte ich das tun sollen?«

»Oh, du hättest zum Beispiel anrufen können, die Nummer liegt neben dem Telefon.«

Er wandte sich an Niko. »Das gilt auch für dich.«

»Ich hab eben gedacht, dass ihr später zurückkommt und au-ßerdem …?«

Ebba hielt inne.

»Und außerdem?«

»Ist Niko dein Sohn.«

»Den Zusammenhang verstehe ich nicht ganz.«

»Den hast du ja nie verstanden.«

Wütend verließ Ebba den Garten. Im Haus hörte man eine Tür schlagen. Ein Fenster wurde zugeknallt.

Irritiert stellte Mascha fest, dass es das Fenster zu ihrem Zimmer war.

Wenig später kam Ebba mit einem Koffer in der Hand die Treppe herunter.

Sie hatte die Tränen getrocknet und sich ein wenig zurechtgemacht. In der bekannt aufrechten Haltung hielt sie Maschas Blick stand.

»Ich habe in Vanessas Zimmer geschlafen. Ich hoffe, es stört Sie nicht.«

»Wenn so etwas noch einmal vorkommt«, sagte Gunnar ruhig, »muss ich dich bitten, die Schlüssel abzugeben. Wie fändest du es, wenn du nach der Rückkehr von einer Reise ein paar Leute in deiner Wohnung vorfändest?«

Ebba warf das Schlüsselbund auf den Tisch.

»Vergiss nicht«, sagte sie mit bebender Stimme, »dass dies auch mein Elternhaus ist. Sowohl Niko als auch ich haben ältere Rechte, hier zu sein, als zum Beispiel deine Bekannte. Und Vanessa …«

Gunnar trat einen Schritt auf sie zu, aber tapfer fuhr sie fort: »Vanessa hat schließlich das Haus zu dem gemacht, was es heute ist. Heute ist hier nämlich ein Zuhause, wo vorher nur eine Gruft war.«

Mascha fühlte sich von einem kühlen Blick ihrer grauen Augen getroffen.

»Sie haben Ihrer Vorgängerin eine Menge zu verdanken, und ich hoffe, dass Sie sich dessen bewusst sind. Oder« – sie hielt inne und fuhr dann fort – »haben Sie hier irgendeinen Beitrag geleistet?«

Mascha gelang ein tapferes Lächeln. »Ich bin noch nicht dazu gekommen.«

»Für den Fall, dass wir uns nie wieder sehen werden«, fuhr Ebba mit überschnappender Stimme fort, »möchte ich Ihnen noch etwas sagen: Sie haben Vanessa in der Tat dankbar zu sein.

Mein Bruder war ein schwieriger Junge, kränkelnd und überempfindlich. Seine Mäkelsucht hatte etwas Manisches. Erst in der Zeit mit Vanessa hat er zu leben gelernt.«

»Dafür hat er sich nach der Trennung aber relativ rasch getröstet.«

Ebba lächelte überlegen. »Männer, die verlassen worden sind, nehmen die Erstbeste, die ihnen über den Weg läuft. Sie brauchen den Beweis, dass es nicht an ihnen gelegen hat, und halten in der Regel auch an dem Ersatz fest. Der Imageverlust bei einer weiteren Trennung wäre zu groß.«

Sie sah Mascha direkt in die Augen. »Wussten Sie das nicht?«

Sie wandte sich um und rief die Taxizentrale an.

Dann kam sie noch einmal zurück. »Alles Gute, Mascha. Denken Sie hin und wieder an meine Worte. Und grüßen Sie meinen Bruder«, fügte sie hinzu.

Mascha drehte sich zu Gunnar um, aber er war nicht mehr da. Ebba gelang ein schmallippiges Lächeln. »Gunnar ist längst geflohen. Er hört die Wahrheit nicht gern.«

An dem Kasten mit den aufgespießten Schmetterlingen vorbei, ging Mascha ins Bad und ließ sich Wasser über den Puls laufen.

Sie kämmte sich, atmete tief durch und ging zurück in den Garten, wo Niko allein vor dem Grill saß und in der Holzkohle herumstocherte.

Sie mühte sich um einen betont harmlosen Ton. »Wo sind denn deine Freunde?«

»Im Kino. Hier war es ihnen zu ungemütlich.«

Er warf ihr einen finsteren Blick zu. »Und wo ist Ebba?«

Mascha lächelte. »Im Kino! Welch unschöner Empfang.«

»Das liegt nicht an uns.«

»Ihr hättet euch anmelden können«, sagte sie.

»Ihr auch.«

Sie schwiegen eine Weile. In der Stille war ein knarrendrostiges Geräusch zu vernehmen, das in Mascha ein ungutes Gefühl weckte, aber sie achtete nicht weiter darauf.

»Meine Mutter freut sich immer, wenn sie von einer Reise zurückkommt und das Haus ist voller Leute. Aber ihr sitzt offenbar lieber allein in eurem Acht-Zimmer-Käfig.«

Mascha lächelte. »Stimmt genau.«

»Wir fahren morgen früh«, sagte Niko. »Wenn ihr unsere Gegenwart noch so lange ertragen könnt.«

»Wir werden uns Mühe geben«, erwiderte Mascha. »Aber nun wollen wir endlich etwas essen.«

Schweigend legte Gunnar die mitgebrachten Koteletts auf den Grill, und Mascha mischte den Salat.

Es wurde eine wortkarge Mahlzeit.

Gunnar verabschiedete sich früh und ging hinauf ins Atelier. Mascha und Niko blieben zurück.

»Du kannst ruhig auch hinaufgehen«, sagte er.

»Ich kann aber auch ruhig noch bleiben, oder?«, gab sie zurück.

»Du darfst Ebba den Ausbruch von vorhin nicht übel nehmen«, sagte Niko nach einer Weile. »Aber sie ist eben leidenschaftlich gern hier. Ehrlich gesagt, war es ihre Idee, mich und meine Freunde hier einzuquartieren. Ness war gar nicht so erbaut davon.«

Mascha warf ihm einen Blick zu. »Ich habe nicht gewusst, dass Ebba das Haus so liebt.«

Niko zuckte die Schultern. »Wenn keiner hier ist, ist es eben wie früher.«

»Und wer bitte ist ›keiner‹?«

»Na, Gunnar und du.«

Da Gunnar die Frage, die sie seit Wochen beschäftigte, nicht hatte beantworten wollen, wagte Mascha einen neuen Vorstoß.

»Warum ist Ebba eigentlich ausgezogen?«

Genüsslich nagte Niko einen Knochen ab. »Wegen Eifersucht.«

Vor Maschas innerem Auge marschierte eine stattliche Reihe glutäugiger Männer vorbei. Alle jung, attraktiv und in Vanessa verliebt.

»Hatte deine Mutter denn Liebhaber?«, fragte sie so harmlos wie möglich.

Niko warf den Knochen ins Gebüsch und lachte. »Ness, Liebhaber?« Aufs Höchste amüsiert sah er Mascha an. »Mein Vater war auf alles eifersüchtig, das ihr Freude machte, und das war zugegebenermaßen eine Menge.«

»Und zwar?«

Niko machte eine allumfassende Armbewegung. »Himmel, Mond und Sterne. Haus und Hof, Bilder und Bücher, Teller, Tassen, Töpfe. Essen und Trinken, Hund und Katze, Vögel und Freundschaften … Zuletzt hasste Gunnar sogar ihre gestickten Kissen. Ich glaube«, fügte er nachdenklich hinzu. »Er missgönnte ihr einfach die Freude, die sie an allem hatte. Richtig schlimm wurde es dann wegen Ebba.«

»Das verstehe ich nicht.«

»Vanessa kam, und zum ersten Mal wurde in diesem Haus gelacht.

Das war für Ebba etwas völlig Neues. Dass man dem Alltag mit dieser heiteren Leichtigkeit begegnen konnte, hatte sie nicht gewusst. Sie wurde richtig süchtig danach. Das heißt, sie wurde süchtig nach Vanessa. Gunnar war überflüssig.«

Er hob die Flasche. »Noch ein Glas Wein?«

»Bitte.«

»Mit dir wird er übrigens besser klarkommen«, sagte Niko, nachdem er die Gläser eingeschenkt hatte.

Mascha lächelte. Wie wohltuend, dass Niko dies erkannt hatte.

»Warum?«

»Du hast nicht so viele Ideen wie Ness. Du bist nicht so kreativ, und nicht so unterhaltsam. Du strahlst keine Freude aus. Es ist, entschuldige, aber du hast mich gefragt, eigentlich egal, ob du da bist oder nicht. Bei dir«, fügte er hinzu, »findet er keinen Grund zur Eifersucht.«

Inzwischen war es dunkel geworden.

Die Grillen zirpten im Gras. Ein leichter Wind strich durch die Büsche, und das merkwürdig vertraute Geräusch von eben klang erneut zu ihnen herüber: Das rostig-klagende Lied einer Fahnenstange.

»Esther Vlies ist zurückgekehrt«, sagte Niko.

Er lachte. »Als Erstes hat sie die Fahne gehisst.«

»Das höre ich.«

»Der Papagei ist auch wieder da. Gestern hat er den ganzen Tag geschrien. Man fühlte sich wie im Urwald. Wenn du willst, können wir sie morgen besuchen.«

Aber Mascha spürte kein Bedürfnis, Esther Vlies zu besuchen.

»Danke«, sagte sie und brachte ein schiefes Lächeln zustande.

»Aber wir Grottenmolche bleiben lieber für uns.«

Erst nach Mitternacht brachte Mascha den Koffer in ihr Zimmer.

Das Merkheft lag aufgeschlagen auf dem Tisch.

Unter den letzten Spruch: »Es ist schrecklich, auf die hungrige Art geliebt zu werden«, hatte Ebba vermerkt: »Den Ankünften nicht glauben, wahr sind die Abschiede.«

34

Schöne Aussicht

Als Niko gefahren war, kehrte der Alltag zurück.

Der erste Versuch, Vanessa totzuschweigen, war fehlgeschlagen, aber allein auf sich gestellt, hatten sie eine Chance, es ein weiteres Mal zu versuchen.

»Du darfst Ebba nicht glauben«, versuchte Gunnar das Thema endgültig abzuschließen. »Diese Tirade, was du alles Vanessa zu verdanken hättest, entsprang einem kranken Gehirn. Als Vanessa ins Haus kam, trafen zwei Welten aufeinander: dumpfe Dämmerung und strahlender Sonnenschein. Vanessa zog Ebba aus dem Schatten ins Licht und gab ihr das Gefühl, etwas wert zu sein.«

»Kein Wunder, dass sie sie gemocht hat.«

»Gemocht? Sie war rettungslos vernarrt in sie. Am Ende hätte sie sie mit ihrer Anbetung fast erstickt.«

Sie machten ihren ersten gemeinsamen Spaziergang nach der Rückkehr. Der Himmel war bedeckt, ein frischer Wind kräuselte die Wellen.

In der Luft schrien die Möwen.

Schweigend gingen sie eine Weile nebeneinander her.

»Es wurde unerträglich«, nahm er das Thema wieder auf. »Irgendwann musste ich Ebba bitten, sich eine eigene Wohnung zu suchen.«

»Und Vanessa?«

»Vanessa war erleichtert. Das Feuerchen, das sie entzündet hatte, breitete sich zu einem Flächenbrand aus. Alte Scheunen brennen gut, daran sollte man denken, ehe man das Hölzchen zündet.«

Er legte den Arm um ihre Schultern. »Bitte vergiss den hässlichen Auftritt. Ich hätte Ebba niemals einen eigenen Schlüssel geben sollen. Ich dachte, dass sie darüber hinweg sei«, fügte er hinzu, »aber das glaubt man bei Suchtkranken ja immer.«

Mascha ließ die Blicke über das Wasser schweifen.

Wie wohltuend diese Weite, in der nichts den Blick verstellte. Klare Verhältnisse, Feinde von weitem erkennbar.

»Ich könnte mich hier so wohl fühlen«, sagte sie, »wenn nicht ständig jemand auftauchte, der darauf hinweist, dass es das Eigentliche nicht mehr gibt. Es ist, als ob man ein herrliches Plätzchen Erde bewundert, und dann kommt jemand hinzu und sagt: Ach, du hättest es sehen sollen, wie es früher gewesen ist. Es ist immer noch ein hübscher Ort, aber wer es früher gekannt hat, der mag gar nicht mehr hier sein.«

Gunnar ließ den Arm von ihrer Schulter gleiten. »Vielleicht sollte man irgendwo neu anfangen«, sagte er.

Sie kehrten um und gingen durch die Wiesen zum Haus zurück. Die Fenster der Mühle blitzten hell zu ihnen herüber.

»Hast du schon gehört, dass Esther Vlies wieder da ist?«, fragte sie vorsichtig, aber die befürchtete Explosion blieb aus.

»Wir werden uns mit Esther abfinden müssen«, sagte er ruhig. »Alles verändert sich. Es ist unerlässlich, sich darauf einzustellen. Vielleicht sollten wir Frau Vlies einmal einladen«, fügte er hinzu, »und versuchen, die Spannungen abzubauen.«

»Wir machen eine Party«, rief Mascha begeistert. »Es wäre sicher sehr anstrengend, sie allein zu unterhalten.«

Gunnar lachte bitter. »Frauen dieser Art müssen nicht unterhalten werden«, sagte er. »Esther wird drei Stunden lang von den Dreharbeiten ihrer derzeitigen Produktion erzählen, und nichts von dem, was uns betrifft, wird sie wirklich interessieren. Deshalb ist es in der Tat besser, sich ihr nicht allein auszuliefern. Die Einladung muss ja nicht sofort sein«, schränkte er vorsichtig ein. »Wir sollten uns zunächst einmal von den Verwandten erholen und dann, vielleicht im Herbst ...«

Aber Mascha hörte nicht mehr zu.

Innerlich feierte sie bereits die Party des Jahres.

Man könnte die Clique einladen und auch Pete Pettow fragen, um zu demonstrieren, dass man ebenfalls bekannte Leute in seinem Freundeskreis hatte.

Vielleicht würde Esther ihrerseits Freunde mitbringen, die gerade zu Besuch waren. Leute vom Film ...

Und Chris müsste man so platzieren, dass sie Esther stets im Blick hatte, ohne sich ihr direkt nähern zu können. Jeden Versuch in dieser Richtung würde sie, Mascha, zu verhindern wissen.

Ihren Anruf vor der Mecklenburgreise hatte sie inzwischen heftig bereut.

Wie hatte sie sich derart offenbaren können.

Und Chris herablassende Einladung: »Komm doch mal zum Kaffee, vielleicht genügt das schon.«

Für wie bescheiden hielt sie sie eigentlich?

Auf dem Rückweg malte sich Mascha die Party detailliert und in den buntesten Farben aus, wobei eine Farbe ganz eindeutig vorherrschte: Gelb!

Die positiven Gedanken, die vom Haus Giersch ausgehend die Allee entlang Richtung Mühle gewandert waren, hatten offenbar einen guten Empfang gehabt.

In der Woche darauf kam überraschend eine handgeschriebene Karte von Esther Vlies.

»Liebe Mascha!«

Mascha lächelte.

Wie persönlich und scharmant das klang: »Liebe Mascha«, und nicht »Liebe Frau Thorwald«, oder schlimmer, »Liebe Frau Giersch«.

»Liebe Mascha,

am 15. September startet meine neue Serie ›Die Insel der Frauen‹, zu der ich ein paar Freundinnen eingeladen habe.

Ich würde mich freuen, wenn auch Sie, als meine nächste Nachbarin, um 16.00 Uhr kommen würden. Wir werden uns gemeinsam die erste Folge ansehen und uns anschließend zu einem Glas Champagner zusammensetzen.

Überdies betrachte ich diese Einladung als Möglichkeit, das Kriegsbeil zu begraben, das Ihr Mann im vergangenen Sommer des öfteren in meine Richtung warf.

Ich nehme ihm die Attacke nicht übel, denn es ist sicher schwer, sich nach so vielen Jahren mit ganz neuen Verhältnissen auseinander setzen zu müssen, obwohl ihn das Übel ständiger Veränderung als Zeichen unserer Zeit ja nicht allein trifft. Wir alle müssen uns leider damit abfinden.

Es werden übrigens Probleme entstehen, die uns gemeinsam betreffen. Die Hotelkette *Sport-Ho* plant in unmittelbarer Nähe ein Golfhotel. Ein Angebot, die Mühle betreffend, liegt mir bereits vor. Man möchte das Gebäude in die Gesamtanlage integrieren. Vielleicht wird man diesbezüglich auch auf Sie zukommen.

Einstweilen aber freue ich mich auf Ihren Besuch.

Ihre Esther Vlies.«

Mascha zerriss die Karte und warf die Schnipsel in den Müll. Im Moment herrschte ein wohltuender Friede im Haus, und es war nicht nötig, diesen Frieden durch eine bloße Vermutung zu stören.

Ein Golfhotel, wie lächerlich.

Aber eine leise Stimme flüsterte ihr zu, dass Esther vielleicht Recht hatte. Es würden größere Probleme auftauchen als eine Fahnenstange, die sich im Wind drehte.

»Eine Tür öffnet sich, ein Paar wohlgeformte Frauenbeine stolzieren auf Stilettos über altes Parkett. Dann werden die Schuhe, einer nach dem anderen, von den Füßen geschleudert. Ein Handy schiebt sich ans Ohr, und eine rauchige Stimme flüstert: Hallo Harry …

Man muss gar nicht erst in TV-Today nachschlagen, wir sind in der Serie *Rheinschloss* mit Esther Vlies.«

Birte Bach, eine junge Frau, so strahlend und unkompliziert wie ihr Name, ließ das TV-Journal sinken und lachte »Esther, hast du das selbst geschrieben?«

»Klar.«

»Und das: Esther Vlies, die große Mimin der Vorabendunterhaltung, hat in ihrer neuen Serie: ›Insel der Frauen‹ künstlerisch einen Sprung gewagt: Auf das Image des Männer mordenden Vamps festgelegt, erscheinen in der neuen Serie Männer nur in Nebenrollen: Esther Vlies als Leiterin eines Frauenhauses … man darf gespannt sein.«

»Das darf man.« Esther lachte. »Übrigens auch von mir verfasst, wie findest du den Text?«

»Fabelhaft, du solltest Reporterin bei VIP'S und FLOPS werden.«

»Das heb ich mir auf für den Fall, dass die Schönheit irgendwann einmal nachlässt.«

»Kann man sich bei dir kaum vorstellen.«

Während das Gespräch locker hin und her ging, hatte Mascha Zeit, sich Esther Vlies aus der Nähe zu betrachten.

Esther zeichnete sich durch eine mädchenhaft zierliche Figur, porzellanfeinen Teint und echte rotblonde Locken aus. Ihre Augen waren strahlend grün.

Sie bemerkte Maschas bewundernden Blick und lachte.

»Schön sein ist eben doch alles, egal, was weniger Gesegnete auch dagegen sagen. Kinder, reicht mir die Gläser.«

Sie füllte die Champagnerkelche. »Auf Schönheit und Erfolg.

Ohne das eine taugt das andere nur die Hälfte, hab ich Recht, Carry?«

»Wie immer!«

Carry wandte sich an Mascha. »Sie kommen nicht vom Film, hab ich Recht?«

Mascha war ein wenig verlegen. »Woran merken Sie das?«

»Weil Sie ganz sie selbst sind. Kein Image, das ist selten heutzutage.«

»Frau Vl... Esther ist doch ebenfalls sehr natürlich.«

Carry lachte. »Das ist ja gerade ihr Image. Der Star zum Anfassen. Bloß lästig, wenn die Leute es dann wirklich tun. Esther, hab ich Recht?«

»Kommt ganz drauf an, wer anfasst.«

Alle lachten.

Birte wechselte das Thema. »Sag, Schätzchen, willst du mit dieser sozialkritischen Studie zu höheren Ehren vordringen? Grimmepreis in Gold und so?«

Esther lachte. »Wenn schon, dann Burgtheater. Wenn die Kasse stimmt, giert man nach der Ehre, das wissen wir doch. Aber ich habe vergessen vorzustellen. Das ist Mascha, meine Nachbarin. Von Beruf ...«

Sie machte eine Pause und Mascha fühlte die Augen sämtlicher Anwesenden auf sich gerichtet.

»Buchhändlerin«, sagte sie rasch.

»Endlich mal jemand, der nicht vom Film ist.«

Esther wies auf die Frauenrunde: »Des Weiteren sind anwesend: Francis, unsere Regisseurin, Margot: Cutterin, Joanne: Schauspielerin ...«

Aber Mascha hörte nicht länger zu. Der Champagner hatte eine wohltuende Wirkung auf Herz und Hirn. Sie lehnte sich entspannt zurück und ließ den Blick wandern.

Man hatte sich in einem der halbrunden Räume versammelt, die das Innere der Mühle ausmachten. Um ein enges Treppenhaus herum gruppierten sich auf drei Etagen tortenstückartig die einzelnen Zimmer, alle klein und massiv möblierbar.

Die Originalität hatte ihren Preis.

Auch die Terrasse mit dem Türmchen, die das historische Gemäuer so verschandelte, erfüllte keinen rechten Zweck. Sie war klein und zugig, und es machte wenig Freude, hier länger zu verweilen.

Das Türmchen bot gerade Platz für eine Person.

Ehe die Filmvorführung begann, hatte Mascha die Gelegenheit genutzt, auf der Suche nach dem Waschraum rasch die einzelnen Zimmer zu inspizieren.

Mit dem bekannten Grummeln im Bauch, das ihre geheimen Aktionen stets begleitete, war sie die Treppe hinaufgestiegen und schließlich bis zum Dach vorgedrungen.

Mit dem bekannten Lustgefühl hatte sie das Fernrohr registriert, das am Geländer des Türmchens befestigt war. Sie richtete es auf ihr eigenes Haus, das mit den hohen Sichtschutzzäunen wie eine Pappschachtel aussah, die jemand in die Wiese geworfen hatte. Einen Zweck erfüllten die Zäune nicht. Mühelos konnte sie Gunnar beobachten, der mit sorgenvollem Gesicht die Rosen spritzte. Sie waren auch in diesem Jahr von Blattläusen befallen, und er hatte den Schmarotzern endgültig den Kampf angesagt.

»Diesmal scharfes Geschütz. Entweder die Rosen gehen ein oder die Viecher.«

Jetzt richtete er sich auf, massierte die Schulter und wandte den Blick zur Mühle. Überraschend befand sich Mascha mit ihrem Lebensgefährten Auge in Auge.

Es war ein wenig wohlwollender Blick, der sie so unvermutet traf. Nach Einsicht in die heitere Flimmerwelt des Films, schien ihr die Realität *Gunnar Giersch* wenig verlockend.

Modergeruch breitete sich aus.

Mascha ließ von dem Fernrohr ab, lehnte sich über das Geländer und gab sich einer wohltuenden Erinnerung hin.

Für einige Augenblicke befand sie sich wieder im Neubaugebiet Neu-Ost, stand sie noch einmal auf ihrem Balkon und richtete das Fernrohr auf die Villa Thorwald und den Reihenhausgarten ihrer Schwester.

Die Erinnerung verklärte die Situation.

Es waren Wochen der Freiheit gewesen, der heimliche Beobachterposten hatte ihr ein Gefühl von Überlegenheit verliehen, und wie bescheiden das Apartment auch war, so war es doch ein eigenes Zuhause. Keine Vorgängerin hatte ihre Spuren hinterlassen, keine Ebba ältere Rechte angemeldet, kein Niko süffisante Reden geschwungen: »Mit Ihnen hat Gunnar es besser. Es ist egal, ob Sie da sind oder nicht, kein Grund zur Eifersucht.«

Noch einmal richtete sie das Fernrohr auf das Haus, das ihr niemals wirklich gehören würde.

Gunnar war nicht mehr zu sehen.

Wie vergessen lag die Giftspritze im Gras.

Esther Vlies klatschte in die Hände: »Wenn ich jetzt um Ruhe bitten dürfte.«

Esther Vlies in: Die Insel der Frauen

Über eine Leinwand von Kinoformat flimmerte der Vorspann. Gespannt verfolgten alle wenig später das Geschehen, wobei jede der anwesenden Frauen die gesamte Aufmerksamkeit ihrem eigenen Part schenkte.

Nach der Vorführung wechselten sie ein paar Worte, lobten die Leistung von Regie und Kamera – und schon wandte sich das Gespräch anderen Themen zu.

Der Film war vorübergerauscht – und rasch vergessen.

»Manchmal zweifle ich ja an dem, was wir tun. Wochenlange Arbeit, höchste Konzentration, Nervenkrisen, Wutausbrüche und dann … schwupps … gesendet und vorbei.« Esther schenkte eine weitere Runde Champagner ein.

»Mach doch was anderes«, schlug Francis vor. »Mach 'ne Talkshow. Wie man sieht, kann das jeder.«

»Oder ein Quiz: Wie hieß die Hauptdarstellerin des Films ›Der blaue Engel?‹ Marlene Dietrich, Inge Meisel, Rita Süssmuth?«

»Oder eine Nachmittagssendung: ›Kochen mit Esther Vlies.‹ Hohe Quote garantiert.«

Das Thema wandte sich dem nächsten Projekt zu, in dem Esther zu ihrem eigentlichen Image zurückkehren wollte: eine Frau, als Mittelpunkt im Leben von drei Männern.

Aber auch dieses Thema hielt nicht lange vor.

»Birte, erzähl, was du im nächsten Sommer vorhast. Warum kommst du nicht endlich nach Mallorca?«

Birte lächelte. »Zu heiß und zu voll.«

»In meinem Haus hättest du Ruhe. Es liegt so weit abseits, dass du niemanden sehen musst, wenn du nicht willst.«

Esther lächelte gewinnend. »Mascha, wie ist es mit Ihnen?«

Mascha fuhr zusammen. Sie war ins Träumen geraten.

»Mit mir?«

»Ja, das Haus ist groß genug und hat einen eigenen Gästetrakt. Kommen Sie, wann und so lange Sie wollen. Und du, Joanne … Willst du mir nicht endlich deine neue Errungenschaft vorführen?«

Joanne lachte. »Ich möchte ihn noch ein bisschen behalten.«

Der Ton war scherzhaft und ohne Schwere.

Wie leicht das Leben dieser Leute war. Nahmen sie überhaupt etwas ernst?

Kommen Sie, wann und so lange Sie wollen …

Noch keine sechs Wochen, und sie hatte verzagt nach einem Fluchtwinkel gesucht, um sich vor Ebbas Blick in Sicherheit zu bringen. In ihrer Verzweiflung hatte sie sogar Chris angerufen, ein sicheres Zeichen für beginnenden Realitätsverlust.

Und nun saß sie keine zweihundert Meter vom Tatort entfernt auf einem gelben Ledersofa und wurde, ohne etwas dafür getan zu haben, eingeladen.

Das Haus ist groß genug, es gibt einen eigenen Gästetrakt.

»Esther, was wird aus der Mühle, willst du sie nun endgültig aufgeben?«, wechselte Birte das Thema. »Wenn ich reich wäre, käme ich als Interessentin in Frage.«

Esther lachte. »Zu dir würde sie auch passen.«

»Zu dir hat sie nie gepasst.«

Birte zog ironisch die Stirn in Falten. »Völlig ungeeignet für deine geliebten *home storys*. Die Zimmer zu klein, die Aussicht nicht grandios genug, und dann die Außenaufnahmen: Esther Vlies auf der Schafweide… welch ein Imageverlust.«

Esther lachte. »Dafür hab ich ja jetzt mein Haus in der Bucht. ›Esther Vlies vor Meereskulisse‹.«

Sie legte eine CD auf, Schmusemusik erfüllte den Raum.

»Nein, ich muss noch ein bisschen warten. Die Stadt plant ein Golfhotel, und der Investor möchte die Mühle miteinbeziehen.«

»Und du stimmst zu?«

»Das kommt auf den Preis an.«

»Würdest du den Platz hier denn vermissen?«

Esther verdrehte die Augen. »Ich glaube nicht, als Mühlenbesitzerin bin ich mir immer ein bisschen schrullig vorgekommen.«

»Mühlen sind auch out. Genauso wie Dorfschulen und Provinzbahnhöfe. Wer will das noch?«

Birte füllte erneut die Gläser. »Mascha, wie schmeckt der Champagner?«

»Eigentlich wie Sekt.«

Birte lachte. »Aber der Kater ist teuer. Sie werden es merken.«

Joanne zündete sich eine Zigarette an. »Und wo wohnen Sie, Mascha? Alte Mühle oder Finca?«

»Ganz normal am Ende der Allee.«

»In dem Haus mit dem verbretterten Garten? Wollen Sie nicht gesehen werden oder selbst niemanden sehen?«

»Mein Freund, äh, mein Bekannter …«

Birte lächelte sie an. »Sagen Sie doch einfach ›mein Liebster‹.«

»Also, mein Liebster mag es nicht, wenn man ihm in den Garten schaut.«

Esther grinste. »Deshalb musste ich ja extra den Aussichtsturm bauen. Ein Mann, der mir nicht verfallen ist, muss etwas Besonderes sein. Den muss man genauer betrachten.« Sie senkte die Stimme: »Ein Exot.«

»Wie ist das Haus denn innen?«, fragte Birte. »Auch so verbrettert?«

»Nein, sehr schön.«

Mascha hatte das Gefühl, etwas mehr vorweisen zu müssen als einen verschrobenen Mann, der sich hinter Sichtschutzzäunen verbarg.

»Wir bewohnen eine alte Landvilla mit großem Garten und Blick über die Wiesen bis zum Rhein hinunter. In der Küche sind noch die originalen Fliesen und im Flur die alte Wandvertäfelung erhalten. Eine Eichentreppe führt in die erste Etage.«

Sie lächelte. »Übrigens die ideale Kulisse für eine *home story*.«

Esther lachte. »Vielleicht leihe ich mir Ihr Haus mal aus. ›Esther Vlies am Kamin‹, eine gute Story für die Weihnachtsnummern. Das macht sich in Mallorca weniger gut.«

»Wir haben alles originaltreu wieder hergerichtet«, fuhr Mascha fort, die Bilder der österlichen Kellerrenovierung, die vor ihrem inneren Auge vorüberflimmerten, tapfer ignorierend. »Es war alles ein wenig verkommen. Meine Vorgängerin …«

Sie fühlte die Spannung der anderen und geriet ins Stottern. »Die erste Frau meines Mannes war … Also mein Mann hat lange allein gewohnt und deshalb …«

Sie spürte den intensiven Blick Birtes und bekam gerade noch die Kurve. »Jedenfalls ist es sehr schön geworden!«

Birte nahm eines der Brötchen mit Hummersalat, die Esther

herumreichte, und biss herzhaft hinein. »Fällt die Fensterklappe im Keller eigentlich immer noch runter?«, fragte sie kauend.

»Das Ding hat uns fast wahnsinnig gemacht, aber Gunnar war zu geizig, es richten zu lassen.«

Ihr Blick war fest auf Mascha gerichtet.

Wie um Verzeihung bittend, zuckte sie die Schultern.

»Mit Künstlernamen Birte Bach. In echt Vanessa Giersch.«

Mascha starrte sie an.

Die Augen Vanessas waren weder blau noch grün.

Sie strahlten in Türkis.

35

Zeit, zu gehen

Nach der Party lief Mascha wie im Traum die Allee entlang, Vanessas lachende Stimme im Ohr.

Herzlich hatte sie sich nach Gunnar erkundigt.

»Er ist kein schlechter Mann, leider haben wir so gar nicht zueinander gepasst. Von den beiden Wahrheiten ›Gegensätze ziehen sich an‹ und ›Gleich und gleich gesellt sich gern‹ würde ich heute die Letztere vorziehen. Dreht er noch immer heimlich die Heizungen ab?«

»Ich drehe sie noch heimlicher wieder an.«

»Gratuliere. Dann darf an hohen Feiertagen wohl auch der Kamin angezündet werden?«

»Der brennt auch wochentags.«

Vanessa hatte anerkennend gepfiffen. »Mädchen, du hast ein Wunder vollbracht. Allerdings auf dem Fundament der jahrelangen Bemühungen von Vanessa Giersch. Du solltest zuweilen an sie denken.«

Eigentlich denke ich unentwegt an sie, dachte Mascha verwundert. So deutlich war ihr diese Tatsache bisher nicht aufgefallen. »Und preise deine Vorgängerin, wenn du dich vor dem Feuer räkelst.«

»Vor welchem Feuer?«

Vanessa lachte. »Vor dem Kaminfeuer. Die Hoffnung, in Gunnar ein Flämmchen zu zünden, habe ich irgendwann aufgegeben.«

Jetzt musste auch Mascha lachen. »Das hab ich gar nicht erst versucht.«

»Wäre auch unnütz gewesen. Aber die Sichtschutzmatten hat er durchgesetzt. Ich war immer dagegen«, spann Vanessa das Thema fort.

Mascha lachte. »Er hat mich gar nicht erst gefragt.«

»Da hat er dazugelernt. Nicht fragen – tun! Wir sind in unseren ewigen Diskussionen über den Zweck jeglichen Tuns beinahe erstickt.«

»Wir nicht.«

Vanessa sah sie fragend an.

»Wir reden kaum miteinander.«

»Das ist natürlich auch eine Lösung.«

Wieder dieses ansteckende Lachen.

Dann wurde sie ernst. »Mascha, du hast Humor. Du solltest dich um eine Talkshow bemühen.«

Mascha blieb beinahe der Atem weg. »Wieso gerade ich?«

»So eine Show kriegt fast jeder hin. Früher wollten die Leute Stars sehen, heute sehen sie am liebsten sich selbst. Auch die Moderatorin ist am besten eine von nebenan, vorausgesetzt, dass sie eine Sympathieträgerin ist. Und wenn ich dich so betrachte«, sie musterte Mascha mit einem intensiven Blick, »kann ich nur sagen, der gute Gunnar hat wieder mal Glück gehabt.«

»Vielleicht hat er einfach Geschmack«, warf Esther ein. »Ich glaube, ich werde ihn mir doch einmal ansehen. Meinst du, dass er auf die Terrasse meines neuen Domizils passt?«

»Unbedingt. Er wäre der erste Mann in deiner Umgebung, der denkt. Er könnte sinnend über das Meer schauen.

In einem Punkt hat mir Gunnar imponiert«, kam Vanessa zum eigentlichen Thema zurück.

Mascha sah sie an. »Da bin ich gespannt.«

»Er zappelt nie lange in einem Unglück herum. Er wusste sich stets zu trösten.«

Wie ferngesteuert lief Mascha am *Haus Giersch* vorbei und schlug den Weg zu den Rheinwiesen ein. Sie brauchte Luft und die Weite des Himmels. Sie musste das Erlebte auskosten, durchdenken, und sich auf der Zunge zergehen lassen.

Innerhalb weniger Stunden schien ihr das Leben völlig verändert.

»Besuchen Sie mich auf Mallorca!«

»Warum machen Sie keine Show?«

»Einen Talk kriegt jeder hin.«

Es war, als ob eine höhere Macht die Sichtschutzmatten beiseite geschoben und den Blick in eine Welt voller Möglichkeiten freigegeben hätte.

Wie herzlich und gleichzeitig souverän hatte Vanessa über ihre Ehe mit Gunnar gesprochen, während er Fehlerchen auf Fehlerchen legte und das Ganze so lange addierte, bis sich ungeheure Summen ergaben.

Summen zu Vanessas Ungunsten – natürlich.

Sein Hirn musste eine riesige Registratur sein, in der er mit Akribie die Schwächen seiner Mitmenschen speicherte.

Vanessa hatte die Vergangenheit losgelassen und sich der Zukunft zugewandt.

Er nicht.

Als sie die Haustür aufschloss, hatte sie das Bedürfnis, die Fenster aufzureißen und die stickige Luft zu vertreiben, die über den Räumen zu liegen schien.

Gunnar saß im Sessel und las.

Bei ihrem Eintritt hob er den Blick: »Na, wann heiratet ihr?«

»Wer?«

»Vanessa und du.«

Sie küsste ihn auf die Stirn. »Du spinnst, Vanessa war doch gar nicht da.«

Warum sage ich das?, dachte sie verwundert.

»Du kommst spät. Ich habe gekocht.« Unglücklich sah er sie an. Ihr Blick fiel auf den gedeckten Tisch. Er hatte sich Mühe gegeben und sogar zwei Weinkelche poliert. Neben dem Kerzenständer lagen die Streichhölzer parat. Er tat ihr Leid, aber es war nicht zu ändern.

»Ich habe bei Esther gegessen.«

»Dann heben wir es für morgen auf«, sagte er resigniert. Er erhob sich. »Wollen wir spazieren gehen?«

Mit einiger Überwindung legte sie die Arme um seinen Hals.

»Ich bin ein bisschen müde.«

Unschlüssig sah er sie an. »Was möchtest du denn tun? Es ist ja erst neun.«

»Ich möchte hinaufgehen und mich ein wenig auf mein Sofa legen.« Und nachdenken, fügte sie in Gedanken hinzu.

Mit hängenden Schultern sah er ihr nach, als sie die Treppe hinaufging.

Von nun an ging Mascha an jedem Mittwochnachmittag hinüber zu Esther.

»Der Spuk ist ja bald vorüber«, teilte sie Gunnar mit. »Esther will die Mühle verkaufen. Dann sehen wir sie nie wieder.«

»Wir wollten sie doch einmal einladen.«

»Das erübrigt sich.«

Nach den Treffs bemühte sie sich, ihn mit kleinen Anekdoten zu unterhalten, bei denen die Filmleute grundsätzlich schlecht wegkamen. Mit diesem Trick rettete sie die Stimmung.

Vanessa erwähnte sie mit keinem Wort.

Ich behandle sie wie einen Liebhaber, den man geheim halten muss, dachte sie. Warum kann ich nicht einfach sagen, dass Vanessa als Ehefrau vielleicht untauglich, in Gesellschaften und als Freundin jedoch erfrischend und nett ist?

Die Antwort ergab sich von selbst.

Weil sie eine Gefahr darstellte. Weil es äußerst verlockend

war, ihre Nähe zu suchen, und weil sie Mascha das Gefühl gab, dass das Leben von sprudelnder Leichtigkeit sei und es nur eines kleinen Schrittes bedurfte, um daran teilzunehmen.

Und weil die Rückkehr zu Gunnar nach jedem Treff mühsamer wurde. Einmal hob er unvermutet den Blick von dem Buch, in dem er gerade las, und sah sie an. »Ist Vanessa wirklich eine Freundin? Oder gehst du ihr nur auf den Leim?«

Sie hüstelte die Kehle frei, ehe sie antworten konnte. »Wir wollten doch nicht mehr über Vanessa sprechen.«

»Du hast ja auch einen Ersatz für die Gespräche gefunden«, sagte er. »Du hast den Schatten an der Wand zum Leben erweckt.«

Ihr Lachen klang ein wenig verkrampft. »Und du, hast du auch einen Ersatz?«

»Nein …«, sagte er zögernd.

»Ich habe mir deinen Geburtstag noch nicht notiert«, stellte Vanessa an jenem schwül-warmen Nachmittag fest, an dem das Summen der Bienen das einzige Geräusch war, und die Zypressen zum ersten Mal in die Landschaft passten.

»Wann feierst du?«

»Ich feiere meinen Geburtstag nicht.«

Vanessa riss die Augen auf. »Du feierst deinen Geburtstag nicht? Aber es ist doch so nett, wenn alle mit Geschenken kommen …«

»Gerade die Geschenke mag ich nicht.«

Vanessa sah sie nachdenklich an.

Schließlich sagte sie: »Also grundsätzlich gesehen, passt du ganz gut zu Gunnar. Er hat ja nicht nur Geburtstage, sondern auch alle anderen Feste abgelehnt. Gibt's für dich denn keinen einzigen Anlass, den du feiern möchtest?«

Mascha lächelte. »Doch, einen gäbe es schon – den zehnten Januar.« Sie hob die Stimme: »Ich lade dich hiermit feierlich zum Weltlachtag ein.«

Vanessas Stimme geriet ins Stottern: »Wozu lädst du mich ein?«

»Zum Weltlachtag.«

Vanessa warf den Kopf zurück und lachte aus vollem Hals. »Da gibt es so einen wunderbaren Tag, und ich weiß nichts davon. Auch wenn du es nicht magst, aber heimlich werde ich deinen Geburtstag doch feiern, zum Dank, dass es dich gibt.«

Mühsam beherrschte sie sich. »Aber zum Fest an sich: Wo wollen wir denn lachen?«

Mascha zögerte. »Ich weiß nicht …«

Im Hause Giersch war sicher nicht der rechte Ort, und Vanessas Zuhause kannte sie nicht.

Aber Vanessa hatte bereits eine Idee. »Ein Freund von mir bewohnt ein Penthaus in der achtzehnten Etage eines Hochhauses. Mitten in der Stadt und doch einsam gelegen. Da können wir lachen, was das Zeug hält.«

»Und deinen Freund wird es nicht stören?«

»Der ist für ein Jahr in Kalifornien. Ich habe den Wohnungsschlüssel.«

Vanessa geriet in Fahrt. »Bis zum Januar fallen mir noch ein paar lachbegabte Leute ein. Wir bilden einen Klub und werden uns in jedem Jahr an diesem Tag treffen. Egal, was passiert! Vorher«, fügte sie hinzu, »werde ich natürlich alle einer strengen Prüfung unterziehen. Ich lasse sie probelachen.«

»Wir können Esther einladen«, schlug Mascha vor.

Vanessa schüttelte den Kopf.

»Esther«, rief sie der Freundin zu, die in einiger Entfernung auf einer Liege lag und in Filmzeitschriften blätterte. »Gehe ich recht in der Annahme, dass du unserem Lachklub nicht beitreten möchtest?«

»Ganz bestimmt nicht. Lachen macht Falten.«

»Uns macht das nichts aus.«

»Kein Wunder, ihr habt sie ja schon.«

Am zehnten Januar hatte es geschneit.

Der Schnee bildete ein flockiges Mäuerchen auf dem Terrassengeländer, und die wirbelnden Flocken verhinderten den Blick über die Stadt.

Aber die Schauplätze, an denen sich Maschas Leben bisher abgespielt hatte, wären auch bei klarem Wetter nicht erkennbar gewesen. Weder die *Marotte*, noch die Häuser *Giersch* und *Thorwald*, ja nicht einmal die *Mühle* samt Türmchen hätte man von hier aus sehen können. Der Blick ging über den südlichen Teil der Stadt und über den Fluss hinweg, blieb nirgendwo hängen und verlor sich in der Ferne.

In der Woche vor dem zehnten Januar hatte Mascha den Schlüssel zu dem Apartment bekommen und war bereits seit Tagen dabei, den großen Raum festlich herzurichten.

Bei *Meyer's*, dem ersten Feinkostladen der Stadt, hatte sie ein Büfett für zehn Personen bestellt, nachdem ihr Vanessa mitgeteilt hatte, wer alles – nach eingehender Prüfung – am Weltlachtag teilnehmen werde. Die meisten Personen waren Mascha unbekannt, aber sie schenkte Vanessa volles Vertrauen. Ihr Gespür für Menschen, das hatte Mascha inzwischen festgestellt, war phänomenal.

Vanessa und die übrigen Gäste hatten sich an den Kosten des Festes beteiligen wollen, aber Mascha hatte abgelehnt.

»Ich möchte euch einladen.«

Sie war vierzig Jahre alt, und noch nie hatte sie für sich allein eine Feier ausgerichtet. Lange hatte sie gezögert, ob sie jemanden aus ihrer »alten Welt« dazu einladen sollte.

Natürlich wäre es eine Genugtuung gewesen, Chris zu bitten und ihren Ellipsenblick zu genießen, wenn er vor Neid auf die Nase rutschte, aber da die Aktion vor Gunnar geheim gehalten werden sollte, musste sie auf den Genuss verzichten. Auch war Chris' Begabung, was das Lachen anging, in den Kinderschuhen stecken geblieben.

So richtig aus vollem Hals hatte sie zuletzt an ihrem sechsten

Geburtstag gelacht, als Mascha mit ihrem neuen Rüschenkleid an der Tür hängen geblieben war und plötzlich im Unterhöschen im Garten stand.

Zudem, dachte sie, sei es an der Zeit, das Alte hinter sich zu lassen und keinen Ballast mit in das neue Leben hineinzuschleppen. Wie dieses neue Leben aussehen sollte, wusste sie noch nicht genau. Es bestand vorwiegend aus schillernden Vorstellungen und der Gewissheit, dass sich alles mit Leichtigkeit fügen werde, wenn die Zeit erst da sei.

Der Kontakt zu den Filmleuten hatte sie gelehrt, dass es besser war, keine allzu konkreten Vorstellungen zu entwickeln.

Die Leichtigkeit, die die Wunder ermöglicht, wurde durch Pläne, Absprachen und feste Termine unnötig erschwert.

Mascha war gespannt, wer Vanessas Lachprobe letztendlich bestanden hatte. Von den Frauen, die bei der Filmaufführung zugegen gewesen waren, hatte nur Francis die Prüfung bestanden.

»Sie kann wunderbar lachen, und außerdem ist es immer gut, wenn man eine Regisseurin dabei hat. Wir brauchen ein bisschen Regie, damit wir uns nicht schon kaputtgelacht haben, ehe es überhaupt losgeht.«

Um allen Risiken aus dem Wege zu gehen, hatte Vanessa bereits vor Wochen mehrere Lachsäcke gespendet, deren Gewieher so ansteckend war, dass selbst Männer wie Gunnar Giersch und Gernot Hahn Schwierigkeiten gehabt hätten, zu widerstehen.

Die Vorstellung, wie Gernot Hahns linker Mundwinkel, den er zum Zeichen äußerster Heiterkeit ein Gran nach oben zu ziehen pflegte, in hysterisches Zittern geriet, das nicht mehr abzustellen war, löste in Mascha den ersten Lachanfall aus.

Pünktlich um fünfzehn Uhr dreißig, eine halbe Stunde vor Eintreffen der Gäste, wurde vor der Panoramascheibe des Apartments das Büfett aufgebaut.

Schon der Anblick reizte zum Lachen.

Die Melone, die Anchovis und die Zitrusfrüchte zeigten ein unwiderstehliches »Smile.« Der dicke Kürbis in der Mitte hielt sich den Bauch, und der fein herausgeputzte Schweinskopf auf der Silberplatte zog grinsend das Maul in die Breite: »Cheese«.

Mascha war ein wenig erschrocken, als sie das Ungetüm sah, aber der junge Mann, der das Büfett aufbaute, sagte, es sei telefonisch von einer Dame bestellt worden.

Mascha zeigte sich erstaunt. »Von welcher Dame?«

Der junge Mann warf einen Blick auf den Bestellschein. »Von einer Frau Vanessa Giersch.«

Für Maschas Geschmack war das Büfett mit dem Schweinskopf in der Mitte ein wenig allzu rustikal geraten, aber für Gäste, die es weniger deftig mochten, stand im Kühlschrank eine Platte mit Kaviar auf zerstoßenem Eis bereit; daneben lagerten die Champagnerflaschen.

Um es festlich zu erleuchten, zündete Mascha eine Kette aus Hunderten von Teelichtern, die dicht an dicht den Rand des Büfetts schmückten.

Zur Unterhaltung hatte sie ein paar Kostproben ihrer bevorzugten Dichter Ringelnatz und Oscar Wilde zum Besten geben wollen, aber Vanessa war dagegen gewesen.

»Das besorgen deine Gäste. Wir werden etwas einstudieren und eine Hymne auf die Idee singen. Unser Geschenk an dich.«

Punkt sechzehn Uhr war alles bereit. Mascha setzte sich auf das Sofa und versuchte, ihre flatternden Nerven zu beruhigen. Sie fungierte hier zum ersten Mal in ihrem Leben allein als Gastgeberin, und die Premiere musste gelingen.

Vielleicht würde dieses Fest ja zukunftsweisend sein.

Filmer sind selten pünktlich, redete sie sich ein, als um halb fünf noch immer kein Gast erschienen war, und erst eine ganze Stunde später kamen ihr ernste Zweifel.

Ob sie sich in der Zeit vertan hatte?

Oder ob der Schnee das Kommen unmöglich machte?

Sie ging auf die Terrasse hinaus und beugte sich über das Geländer. Tief unten glänzte der Asphalt dunkel zu ihr herauf. Wie stets fuhren die Autos in dichten Reihen.

Außerdem gab es Telefon und Taxen, beides hätte Vanessa benutzen können. Es musste etwas Ernsthaftes passiert sein.

Mascha zögerte, fasste sich aber schließlich ein Herz und rief bei Vanessa an.

»Hallo?«

»Ja, hallo«, rief sie etwas atemlos. »Hier Mascha, spreche ich mit Niko?«

»Ja.«

»Niko, ich war heute mit Vanessa verabredet, aber sie ist nicht gekommen, allmählich mache ich mir Sorgen.«

»Die sind alle am Set hängen geblieben. Esther hatte heute ihren letzten Drehtag. Eigentlich sollte der Film schon Anfang der Woche fertig sein, aber wie es eben so ist … Morgen fliegt die ganze Crew nach Mallorca«, fügte er hinzu. »Esther will ihr neues Haus einweihen.«

Mascha hatte das Gefühl, in der falschen Veranstaltung zu sein. Sie wollte etwas sagen, aber sie schaffte es nicht.

»Da ist übrigens ein Fax für dich gekommen, für den Fall, dass du anrufst.« Nikos Stimme drang so schwach an ihr Ohr, als käme sie aus einer anderen Welt.

»Ich sag dir mal, was drin steht.«

Sie hörte ihn auf dem Schreibtisch herumkramen.

»Ja, also Ness tut es Leid, dass es mit eurem Treff nicht geklappt hat«, sagte er endlich. »Aber sie würde sich sehr freuen, wenn du nach Mallorca nachkämst.«

Mascha hatte Mühe, den Sinn seiner Worte zu verstehen.

Ihr Blick irrte durch den Raum und blieb an dem Büfett hängen.

Der Schweinskopf mit der Petersilie im Ohr grinste zu ihr herüber.

»Ness wollte dir gestern noch Bescheid geben«, hörte sie Niko sagen, »aber wahrscheinlich hat sie es vergessen.«

Endlich fand Mascha die Kraft zu einer Antwort.

»Kann ja mal vorkommen«, sagte sie. »Bis irgendwann mal wieder.«

Das Flackern der letzten Teelichter war das Flackern vor dem Erlöschen. In dem spärlichen Licht wirkte das Büfett wie ein mit Opfergaben geschmückter Altar.

Mascha schaltete die Deckenbeleuchtung ein.

Sie öffnete die Terrassentür und sah hinaus. Der Schnee war in Regen übergegangen.

Einen nach dem anderen setzte sie die Lachsäcke in Gang. Das Gelächter mischte sich mit dem Glockengeläut der Dreikönigskirche.

Vielleicht fahre ich für einige Wochen zu Mutter Benne, dachte sie.

Es war beinahe zehn Uhr, und Gunnar war immer noch nicht zu Hause. Auf dem Tisch hatte ein Zettel gelegen: »Bin mit dem Hund unterwegs. Bald wieder da. G.«

Dieses »bald« dauerte nun bereits mehrere Stunden.

Mascha hatte das fremde Apartment mitsamt dem Büfett fast in Panik verlassen und war nach Hause geflohen.

Nach Hause, hatte sie verwundert festgestellt. Das denke ich heute zum ersten Mal.

Mit überhöhter Geschwindigkeit war sie auf ein tröstliches Bild zugefahren: Das Haus in den Wiesen, Gunnar lesend vor dem Kamin, Asta zu seinen Füßen.

Aber das Haus war dunkel gewesen.

Sie war glücklich, als sich der Schlüssel im Schloss drehte. Erleichtert sprang sie auf.

»Gunnar«, sie küsste ihn auf die Wange. »Gut, dass du da bist. Ich mache uns einen Tee.«

Er lächelte. »Es dürfte auch ein Glas Wein sein.«

Er entkorkte die Flasche und schenkte ein. »Hier wird sich eine Menge verändern. Die Hotelkette Sport-Ho plant ein Golfhotel.« Er grinste: »Zeit, zu gehen.«

»Das haben wir doch schon einmal in Erwägung gezogen«, erwiderte sie. »Nicht nur, weil …«

Gunnar ließ den Blick durch den Raum schweifen. »Manchmal reicht es nicht, nur den Keller zu entrümpeln. Obwohl« – er prostete ihr zu, – »es eigentlich schade ist, jetzt, wo du Vanessa endgültig los bist.«

Verlegen sah sie ihn an. »Woher weißt du das?«

Er zuckte die Schultern. »Ich habe einfach abgewartet, bis du es merkst. Irgendwann merkt es ja jeder.«

Er lächelte. »Bei manchen dauert es einfach länger.«

»Warum macht sie das?«

»Sie ist eben so. Vergleiche sie mit einem Sommertag, er kommt und geht, es hat keinen Zweck, darauf zu warten.«

»Auf jeden Fall habe ich eines gelernt: Man muss das Alte erst ganz loswerden, ehe das Neue eine Chance hat.«

»Ach ja?«, fragte er süffisant.

Sie schmiegte sich an ihn. »Jetzt müssen wir uns ernsthaft überlegen, wo wir hinziehen wollen. Ob wir ein Haus kaufen oder zusammen eine große Wohnung nehmen.«

Er holte seine Pfeife, stopfte sie umständlich und zündete sie an. »Oder jeder für sich eine kleine!«

Ehe Mascha antworten konnte, wechselte er das Thema. »Wir haben übrigens Post von den Bennes. Sie geben die Pension auf. Warte, wo habe ich denn …«

Er suchte in seiner Brieftasche.

Eine Visitenkarte fiel zu Boden. Auf die Schnelle konnte Mascha nur den Vornamen erkennen: Stefanie …

Gunnar bückte sich und steckte die Karte in seine Mappe zurück.

»Ich hab den Brief wohl verlegt«, sagte er. »Lass uns hinaufgehen.«